MÉMOIRES
D'UN
JOURNALISTE

MÉMOIRES
D'UN
JOURNALISTE

PAR

H. DE VILLEMESSANT

NOUVELLE ÉDITION

PARIS

E. DENTU, LIBRAIRE-ÉDITEUR

PALAIS-ROYAL 17 ET 19, GALERIE D'ORLÉANS

1884

Tous droits réservés

PRÉFACE

L'été j'habite la campagne. C'est mon plaisir, plaisir purement contemplatif, car j'aime la campagne pour la campagne. Je ne suis ni chasseur comme Toussenel, ni pêcheur comme Roqueplan, ni jardinier comme Alphonse Karr; je suis campagnard, voilà tout.

Quiconque me connaît sait si j'ai horreur du *farniente*. Je ne suis point de la nature du lièvre qui rêve en son gîte; moi j'y devise. L'activité passe de mes jambes dans ma langue et je me mets à *racontailler* aux amis qui acceptent, aussi cordialement qu'elle est offerte, l'hospitalité de mon ermitage, tous les souvenirs d'hier et d'autrefois qui me repassent par la cervelle.

Or, il m'est arrivé plus d'une fois de m'entendre dire:

« Quel fonds inépuisable d'anecdotes, d'historiettes, de

chroniques, de portraits, de nouvelles à la main vous dépensez en monnaie courante! Vous qui avez tout vu, tout écouté, qui connaissez tant d'hommes et tant de choses, qui avez mis le pied dans tant de coulisses et qui tenez le fin mot de tant de secrets, que n'écrivez-vous vos Mémoires? »

A force d'entendre répéter sur tous les tons cette note qui, je ne le cache pas,

>Chatouillait de mon cœur l'orgueilleuse faiblesse,

je finis par me laisser convaincre, et un beau matin je me surpris me demandant à moi-même :

« Au fait, pourquoi n'écrirais-je pas mes Mémoires?

J'aurais voulu donner à mon livre le simple titre de *Souvenirs*, mais on m'a fait observer que, quelle que soit mon enseigne, le public les appellerait toujours les *Mémoires de Villemessant*. A ce titre beaucoup trop ambitieux, j'ai préféré celui de : *Mémoires d'un journaliste*.

Quelqu'un a dit de M. Villemain :

« Quand il a trouvé une phrase, il cherche ce qu'il mettra dedans. »

Telle était à peu près ma situation. Une fois arrêté le titre à placer sur la couverture de mon livre, il s'agissait de trouver ce que je mettrais dessous.

Donc me voilà, emportant à la campagne des colis de journaux, qu'avec l'aide d'un secrétaire, embauché *ad hoc*, je dépouillai, compulsai, épluchai, annotai, faisant des dossiers, c'est-à-dire qu'à mesure que, dans les coins de mes feuillets, il passait sous mes yeux le nom d'un personnage relevant de la publicité, je lui ouvrais un compte où je consignais à son crédit tout ce que la lettre moulée, assistée de ma propre mémoire, me fournissait d'intéressant et de curieux à son sujet.

Vrai travail de bénédictin que cette revue rétrospective des hommes et des choses de mon temps. Ce n'était pas trop d'une année et d'une année bien employée pour explorer consciencieusement toutes les couches du passé. Mais au bout du compte, la France n'attendait pas après mes Mémoires, et dussent-ils ne jamais voir le jour, le soleil n'en continuerait pas moins à se lever et à se coucher aux heures fixées par le bureau des longitudes.

En tous cas c'était une occupation que je me créais pour l'avenir, occupation tout à fait conforme à mes goûts et à mes habitudes, car je me plais, comme les rats, dans la poussière des vieux journaux. J'ai le culte des almanachs du temps jadis, et il me semble que je me sens ragaillardir en époussetant les années accrochées au porte-manteau du passé.

On a prétendu que j'avais récolté en quelque sorte épi par épi les matériaux de mes Mémoires ; que j'avais des trésors de notes prises au vol et sténographiées au moment même de l'événement.

Je proteste contre la circonstance de préméditation : je n'ai rien que ce que me fournissent les écrits contemporains et ma propre mémoire, mais une mémoire si fidèle que tout s'y reflète et s'y conserve comme sur un cliché photographique, et que le nom seul d'un personnage que j'ai connu suffit pour ouvrir aussitôt toutes les écluses de mes souvenirs.

Mais que nous direz-vous dans vos Mémoires ?

Ce que je dirai ? Tout et bien d'autres choses encore, et je le dirai sans haine, sans crainte, sans rancune, sans parti pris, et de plus sans aucune préoccupation d'opinion personnelle. Je me flatte même que, sous le rapport de l'éclectisme politique, je vais étonner bien des gens.

J'ai connu, j'en suis sûr, tous les hommes de lettres de mon époque, petits et grands. J'ai vu de près bien des personnages d'importance. J'ai été mêlé en 1848 à bien des luttes, à bien des secrets de coulisses. L'âge et l'expérience ont mis une sourdine à mes enthousiasmes d'autrefois. Je ne suis pas de ces chauvins qui se grisent avec leurs opinions, comme les Marseillais avec leur salive ; je vois les choses en philosophe, et je suis certain que je vois juste. S'il venait à pousser une verrue sur le nez d'une de mes filles, je vous jure que je ne la prendrais pas pour un grain de beauté.

Tous ceux qui me connaissent savent, d'ailleurs, si j'ai jamais rien demandé, rien attendu, rien accepté d'aucun pouvoir. Un peu paysan du Danube, je sais fort bien que mon franc-parler ne ferait pas recette à la cour. Les nouvelles à la main n'ont pas de succès en haut lieu. Courtisan et gourmé, c'est l'étiquette de l'ambition : ce n'est pas ma spécialité.

Indépendant par goût et par position, à ce point que s'il fallait choisir entre une clé de chambellan et une médaille de commissionnaire, j'opterais, je crois, pour la médaille, car j'aimerais cent fois mieux servir le public que le pouvoir ; trop amoureux de ma liberté pour me soumettre à une servitude, fût-ce même celle des honneurs, je me sens donc parfaitement à mon aise pour dire la vérité à tout le monde, aux vainqueurs aussi bien qu'aux vaincus ; et c'est ce que je ferai, à la grande stupeur, j'imagine, de plus d'un lecteur qui me croit esclave de ma cocarde.

H. DE VILLEMESSANT.

NOTA. Je ferai remarquer une fois pour toutes que cette édition de mes Mémoires diffère essentiellement de celle qui a paru dans l'*Événement*, non-seulement parce qu'elle est, suivant la formule, « revue et corrigée, » c'est-à-dire expurgée des fautes d'impression et d'inadvertance, fruits inévitables de la rapidité du travail d'un journal, mais encore et surtout parce qu'elle est augmentée de certains traits, anecdotes, épisodes, etc., revenus après coup à ma mémoire et fournis par des étrangers, plus des choses prohibées, sous prétexte de politique, dans les journaux non cautionnés, mais autorisées dans un volume.

MÉMOIRES
D'UN JOURNALISTE.

CHAPITRE PREMIER

Ma naissance. — Chambon. — Les centenaires. — Les nids de moineaux francs. — Le premier lièvre. — Une ligne modèle. — Les veillées. — Les légendes de la chaumière. — Le barbier, le maréchal-ferrant et le bâtonniste. — L'apologue des oiseaux en cage. — L'amour du fermier. — Ma grand'mère. — Le mousquet et la soutane. — Portrait de ma grand'maman. — La cataracte. — Une *mauvaise paye*. — 2,700 fr. de charcuterie. — Il n'y a plus de bois. — Les toilettes du temps jadis. — Le pain rond et la flûte à potage. — Viens donc voir des masques. — Un chapeau neuf âgé de quinze ans. — Comment j'écoutais le sermon. — Les larmes de sang. — Opinion de ma grand'mère sur l'éducation

Mes lecteurs ne me sauront pas mauvais gré, je suppose, de brûler les premières étapes de ma vie. C'est en train express que je me propose de parcourir les stations qui précèdent mon arrivée à Paris.

Peut-être eût-il été plus conforme au goût et à l'attente du public de sauter par-dessus ce prologue, et d'entrer de plain-pied dans le vif de mes Mémoires en me mettant tout de suite en scène au milieu des hommes et des choses de mon temps.

Mais il me semble assez naturel d'obéir au précepte du bon sens populaire, qui veut que l'on commence par le commencement, et de montrer comment, à mes débuts dans ce bas monde, je préludais au rôle que j'y ai joué plus tard.

De ma naissance rien à dire. Le procès que j'ai soutenu a fait assez de bruit pour m'épargner le chagrin de raviver des souvenirs amers au cœur d'un fils.

J'avais dix ans quand je perdis mon père. Ma mère, restée seule avec deux enfants, ma sœur et moi, vint se retirer à Chambon, près Blois, dans une propriété appartenant à ma grand'mère, madame de Saint-Loup.

Ma principale occupation était de polissonner avec les gamins du village

De tout temps, mon humeur native m'a porté à me mettre en avant. Je suis, par caractère, bruyant, tapageur et enclin, même sans le vouloir, à faire plus de vacarme que les autres : c'est dans le sang.

J'ajouterai, entre parenthèse, que ma nature un peu turbulente m'a valu, à toutes les époques de ma vie, plus d'une querelle. Nombre de gens m'ont pris en grippe sur cette première impression, qui, plus tard, revenus de leur antipathie, m'ont témoigné une bonne et franche amitié, tout en m'avouant que mon abord les avait tout de suite agacés contre moi.

Fermons la parenthèse et retournons à Chambon.

Mon souvenir y vit encore à l'état légendaire dans la mémoire de mes petits camarades d'autrefois, devenus, avec les années, de vénérables patriarches. Ah! si vous les voyiez aujourd'hui! Aux champs les années comptent double : mes contemporains ont cent ans.

C'est à Chambon qu'on vous racontera comment je me promenais debout sur mon ânesse, à l'instar d'un écuyer de M. Dejean; comment j'entrais, à califourchon sur le dos de défunte ma pauvre Martine, dans la chaumière du paysan à l'heure du repas de famille, et je faisais gravement le manége autour de la salle commune; comment je grimpais, intrépide, au faîte des plus fiers peupliers, pour aller dénicher les nids des moineaux francs, qui installent à ces hauteurs vertigineuses le berceau de leur progéniture.

A ce jeu, je laisse à penser si mes culottes s'usaient vite. Aussi les sages du pays disaient-ils en parlant de moi :

« Il est bien *esprité*, monsieur *Polyque*, mais *usurier*. »

Ah! que mon tailleur voudrait bien que je me livrasse encore à ces prouesses gymnastiques! Hélas! Il n'est plus, le temps de ces exploits de mât de cocagne; je me suis capitonné en mûrissant.

Mais alors, on ne me connaissait pas de rival à Chambon comme dénicheur. J'étais doué pour les nids du même flair que l'abbé Paramelle pour les sources. Et le nid éventé, il fallait me voir grimper à l'arbre ! Pas un ne me dégottait sur ce turf aérien, dont j'étais le *Gladiateur*. Longtemps avant Nadar, sans le secours de l'hélicoptère, j'ai résolu, à la seule force du genou et du poignet, le problème du « plus lourd que l'air. »

Plus lourd que l'air, il est vrai que je ne l'étais guère, car j'étais tout muscles et tout nerfs, sec et maigre comme un jockey dégraissé pour la course.

A la vigueur et à la souplesse du sauvage, je joignais l'esprit industrieux du trappeur. J'ai inventé, sans maître et sans modèle, tous les piéges imaginables. Jamais je n'éprouvai tressaillement semblable à celui que me causa le premier lièvre happé par un de mes collets. Ah ! ce lièvre ! mon cœur bat encore en pensant à lui !

Je ne crains pas d'affirmer que j'ai fabriqué une ligne, armée de collets en crins, à côté de laquelle l'échelle de Latude n'était qu'une amusette d'écolier. Elle me coûta deux ans de travail, mais quel chef-d'œuvre ! Elle mesurait bien une demi-lieue de long.

Et si vous saviez que de soins, que de peines, que de difficultés à vaincre rien que pour obtenir la matière première. Tout le crin qu'exigeait cette œuvre de patience, je le cueillais à la queue des chevaux de rouliers en station devant le cabaret du village, pendant que leurs maîtres y buvaient la goutte ; et l'on jugera du temps et de la constance que je dus y mettre quand j'aurai dit que je poussais mes raffinements d'artiste jusqu'à n'employer que du crin blanc.

Voici pourquoi. C'est que l'objet de cette ligne merveilleuse était la chasse par les temps de neige. Je fricassais de l'avoine dans une poêle, je prenais de la *balle*, puis les jours où le sol se cachait sous un tapis blanc, je balayais la terre avec l'aide de mes galopins (aujourd'hui mes médaillés de Sainte-Hélène) et crac! d'un coup de filet je ràflais mon cent d'alouettes. Ah! quel braconnier j'aurais fait si j'avais obéi à ma vocation!

Preuve, pour le dire en passant, que j'étais né pour *la paille humide des cachots*. Homme fait, j'ai tâté de la prison politique. Tout enfant, j'aurais bien pu avoir affaire aux gendarmes pour délit de chasse illégale. Mais bah! je me souciais bien des chapeaux à trois cornes quand j'étais en quête du gibier!

Avec cela conduire les vendangeurs, faire rentrer les foins, surveiller la moisson, c'était dans ce cercle uniforme que tournaient et que devaient toujours tourner mes passe-temps quotidiens.

Voilà pour le jour. Mais le soir, ma grande joie, quand j'avais la chance d'en obtenir la permission, était de faire ma partie dans ces conférences rustiques qu'on appelle chez nous les *veillois*.

Le veilloir est comme qui dirait un piquenique de combustible et de causerie! C'est une chambrée villageoise qui se tient par les longues soirées d'hiver, et où chacun apporte en commun son *chauffe-doigts*, c'est-à-dire sa javelle, sa bûche ou sa bourrée, et de plus sa verve joviale et gouailleuse ou son érudition de conteur.

Je m'étais adjugé la spécialité des nouvelles à la main, une vocation qui se manifestait dès mes premières dents. J'avais aussi le monopole des imitations et des grimes où j'excellais. Accoutré en vieille paysanne ridée, cassée, ratatinée par les ans, ma mère ne me reconnaissait plus.

D'autres se partageaient le département des contes et des légendes transmis d'âge en âge par la tradition. Il y avait plus d'un de ces récits naïfs et empreints de la bonhomie de nos pères qui méritaient, je vous jure, les honneurs de l'impression. Permettez-moi de vous en raconter deux qui ont une très-grande couleur.

LA LÉGENDE MERVEILLEUSE DU PÈRE ET DE SES TROIS ENFANTS

« Il était une fois un brave paysan qui avait trois fils et un moulin, sans compter un champ de blé dans une plaine, une vigne sur les hauteurs et un verger tout autour de sa maison. Comme il se sentait vieillir et se voyait usé avant l'âge, il résolut de faire de son vivant le partage de son petit héritage.

—» Mes enfants, leur dit-il un jour, il est temps que

je me repose. Je veux, avant de mourir, faire trois parts égales de mon bien: à toi, Jean, le champ de blé ; à toi, Pierre, la vigne ; à toi, Claude, le verger. Mais le moulin ne saurait être divisé comme le reste, il lui faut un rude travailleur, une tête excellente et de bons bras ; — Je compte le léguer à celui que je jugerai le plus capable de vous trois.

» Voici donc ce que je vous propose. Dès demain, vous partirez pour la ville, vous apprendrez un état, et, dans un an, à pareil jour, vous reviendrez à la maison. Je verrai alors ce que chacun de vous saura faire, et le plus habile dans son métier aura le moulin, en sus de sa part d'héritage.

» L'année suivante, fidèles au rendez-vous assigné, les trois fils embrassaient leur père. On se mit à table, et à la fin du repas, le meunier s'adressant tour à tour à ses trois enfants, en commençant par l'aîné :

» — Eh bien! Jean, lui dit-il, quel état as-tu choisi?

» — Moi, mon père, je me suis fait barbier perruquier.

» — Bon métier. Es-tu au moins un ouvrier habile ?

» — Oh! dit-il, pour ce qui est de marcher vite et de raser de même, je ne crains personne.

» — Et toi, Pierre ?

» — Moi, mon père, j'ai choisi l'état de maréchal-ferrant.

» — C'est une profession utile, mon garçon, et si tu la connais bien...

» — Mon père, vous en jugerez.

» — A ton tour, Claude.

» — Je me suis fait maître d'armes et bâtonniste, mon père.

— » Bâtonniste ! fit le meunier en hochant la tête, ça peut être agréable, mais je crains bien que tu ne trouves pas beaucoup de pratiques au pays... Enfin je réfléchirai, je choisirai plus tard entre vous, mes enfants, quand je vous aurai vus tous les trois à l'œuvre.

» On se lève de table, on traverse le verger, on pousse à travers champs jusqu'à un petit bois, coquettement posé au versant d'une colline. Un lièvre, troublé dans sa sieste, part entre les jambes du meunier. Le perruquier, prompt comme l'éclair, s'élance à la poursuite du fuyard, l'atteint, le saisit délicatement de la main gauche par une oreille, prend son rasoir de la main droite et fait la barbe au lièvre, en lui laissant au menton une élégante impériale.

» — Mon garçon, dit le père émerveillé de ce tour d'adresse, il faut avouer que tu es un barbier bien habile !

» Le meunier et ses trois fils, tout en devisant, avaient gagné la grande route. Tout à coup une calèche entraînée au galop de quatre chevaux fougueux, descend une côte rapide. Le maréchal-ferrant s'élance, et disparaissant presque dans le tourbillon de poussière soulevé par le sabot des chevaux, déferre et referre l'attelage sans que la calèche cesse de voler sur la route.

» — Saperlotte ! pensa le meunier qu'on faisait passer

surprise en merveille, me voilà bien embarrassé de choisir entre Pierre et Jean ! — Pauvre Claude, je ne conseille pas au cher garçon de lutter contre ses deux ainés !

» Il n'avait pas achevé de faire cette petite réflexion, qu'un nuage menaçant crève en orage sur la tête des quatre promeneurs. Le meunier, le barbier, le maréchal-ferrant hâtent le pas en hélant de loin le bâtonniste, qui continue gravement sa promenade avec la sage lenteur de Crispin dans les *Folies amoureuses*.

» Mais la pluie se transforma si bien en déluge, que, malgré la vitesse de leurs jambes de lièvre et de *pur sang*, Jean et Pierre arrivèrent à la maison sous la figure de deux bornes-fontaines en activité.

» Quant à Claude, continuant à faire tranquillement avec son bâton le moulinet au-dessus de sa tête, il rejoignit son père et ses frères sans avoir reçu une seule goutte d'eau.

» Il eut le moulin ; Pierre et Jean s'avouèrent vaincus de bonne grâce. »

Second récit, dont la couleur orientale accuse une lointaine origine. Peut-être ce joli conte est-il venu chez nous du temps des croisades, rapporté par quelque enfant du pays parti pour guerroyer contre les infidèles.

Quoiqu'il en soit, le voici.

LA LÉGENDE PATRIARCALE DU PÈRE ET DES PETITS OISEAUX.

« Un paysan avait plusieurs fils et plusieurs filles, sans compter les gendres. Ses enfants lui firent observer qu'à son âge il ferait sagement de cesser de travailler, et de vivre chez l'un d'eux, après avoir partagé son bien entre tous.

» — Mes enfants, leur dit le bonhomme, je vous demande un mois pour réfléchir à la proposition que vous venez de me faire.

» Ce délai expiré, le vieillard les réunit autour du foyer où ils avaient reçu la becquée maternelle, et leur tint à peu près ce langage :

» — Mes chers enfants, depuis que je vous ai vus, j'ai fait une expérience et une découverte. J'ai surpris dans le verger une nichée de moineaux. J'ai mis les petits dans une cage, et accroché la cage à ma fenêtre. Le père et la mère étaient désolés. Ils poussaient de petits cris plaintifs, ils voletaient d'abord autour de la maison, puis se rapprochaient insensiblement autour de la prison de leurs chers captifs, qui ouvraient leurs petits becs jaunes et criaient la faim. Plusieurs fois par jour, le père et la mère venaient régulièrement leur donner la becquée à travers les barreaux de la cage.

» Au bout de quelque temps, les ailes ayant poussé à la nichée, je tendis un trébuchet où se prirent le père et la mère, et je les enfermai à leur tour dans la cage, après avoir rendu la liberté à leurs petits. Après ce qui s'était passé sous mes yeux, je jugeai inutile de remplir les mangeoires de la cage de graines et d'eau fraîche. J'avais compté sans l'ingratitude de la volée de passereaux. Les deux moineaux prisonniers eurent beau crier famine, jamais leurs petits ne vinrent leur donner à manger.

» L'un et l'autre moururent de faim. — Mes enfants, je garde mon bien. »

On remarquera que, dans cette légende, ainsi que dans la précédente, la tonique est toujours la question d'héritage. C'est que, dans le cœur du paysan, l'amour de la propriété domine et parfois exclut tous les autres.

A côté de la légende et des cancans du jour, il y avait aussi place pour les questions économiques, de celles qui intéressent le paysan, la question des engrais, par exemple. C'est là que j'ai appris à me passionner pour le fumier, ce bon fumier gras et juteux dont la vue fait épanouir le sourire sur les traits du fermier et du propriétaire campagnard. Tout citadin que je suis devenu, croirait-on que mon cœur bat encore quand je rencontre dans mon jardin de Seine-Port un beau tas de ce savoureux fumier ?

» Heureuse, me dis-je à part moi, bien heureuse la plante que tu féconderas ! »

Je considère comme superflu de constater que, pour

le genre de vie que je menais à Chambon, le besoin d'un diplôme de bachelier ne se faisait que faiblement sentir. Aussi n'ai-je jamais usé mes haut-de-chausses sur les bancs de l'école communale. C'est de ma sœur que je tiens les premiers éléments de l'éducation primaire ; le reste du peu que je sais, je ne le dois qu'à moi-même et au hasard de mes lectures. Aussi quand je rencontre quelque compatriote de mon âge qui croit me flatter en me disant :

« Vous souvient-il que nous avons fait nos études ensemble ? » je le regarde entre les deux yeux et je lui demande :

« Ou cela, s'il vous plaît ? »

Un beau jour, ma grand'-mère m'appela près d'elle, à Blois, où elle faisait sa résidence.

Digne et sainte femme, toute confite en amitiés pour son petit-fils, mais peu faite pour combler les vides de mon éducation première, car elle appartenait par sa naissance autant que par ses principes à une caste chez laquelle l'ignorance passait pour l'apanage des gens comme il faut.

Quant à moi, je n'avais qu'une ambition, qu'une pensée, c'était de porter le mousquet. Mais ma grand'-mère, très froide à l'endroit de la gloire militaire, n'entendait pas de cette oreille : elle rêvait pour moi la soutane. C'étaiten pareille occurrence seulement qu'elle admettait l'utilité de ne pas rester absolument un ignorant. Aussi était-il question de me faire entrer au séminaire, mais je déclare sans fausse honte que cette perspective ne me souriait que médiocrement.

C'est ici le lieu, ce me semble, d'esquisser le portrait de ma grand'-maman.

C'est toute une physionomie que ma grand'mère ; c'est un de ces types parfaitement inconnus à Paris et dont le profil austère s'efface de jour en jour en province, s'il n'y a pas disparu tout à fait.

Figurez-vous l'*aïeule* dans son expression la plus auguste et la plus familière, en même temps la femme du gentilhomme d'autrefois, n'ayant appris à aimer et à vénérer que trois choses : Dieu, le roi et sa caste ; ayant le cœur haut et les mœurs simples, ne sachant que prier et filer ; si étrangère à la civilisation et à ce qu'on nomme le *progrès*, que la maison et le foyer étaient pour elle ce qu'est pour le peuple chinois la fameuse muraille de porcelaine qui isole le Céleste-Empire du reste des nations. Immobile, taciturne, concentrée, elle avait le sens droit, la parole rare mais incisive, de la finesse, de l'esprit et beaucoup, quoiqu'elle en ignorât le nom, et qu'elle se servît le moins possible de la chose.

Mais que de mots charmants et profonds elle laissait parfois tomber de ses lèvres spirituelles, en ne croyant dire qu'une vérité concise, car tout ce qui pouvait ressembler au *verbiage* lui faisait peur !

Mariée en premières noces à M. de Villemessant,

mort dans l'émigration, elle était demeurée en France, et, toujours respectée et honorée, elle avait, par ses seules vertus et par son caractère, désarmé les mauvaises passions et jusqu'aux lois terribles d'une époque néfaste. On lui avait laissé tous ses biens, de sorte que, lorsque fut voté sous la Restauration le milliard d'indemnité, elle n'eut rien à réclamer d'une justice réparatrice.

Maintenant, un mot de son portrait, et vous la reconnaîtrez tout à fait. Elle avait les traits et jusqu'au port de tête du roi Louis XVIII ; sa peau et son teint étaient d'une blancheur éblouissante ; sa bouche était fine, expressive, et même dans l'âge le plus avancé, cette bouche n'avait jamais ri et se contentait de sourire avec une expression charmante ou spirituelle, en accusant à chaque extrémité un léger pli sardonique.

Ses dents étaient deux rangées de perles, écrin qu'elle a emporté intact au tombeau. Elle avait l'œil à fleur de tête et l'ouvrait d'une façon démesurée, ce qui le rendait énorme. Elle était complétement aveugle, lorsqu'on lui fit à soixante ans l'opération de la cataracte, qui réussit pour quelques années.

Le premier mouvement de cette digne femme (j'en pleure en l'écrivant), ce fût, lorsqu'on l'eût débarrassée de son bandeau, de m'emmener dans l'embrasure d'une croisée, de me regarder avec attention, et de me dire, en me tapant amicalement sur la joue :

— Polisson ! qui se permet de ressembler à sa grand'-mère.

Son amitié pour moi allait jusqu'aux dernières limites de la faiblesse, et cela pouvait s'expliquer d'autant moins que sa nature était froide et peu expansive. Pour tous les autres, son cœur était une roche stérile, mais de cette roche s'échappait cependant une source d'affection qui ne coulait que pour moi et qui s'est répandue depuis sur ma femme et sur mes enfants. Un exemple ntre mille :

Un jour, nous étions en visite chez des parents. A notre prière, la demoiselle de la maison s'était mise au piano. C'était une musicienne et une exécutante de première force.

La musique ne produisait aucun effet sur ma grand'-mère. Je la vois, tandis que les mains de ma cousine exécutaient avec une netteté merveilleuse une foule de variations : elle écoutait d'un air glacial et avec un visage sévère, en s'arrachant avec une petite pince quelques poils follets au menton. De temps en temps je la pressais légèrement du coude, ou je lui disais un mot à l'oreille ; pantomime et paroles perdues ! Je ne pus jamais la décider à lâcher un monosyllabe qui ressemblât de près ou de loin à un compliment.

Le morceau fini, je m'empresse de féliciter ma cousine, je vais machinalement m'asseoir au piano, et, à l'imitation de Paganini, qui ne jouait que sur une seule corde, je me mets bravement à attaquer d'un seul doigt *Malbrough s'en va-t-en guerre.*

Ce chant, veuf d'accompagnement, attire, par son contraste peu harmonieux, l'attention de ma grand'mère. Se penchant alors vers sa voisine :

— Qui est-ce donc qui joue du *forté*-piano en ce moment? lui dit-elle.

— Ma tante, c'est Hippolyte.

— J'aurais dû m'en douter, entre nous, il en joue bien mieux que ta sœur !

Ma grand'mère était *mauvaise paye.*

Ce mot a, en province, une acception qui n'emporte point avec elle l'idée de mauvaise foi. Il s'applique le plus souvent aux gens riches, dont la fortune consiste en immeubles, et qui se font ouvrir, chez les marchands, des crédits dont l'arriéré atteint parfois des proportions fabuleuses.

Donc, ma grand'mère était *mauvaise paye.* Sous ce rapport, je n'ai connu que M. D.., ex-directeur d'une assurance sur la vie, à Paris, qui pût lui être comparé.

Lorsqu'elle habitait Blois, elle devait quelque chose comme 2,700 francs à son charcutier. Comptez, à raison de 12 à 15 sous de charcuterie par jour — terme fort — et vous arriverez à un crédit dont l'origine se perdait dans la nuit des temps.

A bout de patience, le charcutier refuse net de grossir le compte. La bonne, tout émue et rouge comme une grenade, vient faire part à sa maîtresse de l'affront qu'elle a reçu par procuration.

— Ce brave Beauvoir, — fait ma grand'-mère sans être touchée du procédé, — ne veut donc plus me faire crédit? Eh bien! il faudra le payer.

Ce qu'elle fit, et comme le charcutier, qui en était arrivé à ses fins, se confondait en excuses :

— Laisse donc, mon cher Beauvoir, lui dit ma grand'-mère (elle tutoyait tout le monde), il est bien juste que tu aimes à être payé *exactement*.

Et elle recommença son crédit à nouveau.

Si ma grand'-mère ne pouvait se résoudre à payer que forcée et contrainte, elle ne pouvait non plus se décider à acheter que lorsqu'il n'y avait pas moyen de faire autrement.

C'était, dans ce dernier cas, une si grosse affaire, que la vieille bonne qui la servait depuis quarante ans et qui avait son franc parler dans la maison, retournait trois fois sa langue avant d'aborder ce chapitre scabreux.

— Madame de Saint-Loup, lui dit-elle un jour, il n'y a presque plus de bois dans la cave...

— Eh bien, après! y a-t-il là de quoi prendre un air sinistre! — Le petit (le *petit*, c'était moi), le petit me donnera le bras, et j'irai en acheter chez ce bon M. Labbé, un cœur d'or, et le plus honnête homme que je connaisse...

Huit jours se passent, et la bonne de recommencer son antienne.

— Madame, vous n'avez pas acheté de bois; il n'y en a plus...

— Bon ! s'écrie ma grand'mère impatientée, la voilà qui va crier misère, à présent ! *Il n'y en a plus ! il n'y en a plus !* En cherchant bien dans la cave, il y en a toujours, une bûche dans un coin, des broutilles dans un autre... D'ailleurs, le petit va me conduire chez ce brave M. Labbé, une âme d'élite, et quelle excellente pâte d'homme ! Ah ! celui-là m'en fournirait bien pour deux mille francs, si je le lui demandais...

Deux jours après, la situation n'ayant pas changé, la bonne recommence ses litanies :

— Eh bien ! madame, vous n'avez pas voulu faire venir du bois... tout y a passé, la dernière bûche et les dernières broutilles, et à moins de faire brûler les fauteuils, nous n'aurons pas de pot-au-feu...

Lorsque ma grand'mère était poussée dans ses derniers retranchements et qu'elle se sentait coupable, il lui poussait au milieu du front comme une belle giroflée de pourpre.

— De grâce, dit-elle à la bonne, ne m'assourdissez pas les oreilles... j'irai aujourd'hui chez ce bon, cet excellent monsieur Labbé, la loyauté même ! Ah ! pour celui-là, je réponds qu'il serait mieux placé sur un trône que dans son chantier ! je puis acheter chez lui une forêt les yeux fermés, il ne me fera pas tort d'une bûche

Puis se tournant vers la bonne qui murmurait :

« Et mon pot-au feu ? »

— Pour aujourd'hui, demandez à madame Trinité la permission, de ma part, de le mettre dans un coin de la cheminée de sa cuisine.

Madame Trinité était une voisine qui demeurait en face, de l'autre côté de la rue.

Intervenant alors dans le débat :

— Comment ! grand'mère, lui dis-je, vous voulez qu'on porte le pot-au-feu chez la voisine ?

— Pourquoi non, mon fils ? Voilà-t-il pas une grande affaire, et ne voulez-vous point tous deux que j'assemble le conseil des notables !

La marmite fut portée chez madame Trinité.

Et le soir, tandis que nous étions à table, ma grand'-mère me dit avec un grand sang-froid :

— Eh bien ! était-ce la peine de faire tant de bruit ? Cette soupe n'est-elle pas excellente ?

Ma grand'mère avait adopté un vêtement que je n'ai vu qu'à elle, et qu'elle a porté toute sa vie. En voici la description :

Une jupe en soie invariablement de couleur *tourterelle*;

Un *caraco* qui ne tenait pas à la jupe et qu'on revêtait après coup; dans la langue blaisoise, ce *caraco* se nomme un *juste* (diminutif de justaucorps), et il s'adapte de façon à ce que la chemise forme un bourrelet qui le sépare de la jupe;

Un grand fichu blanc en belle mousseline, drapé sur les épaules en faisant deux plis symétriques;

Un énorme bonnet en dentelle, dont les barbes très-évasées tournaient derrière sa tête comme deux larges éventails tout ouverts :

Un ruban posé à plat sur le bonnet formant une sorte de nœud gordien un peu au-dessus du front;

Puis, quand elle allait à la promenade ou à l'église, une pelisse à capuchon taillée comme la mantille espagnole ou plutôt comme une *sortie* de théâtre de nos jours.

Complétez cette toilette par une canne à pomme d'ivoire très-élevée et qu'elle tenait d'une façon majestueuse.

Lorsque ma grand'mère avait achevé sa toilette, elle me disait invariablement :

— Petit, approche le miroir et aie la complaisance de me le tenir.

La femme est toujours femme..., et qui sait? la pauvre aveugle voyait peut-être, au fond des ténèbres qui l'entouraient, se dessiner le fantôme de sa jeunesse.

— Mon bonnet est-il placé droit? me disait-elle.

— Oui, grand'mère.

Et parfois je faisais le geste de le rajuster.

Vous voyez d'ici ce déguisement, n'est-ce pas? Rappelez-vous que ce bonnet colossal encadrait un visage blanc, sévère, impassible, un front développé et intelligent, et des yeux énormes, saillants, et tels que je n'en vis jamais de pareils à personne.

Un jour, il m'arriva de me promener à Tours, donnant le bras à ma grand'mère, et vêtu moi-même de la manière suivante :

Une redingote en velours de soie, d'un vert d'émeraude, très-courte, serrée à la taille par une ceinture en cuir noir, avec d'énormes manches *à gigot*;

Un chapeau gris à longs poils (la mode n'en était pas encore acceptée en province);

Une chemise de couleur, à jabot, avec un col très-élevé et guillotinant les oreilles;

Une cravate très-empesée, raffermie à l'intérieur par un col en carton.

Moi, long, mince, sec et fluet comme un échalas.

Ma grand'mère, puissante, petite et énorme d'envergure.

Passez-moi une comparaison triviale, mais vraie : on eût dit un *pain rond* se promenant aux côtés d'une de ces *longues* flûtes à potage.

Les petits polissons qui jouaient dans la rue s'interrompirent à ce spectacle; l'un d'eux, hêlant un compagnon qui avait le dos tourné, lui cria :

« Viens donc voir des masques! »

Poussé par une curiosité bien naturelle, je demandai un jour à ma grand'mère si elle n'avait jamais revêtu d'autre costume que celui que je lui connaissais, et si dans sa jeunesse, elle n'avait pas porté de chapeau.

— Si fait, mon fils, me répondit-elle ; ton grand-père, M. de Villemessant, dans un voyage à Paris, avait eu la fantaisie de me rapporter un chapeau. Par politesse, je me mis une fois sur la tête cette *carcasse* incommode. Ce fut tout ; je reléguai ensuite le chapeau au fond d'une armoire, je le posai délicatement sur une bouteille, après avoir pris soin de le recouvrir d'un fichu de mousseline. Tu as bien connu, mon fils, mademoiselle Billard ?

— Oui, ma grand'maman.

— Eh bien, je me souviens que quinze ans après cela, un jour qu'elle était venue me voir, je lui dis :

« Pardié ! mademoiselle Billard, vous qui êtes une *coquette*, il faut que je vous fasse cadeau d'un chapeau. »

— Y pensiez-vous, grand'maman ? Comment ! votre chapeau... quinze ans après ?

— Voyons, mon fils, ne sors donc pas de la question ! Ne t'ai-je pas dis que je ne l'avais mis qu'une fois ? Et comme il avait été confectionné par une des premières *faiseuses* de Paris, je t'assure que, fût-il tombé du haut d'une cathédrale, il ne se serait pas déformé !

La tendresse que j'avais vouée à ma grand'mère était une vénération, un culte, et dans le feu de la jeunesse qui rend souvent l'homme incapable de s'astreindre à un devoir, les soins que je donnais à la digne et respectable femme étaient un plaisir pour moi. Pendant quinze ans je l'ai conduite régulièrement à la promenade, et je jouais mon rôle d'Antigone avec une telle conscience, que, tout en causant de choses qui devaient absorber notre mutuelle attention, quand je voyais un trottoir je lui disais sans y songer, et par la seule force de l'habitude :

— Baissez le pied, grand'maman, levez le pied !

J'aurais voulu marcher pour elle. Un jour, nous étions entrés chez une marchande de tabac. Tout en lui remplissant sa tabatière, la marchande lui dit :

— Vraiment, madame de Saint-Loup, vous avez un petit-fils modèle ! On ne saurait avoir plus de prévenances qu'il n'en a pour vous. C'est gentil, ce qu'il fait là, et cela lui portera bonheur.

On ne pouvait rien dire qui fût plus agréable à ma grand'mère. Elle n'en fit rien paraître, selon sa coutume, et nous continuâmes notre promenade. Tout à coup, rompant le silence :

— Pardié ! fit-elle, comme répondant à sa pensée, ces gens du peuple ont parfois un grand fonds de bon sens !

Je la conduisais, à l'époque du Jubilé, à l'église de Saint-Louis, à Blois. La chaise qu'elle occupait aux offices était placée presque au pied de la chaire. (Ce siège grossier, je le payerais bien cher à présent !) Après l'avoir amenée et installée à sa place, je m'esquivais à un moment donné, mais de façon à lui laisser croire que j'étais à quelques pas, placé derrière elle.

Le son de la cloche m'avertissait de la fin du sermon ;

2.

je revenais alors, me faufilant dans la foule, reprendre son bras. Nous causions en marchant; mais ce qui rendait ma situation extrêmement critique, c'est que notre conversation devenait naturellement un commentaire du sermon de M. l'abbé Donnet, aujourd'hui archevêque de Bordeaux, en ce temps-là un des missionnaires éloquents de l'Église gallicane.

— Pardié! mon fils, faisait ma grand'mère, ce M. Donnet parle comme un ange. Comment as-tu trouvé son sermon d'aujourd'hui?

— Admirable, grand'maman, admirable!

— Mais quel est le passage qui t'a impressionné davantage?

Ici la situation devenait extrêmement tendue.

— Devinez, grand'maman! disais-je, je serais bien aise de savoir si notre appréciation se rencontrera.

— Est-ce son appel aux riches sur les effets de la charité?

— Le passage a été très éloquent; mais...

— J'y suis, mon fils. C'est lorsque le prédicateur a parlé avec tant d'onction des regrets que nous laisse une jeunesse oisive ou mal employée.

— Justement!

Et la morale de cet interrogatoire, dont elle faisait tous les frais, était invariablement celle-ci :

— Vois-tu, mon fils, me disait la sainte femme, tu es bien étourdi, bien mauvais sujet; mais il faut te rendre justice : tu as un grand fonds de piété!

L'amour de soi, combiné avec l'inévitable pensée d'une fin prochaine, donne nécessairement aux vieillards une grande sécheresse de cœur. C'est une lampe dont on abaisse la mèche, par précaution, en songeant qu'on n'a plus d'huile à y remettre.

Un jour, j'arrive auprès de ma grand'mère, et je lui apprends, avec un son de voix ému, que M. le marquis de Saint-Denis, son frère, vient de mourir.

Elle resta immobile et silencieuse.

— Il était mon aîné, fit-elle au bout d'un moment, et il a toujours eu une conduite fort dissipée.

Cette phrase, résultat d'une réflexion rapide et pleine de logique, pouvait se traduire ainsi :

« Il était mon aîné ; donc je ne dois pas être effrayée de cette mort, *toute naturelle* à son âge.

« Il a toujours eu une conduite dissipée ; donc c'est le résultat du désordre, et il ne saurait m'atteindre, moi qui ai toujours eu une existence paisible et une vie pure. »

Ce qui ne l'empêcha pas de dire, quelques années après, en parlant de feu M. le marquis de Saint-Denis :

— Quand j'ai appris la mort de mon pauvre frère, j'ai versé des larmes de sang !

Et c'était en toute sincérité qu'elle croyait avoir versé des larmes.

Élevée comme je l'ai dit plus haut, ma grand'mère ne comprenait pas, de très-bonne foi, les bienfaits de l'instruction. Elle disait qu'il était inutile de se casser la tête pour y faire entrer des billevesées ; qu'il n'y avait pas d'autre science que celle de la vie, et que celle-là, l'expérience la donnait et non pas l'étude d'un *grimoire*; que les livres étaient des paperasses, et les savants des rêveurs.

Lorsque ses amis lui répétaient :

— Mais, madame de Saint-Loup, mettez donc votre petits-fils au collége, ou tout au moins donnez-lui des maîtres.

— Qui? — disait-elle, — *le petit?*... Je me garderai bien de lui casser la tête pour en faire un savant. Il en saura toujours assez.

— Cependant...

— Laissez-moi donc tranquille. Dieu me garde d'en faire un érudit qui parlerait avec de grandes phrases!.. Bien fin qui lui apprendra quelque chose.

Ma grand'mère avait tort, grand tort; si vous saviez combien je m'en aperçois tous les jours!

Et pourtant, je me figure parfois que l'excellente femme me porte bonheur en me regardant du haut « de ce monde invisible où nous nous réunirons, » et que, me voyant conduire, du mieux que je puis, une et même plusieurs feuilles littéraires qui ont réussi au delà de mes espérances et de mon mérite, je l'entends dire avec un petit air de triomphe :

« Eh bien! avais-je raison de ne pas vouloir bourrer de fadaises la tête du petit? A quoi cela lui eût-il servi? Il est au milieu de vos Parisiens, de vos savants? et il fait le *Figaro*, le *Grand Journal*... et il vient de créer *l'Événement!*

CHAPITRE II

Blois. — Aspirant surnuméraire. — La carotte du cautionnement. — Un cœur de braise. — Chérubin et Jean-Jacques Rousseau. — La femme selon Balzac. — La fille du capitaine. — *Reviens à moi.* — La comédie bourgeoise. — Un mirliflore en 1825. — Le retour du croisé. — Une tuile. — Amour et désespoir. — Lanterne magique. — La corde escalier. — Vingt francs à gagner. — La mascarade. — Une giberne de titan. — A l'ombre de la nuit. — *Nos amours ont duré toute une semaine.* — L'orgue de Fualdès. — Une bande de vauriens. — Les motets et les petits écus. — Mon premier coup d'épée. — Suis-je un poltron? — La casquette coquelicot. — Une moucharde. — Position critique. — Un mari mal venu. — Le roquet dénonciateur. — La danse du singe. — La tabatière à musique. — La Marseillaise de 1830. — En avant! marchons! — Un repris de tabagie. — Trois arpents de cadavres. — Le premier livre d'Armand Baschet. — L'arracheur d'affiches. — Don Juan platonique. — Mon mariage.

J'avais seize ans à l'époque où je vins habiter chez ma grand'mère. Comme elle comprenait l'inconvénient de me laisser baguenauder du matin au soir, elle tâchait de m'occuper en me plaçant dans des bureaux, où je remplissais les fonctions d'aspirant surnuméraire.

Ces bureaux, j'en changeais souvent (c'étaient tantôt es domaines, tantôt les contributions directes), car j'ai toujours eu l'humeur volage; et chaque fois que j'entrais dans une nouvelle administration, je tirais invariablement à ma grand'mère la *carotte* du cautionnement.

— Grand'maman, lui disais-je en l'abordant avec la gravité exigée par la circonstance, je donne ma démission de mon emploi.

— Ah! pourquoi cela?

— Parce que j'en trouve un meilleur.

— Alors tu fais bien.

— Oui, grand'mère... mais, suivant l'usage, on me demande un cautionnement... en espèces.

Elle sautait sur le coussin de sa *bergère*.

— Un cautionnement... à mon petit-fils! Pardié! qu'est-ce que ces gens-là? Est-ce qu'on demande des garanties à des personnes de notre sorte?

— Vous avez raison, grand'maman, mais c'est la règle générale; on ne peut pas faire d'exception en ma faveur. Ce serait insultant pour les autres.

— Ah çà! dis-moi, petit, reprenait-elle après avoir fouillé dans les casiers de sa mémoire, un cautionnement... ne t'en ai-je pas déjà donné un dernièrement?

— Certainement, grand'mère... mais, comme mes fonctions sont plus importantes, le cautionnement est plus fort. Ce n'est qu'un supplément qu'il me faut.

Et, tout en grommelant, la digne femme allait à son secrétaire, ouvrait un tiroir plein d'écus de six livres, et me comptait, pièce à pièce, mon supplément. Le tour était joué.

J'avais seize ans, ai-je dit, l'âge de Chérubin et de

Jean-Jacques aux premières pages de ses *Confessions*.

J'étais amoureux à moi seul autant que tous les deux ensemble; j'avais le cœur chaud comme Chérubin et tendre comme Jean-Jacques, et, à l'exemple de Rousseau, partout où j'étais employé, je tombais invariablement épris de la fille de la maison, s'il y en avait une ; à son défaut, d'une nièce, d'une tante, etc.

Du reste, mes vues étaient pures, et jamais il ne me vint à l'esprit de triompher d'une autre manière que par la voie du sacrement.

Je me souviens qu'une de mes premières passions fut pour la fille du directeur d'une compagnie d'assurances, chez lequel je faisais mon stage d'aspirant au surnumérariat.

Elle avait l'âge des femmes poétisées par Balzac, c'est-à-dire à peu près le double du mien. Cet écart entre les dates de nos naissances n'empêchait pas que j'en fusse amoureux fou. Au contraire. La maturité de ses charmes était à mes yeux un attrait de plus.

Un jour, au paroxysme de la fièvre, je pris mon courage à deux mains. Je franchis l'escalier qui menait à sa chambre ; là, tombant à genoux dans la posture d'un jeune premier de mélodrame, je lui déclarai sans préambule que je n'aurais jamais d'autre femme qu'elle, et j'implorai la permission d'aller la demander à son père.

Elle me répondit en souriant, mais non sans quelque émotion, qu'elle pouvait presque être ma mère.

Et comme je continuais, toujours à ses pieds, à lui jurer un éternel amour :

— Allons, relevez-vous, reprit-elle d'un ton plus sérieux, vous êtes un enfant ; vous me remercierez plus tard de ne pas vous avoir écouté.

Cependant je crus lire dans ses yeux qu'au fond elle ne m'en voulait pas et qu'elle n'était point fâchée de cette manifestation juvénile, qui n'eut pas d'autres conséquences.

Je m'en consolai en convolant à d'autres amours, non moins platoniques.

Combien de pleurs m'ont fait répandre tant de passions malheureuses, c'est un mystère entre moi et mon traversin. Le soir, quand je rentrais, le cœur gros, dans ma chambrette, je contenais, en me déshabillant, mes larmes, pour pleurer bien à mon aise, en vrai gourmet; puis, une fois la tête sur mon oreiller, je débordais. Le lendemain, je m'éveillais sur une éponge.

M'a-t-il coûté assez d'angoisses, mon amour pour la fille du capitaine X..., cet amour qui naquit sous de si riants auspices !

Il faisait la guerre en Espagne, ce brave capitaine, et il avait laissé à Blois sa famille, composée d'une fille de vingt-cinq ans et d'un fils à peu près de mon âge. Je m'étais lié avec le fils, ce qui m'avait ouvert l'accès du foyer domestique. La sœur était douée du plus heureux extérieur, rehaussé par une grâce vraiment séduisante ; en outre, bonne musicienne et douée d'une voix qui allait au fond du cœur. Un jour qu'elle chantait en s'accompagnant au piano, une romance alors en grande vogue, *Reviens à moi*, musique de Romagnési, d'émotion je m'évanouis, rien que cela. Voilà comme j'étais amoureux!

Son frère et moi, qui sympathisions d'aspirations littéraires et de tendances dramatiques, nous rédigions en collaboration un journal — manuscrit, cela va sans dire, — et nous composions des pièces que nous jouions nous-mêmes sur une scène à paravents, construite et décorée de nos propres mains.

La sœur de mon complice faisait les ingénues et les jeunes premières. Moi je m'étais emparé de l'emploi d'amoureux, ce qui me permettait, à l'abri de mon rôle, de lui débiter les plus tendres et les plus volcaniques tirades.

J'ose dire que ma toilette, fac-simile irréprochable de la dernière gravure du *Journal des Modes*, prêtait à ma personne un prestige fait pour fasciner tous les cœurs.

Je portais un chapeau blanc à poils angoras, le premier qui ait paru à Blois; un habit couleur *flamme-de-punch*, la nuance en vogue, sur lequel s'épanouissait une redingote noisette, dite *balayeuse*, dont la jupe, drapant en tuyaux d'orgue, ondoyait à chaque mouvement, et figurait, quand je la relevais de chaque côté en manière d'éventail, une paire d'ailes de chauves-souris. Mon gilet très-court, en drap rouge soutaché de soie noire, rejoignait à grand'peine un pantalon tête-de-nègre échancré sur la botte et armé, en guise de sous-pieds, de gourmettes de cuivre, lesquelles produisaient, en s'entre-choquant avec les fers du même métal dont mes talons étaient blindés, un cliquetis qui m'enchantait.

Je poussais le raffinement jusqu'à compléter cette tenue de mirliflore par une cravache, arme de parade, qui me rappelle cette jolie phrase de Jules Janin :

« Il portait des éperons, quoiqu'il eût un cheval. »

L'expédition d'Espagne achevée, le capitaine revint à Blois. Je le vois encore ; c'était un grand bel homme, frisant la cinquantaine, d'origine ibérienne et portant sur ses traits, bronzés par la nature autant que par ses campagnes, une expression faite pour donner à réfléchir.

Après deux ou trois jours d'observation silencieuse, il me prit à part et me dit, en fixant sur moi des regards qui me glacèrent jusqu'à la moelle :

— Mon garçon, vous êtes très-gentil, très-aimable, très-gai, et vous plaisez à la maison. C'est parfait. Mais vous rôdez autour de ma fille, qui n'est point d'âge à se marier avec un morveux comme vous. Donc, je vous verrai avec plaisir au café ; mais chez moi, n'y remettez jamais les pieds ; sans quoi ! — regardez la fenêtre ! — vous me comprenez, n'est-ce pas ?

Patatras ! quelle tuile et quel dénoûment de mon idylle !

Je rentrai chez moi, éperdu, dévorant mes larmes,

abîmé dans mon désespoir. Adam, exproprié du Paradis terrestre, était, à coup sûr, moins navré que moi.

Huit jours durant, je noircis d'invocations mentales adressées à mon Eurydice dix mains de papier écolier. Que ne donnerais-je pas aujourd'hui pour retrouver une page, une relique de ces élans d'un cœur de seize ans!

Enfin, n'y pouvant plus tenir, persuadé que je deviendrais fou si je n'avais, ne fût-ce qu'une fois, une seule, le bonheur de m'approcher d'*elle*, j'allai trouver un de mes amis, qui était, lui, — heureux mortel, — un des familiers de la maison murée, et je lui dis d'un ton pénétré :

— Voulez-vous me sauver la vie?

Il ouvrait de grands yeux.

— Parlez, il n'est rien que je ne fasse pour vous servir.

— Eh bien! écoutez-moi...

Et je lui développai mon plan, inspiré peut-être, à mon insu, par une vague réminiscence de l'affaire Fualdès.

Ce plan, le voici :

Nous avions en ce moment, a Blois, deux *artistes* de passage, dont la spécialité consistait à donner, le jour, des concerts de vielle et d'orgue de Barbarie, et le soir à montrer la lanterne magique, en égayant les entr'actes de ce spectacle patriarcal par un intermède de musique.

Un soir que, retiré au fond de ma cellule et plongé dans mes contemplations, je m'abreuvais de mon désespoir, je fus tiré de ma rêverie par cette psalmodie traînante et glapissante :

« Lan-ter-ne machiii-que, — pièce curieu-se ! »

Ce cri, insignifiant en apparence, jeta dans ma cervelle en travail le germe d'une inspiration. Le lendemain, dès l'aube du jour, je me mets en quête du gîte de mes musiciens. Je le découvre. J'y cours. Je demande leur chambre. On me montre une porte ouvrant sur un palier, à un premier étage, auquel on arrivait au moyen d'une corde à nœuds pareille au câble des badigeonneurs, l'escalier étant démoli pour cause de réparation.

Moi, pas plus empêché qu'au temps où je dénichais des moineaux, j'empoigne le cordage, je grimpe, je tourne le loquet, et je tombe dans un galetas, aux yeux de mes deux Auvergnats ébaubis, car c'étaient — naturellement — des Auvergnats.

— Un louis à gagner, leur dis-je, si l'un de vous me laisse prendre ses habits et son orgue, tandis que l'autre m'accompagnera, muni de sa lanterne magique, à l'endroit où je le conduirai ? Est-ce accepté ?

— C'hest acchepté !

— Voilà les 20 francs. A ce soir.

— A che choir !

Ce prologue une fois exposé, mon ami devina sans peine le reste du scenario et s'engagea sur l'honneur à coopérer au succès.

Son rôle était facile. Il s'agissait tout bonnement, à l'instant où mon compère l'Auvergnat pousserait le cri traditionnel sous les fenêtres du capitaine, chez qui l'on se réunissait tous les soirs en petit comité pour faire le loto, il s'agissait, dis-je, d'offrir à la société le régal du spectacle de la lanterne magique.

La nuit venue, je vole à la mansarde de mes complices; j'endosse, par-dessus mes habits, la défroque du joueur d'orgue : veste amadou, gilet en ratine couleur de suie, culotte idem, ajustée avec des ficelles sur de gros bas de laine chinés; les pieds nageant dans des bateaux cuirassés de clous formidables, et les yeux ensevelis sous un chapeau tromblon rougi par les années et les outrages des éléments. Voilà ma tenue. Comparez-la à celle du brillant muscadin que je vous dépeignais tout à l'heure.

Qu'était-ce que cela? rien encore.

Le pis, c'est qu'il fallait m'accrocher sur l'épaule l'orgue de Barbarie, complément nécessaire de cette mascarade. Quand je me sentis dans la rue, suant, soufflant sous le faix de cette giberne de Titan, courbé en cerceau, le front à cinquante centimètres en avant de la pointe des pieds, je me demandai sérieusement si j'aurais le pouvoir d'accomplir mon vœu jusqu'au bout.

L'amour et l'espérance galvanisaient mes forces. Je parvins, non sans clocher plus d'une fois, sous les *fe* nêtres de ma belle. Lorsque j'entendis sa douce voix jeter à travers les battants de la croisée entre-bâillée ce simple appel :

« Montez, la lanterne magique ! »

Je sentis mon cœur défaillir, et je crus que j'allais m'évanouir sur mon orgue, comme le soir de la romance : *Reviens à moi.*

Je ne crains pas de dire que je fus héroïque : je me redressai par un élan suprême de volonté, et, devançant mon compagnon, je m'engageai intrépidement dans l'escalier.

C'est là que m'attendait une nouvelle épreuve que je n'avais pas pu prévoir. Les lois de la pesanteur multipliées par les obstacles de l'ascension tendaient à transformer pour moi ce maudit escalier en un calvaire dont chaque marche était une station. J'allais succomber sous ma croix, quand l'ami qui me prêtait assistance accourut à mon aide, m'attira brusquement dans la chambre où tout était déjà préparé pour l'exhibition, et soufflant subitement les bougies, étendit sur mon incognito le voile propice de la nuit. *Elle* ne me vit pas, et au fond je n'en fus pas fâché, car je ne sais si le dramatique de ma situation l'aurait aveuglée sur le grotesque de ma personne.

Un serrement de main, un billet glissé et accepté, ce fut tout ; mais j'étais au ciel ! La seule chose qui me rappelât sur la terre, c'était le refrain monotone de mon collègue de la lanterne, s'écriant à chaque pause, en rengaînant son verre :

« Mougique ! »

Et de tourner ma manivelle ! Or, devinez l'air que *dévidait* mon instrument ? « Nos amours ont duré toute une semaine » du *Hussard de Felsheim*. Voilà de l'à-propos, j'espère !

Ah ! si le capitaine eût flairé sous le musicien l'audacieux qu'il avait mis à la porte, quel drame ! C'est alors que l'orgue de Fualdès aurait eu son pendant !

J'en ai dit assez, trop peut-être, sur le chapitre de mes amours d'écolier. Avant de quitter Blois pour n'y plus revenir, deux mots sur le train de vie que j'y menais.

Toujours amoureux, dépensier, joueur, gouailleur, mauvaise tête, on peut juger de la réputation dont je jouissais dans cette cité patriarcale. Affilié à une bande de vauriens de bonne maison, je passais avec eux la nuit à comploter, aux dépens du citadin paisible, des farces qui faisaient frémir cette population primitive, le jour à faire danser sur le tapis de la bouillotte les écus de six livres que ma bonne grand'mère me donnait pour me récompenser d'avoir chanté au chœur.

Car — ceci, je l'espère, me sera compté au jour du jugement — j'ai chanté, de concert avec trois ou quatre autres amateurs de bonne volonté, des motets à l'église Saint-Louis de Blois ; et je vous prie de croire que les jours où nous étions annoncés, la fabrique se frottait les mains : il n'y avait pas assez de chaises pour tout le monde. Moi, je touchais mon cachet en revenant de l'église, tantôt en écus de 6 livres, quelquefois en petits écus. Le petit écu, marqué 3 francs, ne passait que pour 55 sous ; c'était 25 centimes que ma grand'mère économisait sur sa générosité. Oh ! comme je détestais les petits écus !

Vous pensez bien que ce n'était pas avec de pareilles ressources, accrues, il est vrai, des *carottes* qu'elle se laissait tirer par-ci par-là, que je pouvais jouer un jeu d'enfer. Mes partenaires étaient tous logés à peu près à la même enseigne, ce qui n'empêchait pas la renommée de nous attribuer des va-tout fabuleux.

Et dernièrement un compatriote m'affirmait sérieusement que nous ne jouions que masqués, de crainte que nos visages ne trahissent nos émotions quand nous relevions un brelan.

Quoique excessivement poli et bien élevé, — c'était de tradition dans notre famille, — les querelles ne me manquaient pas, attendu que j'avais le verbe prompt, la tête chaude et la main leste.

Ma première dispute sérieuse eut lieu avec un sous-lieutenant que je voyais souvent au café ; l'objet, la fille de mon capitaine. De mot en mot l'affaire s'échauffa ; nous allâmes sur le terrain. On se battit à l'épée, et j'avoue que ce premier fait d'armes ne fut pas exempt de l'émotion inséparable d'un début. Mon cœur tressautait toutes les fois que la pointe du fer se présentait à ma poitrine, et je voyais papillonner devant mes yeux comme des milliers d'étincelles.

Cependant, il faut croire que mes traits et mon attitude ne laissèrent rien voir de mon trouble intérieur, car, au bout de quelques passes, les témoins relevèrent les épées en me complimentant sur mon courage.

Quant à moi, dont la conscience démentait ces félicitations, je reprochais à *la bête* d'avoir eu peur, et je revenais fort mécontent de moi en me disant :

« Je crains bien de n'être qu'un poltron. »

Je puis vous dire maintenant le nom de mon adversaire : c'était le sous-lieutenant Uhrich, aujourd'hui général de division.

J'en ai connu plus d'un de ces officiers, porteurs d'une seule épaulette, qui ont gagné depuis, à la pointe de leur épée, les plus hauts grades de l'armée : le général de Lignières, Le Barbier de Tinan, et La Roncière, brave et digne garçon, un peu fou, un peu exalté, mais à qui ses malheurs judiciaires n'ont rien fait perdre de l'estime de ses amis.

Je ne le cache pas, j'adorais l'uniforme, et rien ne me charmait plus, moi *pékin*, que de me montrer, avec mon chapeau blanc et ma *balayeuse*, au bras d'un officier en tenue de service. Lequel de mes amis de régiment se doute, à l'heure qu'il est, que le jouvenceau à la redingote noisette n'est autre que le créateur du *Figaro?*

De ce que j'ai conté, on peut conclure que je n'étais pas précisément, à Blois, en odeur de sainteté. Une aventure tragi-comique, qui m'arriva sur ces entrefaites, ne contribua pas, je dois le dire, à mitiger les griefs de l'opinion.

J'étais très-amoureux (toujours !) d'une adorable brune, femme d'un artisan aisé, qui daignait me recevoir au domicile conjugal aux heures réglementaires où son mari était absent pour cause de travail ; aussitôt l'époux envolé, je me faufilais dans son habitation.

Or, rien ne m'était plus facile que de m'assurer de sa sortie. J'avais fait cadeau à ce brave homme, — par l'intermédiaire de sa femme, — d'une casquette coquelicot bordée d'astrakan, qui se voyait d'un kilomètre, comme les lanternes du chemin de fer. En faction dans le café voisin, dès que j'apercevais l'écarlate de la casquette, qui se reflétait dans les carreaux, je courais d'un trait au « sanctuaire de l'amour » (style Empire).

Ce sanctuaire, séparé du rez-de-chaussée par un escalier presque à pic (ce détail a son importance), se composait d'une chambre dont le fond, disposé en alcôve, contenait un lit à demi-caché derrière deux rideaux blancs.

Après le lit, une ruelle bornée par une sorte de couloir, que fermait une cloison percée à la tête et au pied, de deux ouvertures sans porte, assez larges pour livrer passage à un homme d'un certain embonpoint. Ce boyau, fermé à une extrémité par la muraille, aboutissait de l'autre à la chambre, dont aucune clôture ne le séparait.

Si j'insiste sur la disposition du décor, c'est que cette description est indispensable pour l'intelligence de la scène, ainsi que vous le verrez plus loin.

J'étais arrivé depuis quelques minutes, quand tout à coup j'entends sur l'escalier un bruit de pas qui se rapprochent.

Quel est cet importun? Le mari peut-être. Je jette rapidement un coup d'œil autour de la chambre pour y chercher une cachette, et, machinalement, je m'élance du côté de l'alcôve ; je pose un pied sur le lit, que je franchis d'une enjambée, et je me trouve dans la ruelle, d'où je gagne, à l'abri des rideaux tutélaires, l'une des entrées du couloir.

Il était temps : on frappe à la porte.

— Qui est là ?

— Ouvrez.., c'est moi, voisine, répond une voix mielleuse. C'était une commère d'en face, une de ces bonnes âmes toujours en quête du mal à faire au prochain. La vipère qui, de sa fenêtre, mouchardait les allées et venues du voisinage, avait facilement éventé mon manége, et certaine ce matin-là de ma présence, elle venait sans plan bien arrêté, mais avec l'espérance de nous jouer un mauvais tour.

On lui ouvre ; elle entre, jette un coup d'œil investigateur tout autour de la chambre et s'établit sur une chaise avec l'intention manifeste de ne pas lever le siége de longtemps.

Moi, je me tenais coi dans ma cachette, debout, les coudes collés au corps, à l'instar d'une momie dans son étui, et mettant des sourdines à mon souffle ; de bouger un pied, impossible, sous peine d'accrocher quelqu'un des outils dont le parquet était jonché.

Pour surcroît de tourment, j'avisai, de mon poste, le creux produit à la surface du lit par la pression de ma botte, et d'un doigt bien discret, à peine détaché du flanc, je tirai insensiblement la couverture, afin de rétablir le niveau.

La sueur ruisselait de mon front sur ma face en me chatouillant l'épiderme, sans que j'osasse tirer mon mouchoir, tant je tremblais que le moindre froufrou ne vint à me trahir.

Il y avait un siècle que durait ce supplice, quand la situation se compliqua du retour prévu du mari, qui revenait pour déjeuner. C'était bien là-dessus que comptait la mégère. Elle avait éternisé sa visite tout exprès pour laisser à l'ennemi le temps d'arriver.

Son but rempli, elle prit congé de sa voisine en s'excusant d'un ton patelin de l'avoir retenue si longtemps... Sorcière, va !!!

La position, vous la voyez ; inutile de vous la peindre ! Ce qui la dramatise encore davantage, c'est la présence d'un roquet que ce damné mari traînait partout sur ses talons et qui, à peine entré, flairant la chair fraîche, comme l'ogre du *Petit-Poucet,* tire de mon côté et se campe, arc-bouté sur ses pattes, devant le lit.

Je le vois encore, le gredin ! un carlin de la plus laide espèce, l'œil chassieux, le nez en trompette, le muffle plat et grimaçant comme le museau d'un vieux singe, un monstre ! Il était là menaçant, n'aboyant pas, mais grommelant une note gutturale, avec laquelle il avait l'air de se gargariser.

Moi, lâche, je cherchais à le gagner par des mines patelines et de petits noms câlins, quand j'aurais voulu le tenir pour l'étrangler entre mes mains. O honte ! j'étais le courtisan, j'étais l'esclave de ce misérable toutou !

Vainement sa maîtresse, au supplice, s'égosillait à l'appeler : ce ne fut qu'à force de sucre qu'elle parvint à le radoucir. Le mari, quant à lui, ne s'en préoccupait guère : Ventre affamé n'a pas d'oreilles.

Cependant la situation ne cessait pas d'être tendue. Il y eut un moment où je crus tout perdu. Au bout du corridor qui me servait d'asile, se dressait une petite table chargée d'une bouteille et d'un verre. Tout à coup je vois le mari se diriger de ce côté.

« C'est fait de nous sans un miracle ! » pensai-je dans mon for intérieur.

Il s'approche, il n'est plus qu'à deux pas. A cet instant suprême, un éclair m'illumine !

Nous avions depuis quelques jours en représentation une troupe d'acteurs nomades qui faisait courir tout Blois au théâtre. Elle jouait *Jocko* ou *le Singe du Brésil*, le grand succès d'un clown du nom de Mazurier. Le rôle du quadrumane était rempli chez nous par un danseur comique. Comme tout le monde, je l'avais vu : je m'amusais à contrefaire ses gambades et j'excellais surtout à certain lazzi qui consistait à sautiller du train de derrière en pivotant sur les deux mains.

L'imminence du danger m'inspire. Je tombe en position, de manière à laisser, grâce à la pénombre qui me protége, le moins de prise possible à l'œil de l'ennemi; je balance de droite à gauche et de gauche à droite mon centre de gravité, qui s'éclipse tour à tour de chaque côté de la cloison, et je respire enfin en voyant mon homme prendre tranquillement son verre et s'éloigner.

Sauvé, mon Dieu !

Sauvé ?.. Dérision du sort ! j'étais en nage. Je fouille imprudemment dans le pan de mon habit pour en extraire mon mouchoir. Damnation !!! c'est ici que le drame prend des proportions épiques.

Figurez-vous que le matin même j'avais pris possession d'un lot que je venais de gagner à une loterie ouverte par un horloger de Blois nommé Blau, qui vit encore, et dont le fils, aujourd'hui à Paris, a été baptisé du sobriquet anagrammatique de Baül par Théophile Gautier.

Ce lot, c'était... devinez... une tabatière à musique.

Elle se trouvait fatalement dans la même poche que mon mouchoir. Je glisse avec des précautions indescriptibles ma main jusqu'à l'objet convoité. Un de mes ongles (c'était la mode alors de porter des griffes qui n'en finissaient plus) accroche en passant le bouton de la tabatière maudite. La détente part, et j'entends comme un grésillement prémonitoire suivi de l'allegro de la *Parisienne*, qui était la *Marseillaise* de 1830 :

> En avant, marchons,
> Contre leurs canons...

Mon premier mouvement est de ramener les basques de mon habit entre mes genoux et d'étouffer les chants indiscrets de la tabatière accusatrice, mais bah ! l'hymne poursuit sa ritournelle.

Pour le coup, il ne me reste plus qu'à tenter une sortie désespérée. Je m'élance de l'alcôve et j'apparais aux yeux du mari stupéfait en lui lançant cette apostrophe qui n'était pas positivement bête :

« Ah çà ! si je ne sortais pas, jusqu'à quand me laisseriez-vous faire de la musique ? »

Il m'envisage, et d'un coup d'œil entrevoyant la vérité :

« Ah ! je vais t'en donner de la musique ! »

Et brusquement il ouvre la porte, me pousse, et... vous savez ce fameux escalier ?... eh bien ! je vous réponds que je le franchis d'un saut — et je détalai sans demander mon reste.

Quant à ma diablesse de tabatière, elle n'en continuait pas moins dans ma poche son ramage :

> A travers le fer, le feu des bataillons,
> Courons à la victoire !

Le jour suivant, tout Blois était au fait de l'aventure, qui allait grossissant, comme l'œuf de la fable, à mesure qu'elle se répandait. Le scandale était à son comble, les pères et les maris me contemplaient d'un air farouche, les dévotes se signaient sur mon passage et la police avait l'œil sur moi. Il n'était que temps que je m'exilasse, si je ne voulais être excommunié.

Ce qu'il m'a fallu d'années de sagesse et d'efforts pour laver ces péchés de jeunesse et me faire accepter à Blois en qualité d'homme sérieux, le savez-vous ? Ma vie entière n'y a suffi que tout juste, et encore je ne répondrais point que, quand, la nuit, une bourrasque vient à emporter une enseigne, on ne se dit pas un peu tout bas que je suis pour quelque chose dans l'affaire.

Je me souviens qu'en 1848, M. Blanchet, aujourd'hui commissaire, le même qui décrocha, dans la rue de la Lanterne, le malheureux Gérard de Nerval, étant au ministère de la police, me fit mander à son bureau et me tint à peu près ce langage :

— Monsieur, vous faites de l'opposition imprimée ou verbale. Je vous préviens que c'est un rôle qui déplaît à l'autorité. Nous sommes armés contre vous d'un dossier que j'ai fait venir de Blois ; on s'en servira au besoin. Vos antécédents vous condamnent ; et, de plus, nous avons la preuve que vous êtes né en Pologne. N'oubliez pas qu'à ce titre le gouvernement est en droit, quand il le voudra, de vous faire reconduire à la frontière.

— Mon Dieu ! monsieur, lui répondis-je, je suis Polonais si vous y tenez, mais Polonais moins les brandebourgs et l'indemnité réglementaire de 45 francs par mois. Si le gouvernement me traite en réfugié, qu'il me paye l'arriéré de ma pension. Et je quitterai la France avec grand plaisir.

M. Blanchet se mit à sourire. C'était un homme d'esprit et de cœur qui, chargé d'une mission délicate, la remplissait avec autant de tact que de ménagement.

Il me congédia en me recommandant d'être sage et me laissa tranquille à Paris (je dis « tranquille, » jusqu'à mon séjour à Mazas ; mais ne devançons pas les événements).

Toutes les fois qu'il m'est arrivé d'avoir un procès, il se trouvait toujours quelqu'un pour aller dire à ma partie adverse :

— Faites donc venir son dossier de Blois, vous en verrez de belles. C'est un repris de tabagie.

Je voudrais pouvoir sauter d'une enjambée par-dessus ces souvenirs tout personnels, ces histoires de ma jeunesse, qui ne sont en réalité que le prologue de ces

Mémoires, et passer tout de suite à ce que j'appellerais, si le titre n'était bien ambitieux, « ma vie publique, » c'est-à-dire la chronique de mon temps.

Mais le lecteur, impatient sans doute d'en arriver là, comprendra, je l'espère, que je ne saurais entrer dans le cœur de la pièce sans quelques mots d'exposition. Ce qu'il lit en ce moment, c'est mon prologue, préambule plus utile au fond qu'il n'en a l'air, car pour introduire le public, par exemple, dans le monde du tapis vert, pour lui peindre l'intérieur des maisons de jeu, pour esquisser des types et crayonner des anecdotes de joueurs, n'est-il pas à propos de lui avouer que je suis joueur moi-même, et que je dessine d'après nature ?

J'ajoute, au surplus, pour calmer les impatients agacés par ces préliminaires, que je ne tarderai pas à en finir avec les hors-d'œuvre, et à passer au premier service.

Il ne faut pas croire que Blois ait fait depuis ces temps reculés de grands pas dans la voie du progrès. Blois était et est encore imbu de tous les préjugés de la province.

Voilà Armand Baschet, par exemple, charmant esprit, écrivain d'un talent distingué, dont le père est un des médecins les plus achalandés du pays. A telle enseigne que son fils eut longtemps sur le cœur une plaisanterie que je me suis permise à l'endroit de ce digne docteur :

— Oh! oh! disais-je; je le connais, le papa Baschet. C'était le médecin de ma grand'mère. Il est riche : il a au moins trois arpents de cadavres au cimetière.

Eh bien! quand Armand Baschet publia son premier ouvrage, ce fut, à Blois, un éclat de rire universel.

— Dites-donc, le petit Baschet qui fait des livres! a-t-on jamais vu chose pareille!

Un libraire du crû, comptant sur les sympathies locales pour l'œuvre d'un compatriote, fit venir de Paris quelques exemplaires qu'il annonça par des affiches placardées aux lieux les plus fréquentés de la ville.

L'oncle de Baschet, qui était avoué, ne put voir sans rougir infliger au nom de ses pères l'affront de cette publicité murale. Il attendit la nuit, se blottit sous un caban, dont il rabattit le capuchon sur son visage, et, armé d'un rateau pris dans son jardin, s'en fut par la ville, râclant avec fureur ces affiches proscrites partout où il en découvrait. Une ronde de police, qui le surprit et l'arrêta en flagrant délit, mit fin à ce pieux vandalisme.

Moi, je n'avais encore sur la conscience que quelques taloches distribuées par-ci par-là, pas mal de fredaines galantes et deux ou trois duels, dont un au pistolet avec un héros de Juillet. Oh! les héros de Juillet, c'étaient mes bêtes noires, je les détestais par instinct.

Ce léger bilan suffisait pour me faire mettre au ban de la population blaisoise. Qu'aurait-ce été si quelque Desbarolles, lisant mon horoscope dans la paume de ma main, eût dit :

— Il fera des journaux!!!

A dix-huit ans, je m'étais marié, — par amour, bien entendu ; — l'amour, avec moi, était toujours de la partie, je n'étais ni un Don Juan, ni un Lovelace, et l'offre de mon cœur n'allait pas sans l'offre de ma main. Je plus, je fus agréé. Mon succès n'étonnera personne quand on saura que ma toilette n'avait rien perdu de son élégance passée ; seulement la redingote noisette, tombée dans la disgrâce de la mode, était remplacée par un vaste manteau à longue pèlerine, entièrement doublé de peluche rouge, et dont un pan se rejetait sur l'épaule, avec un geste d'hidalgo.

CHAPITRE III

Nantes. — Je deviens inspecteur général. — Un tireur de la force de Nicole. — Le théâtre de Nantes. — Une page du *Roman comique*. — La Bohême sur les planches. — La garde-robe d'un acteur. — L'intérieur des coulisses. — *Une Passion*. — Il jouera, il ne jouera pas. — Les répétitions. — Le feu aux billets. — Une Représentation extraordinaire. — Je serai comédien. — On me fait une tête. — Le trac. — Comment j'entre en scène. — Le costume d'un *Jeune France*. — Un ours en cage. — L'émotion d'un premier début. — Un couplet de vaudeville. — Le dernier Abencerage de la guitare. — Les souliers de M. Dupin. — Mes succès de théâtre. — Comment on écrit l'histoire.

Il y avait deux ans que j'étais en ménage sans que ma nouvelle condition m'eût rendu ni plus sage ni plus posé, quand un jour je partis pour Nantes, où j'allais passer huit jours près d'un ami. J'y restai trois ans, et voici comme :

J'ai dit plus haut que, dans le cours de mes nombreuses migrations, j'avais stationné à Blois dans les bureaux du directeur d'une compagnie d'assurances. Le hasard fit que le gendre de mon patron, qui venait de fonder à Paris une affaire du même genre, se trouvât à Nantes en même temps que moi.

Il me savait actif, et de plus, parfaitement au courant de *la partie*. Il m'offrit une position confortable, si je voulais m'employer à organiser des agences dans les localités voisines. J'acceptai, et pendant trois ans je remplis, à la satisfaction de mes chefs, ces fonctions modestes, mais revêtues du titre imposant d'inspecteur général.

Le chiffre de mes honoraires, arrondi par les libéralités de ma grand'maman, me permettait de faire bonne figure dans ma nouvelle résidence. Aussi, m'étais-je lié tout de suite avec la jeunesse la plus turbulente de la ville. La plupart d'entre eux vivent encore. Je les vois à Paris, où ils sont venus; il n'en est pas un seul qui ne soit resté mon ami.

C'était une société d'étourdis et de cerveaux brûlés parmi lesquels, en raison de mon humeur tapageuse, je pris, comme toujours, la corde.

Quiconque a vécu en province sait s'il faut peu de chose pour s'y faire une réputation de mauvaise tête. Un coup d'épée galamment donné à un certain Alphonse Leduc, professeur de guitare à Nantes, plus tard éditeur de musique à Paris, et aujourd'hui l'auteur de ces charmants quadrilles qui font fureur dans les salons, ce coup d'épée me posa en ferrailleur et en duelliste. On me citait comme une fine lame, moi qui, à ce jeu-là, n'en sais guère plus long que Nicole, la servante de M. Jourdain.

Au bout de trois ans, j'étais *brûlé* à Nantes comme à Blois, et il n'était que temps que je fisse mes malles. L'épisode que je vais vous conter ne contribua pas médiocrement à précipiter mon départ.

Tout le monde dramatique connaît M. Roux, actuellement correspondant de théâtres à Paris. C'était lui qui remplissait alors, à Nantes les fonctions de directeur.

Sa troupe, richement montée, comptait, au nombre de ses premiers sujets, l'adorable madame Thillon ; le père Thoudouze, dont la fille est engagée aux Variétés ; madame Teissère, mère d'une étoile errante qui court aujourd'hui la province et l'étranger dans l'orbite de Levassor ; M. et madame Chambéry ; René Luguet, un des bons acteurs de la troupe du Palais-Royal. Un type que ce Luguet. Je demande au lecteur la permission d'en faire le portrait en passant. Il m'arrivera souvent, du reste, d'émailler ces Mémoires de ces sortes de photographies à la plume.

Luguet est un enfant de la balle ; il est né dans une carriole d'osier. Un manteau d'Agamemnon en assez mauvais état lui servit de langes. Sa parenté est comme une lettre de faire part : il est fils, frère, gendre, cousin, oncle et neveu d'artistes. Les siens ont gagné leur noblesse sur toutes les scènes, grandes ou petites, de la province, dans des batailles terribles pour la plupart, et cette noblesse est inscrite depuis deux siècles au *livre d'or* du roman de Scarron.

Madame Luguet, la mère, a chanté l'opéra-comique à Feydeau et joué la comédie au théâtre de la Monnaie, à Bruxelles. Le père du spirituel comédien a, comme on dit en termes du métier, *commencé* Paul et Allan, deux célébrités du Gymnase.

Luguet se souvient d'avoir étudié, avec d'autres enfants de son âge, tout un répertoire dans cette fameuse carriole, — la ville où il est né, la rue où il demeurait, la maison de ses frères, le berceau de son enfance !

Lorsque la carriole, conduite par un cheval étique, s'arrêtait à l'entrée d'une bourgade, on déballait ensemble et l'on transportait, dans une grange voisine, — le théâtre improvisé : — costumes, décors, luminaire, acteurs ; et cette troupe de marmots, vêtus comme des chiens savants, jouait, au pied levé, une pièce arrangée pour la circonstance et à la taille de ces Talmas morveux :

Berquin, ou l'Ami des enfants.

Bientôt dégoûté de la comédie, Luguet saute à bas de sa carriole, se dérobe aux « acclamations des populations idolâtres, » et s'engage, à quinze ans, dans la marine royale en qualité de mousse ; ce qui ne l'empêcha pas de retourner quelques années plus tard à sa première vocation.

Lui-même a publié, dans une lettre adressée à un journal, le drôlatique récit de cette partie de son odyssée :

« En 1830, mon père, qui était redevenu *simple artiste*, était à Aix. Je voyais passer les régiments qui se rendaient à Toulon pour aller faire la campagne d'Alger. Le bruit des fanfares me donna l'envie de m'embarquer comme mousse.

« Mon père consentit à cette première tentative d'avenir, et, quelque temps après, je partis pour Toulon, un bâton à la main et avec 3 fr. dans ma poche.

« On me reçut à bord du vaisseau la *Ville de Marseille* (commandant Robert); deux mois après, j'assistais au débarquement de *Sidi-Ferruk* et à la prise d'Alger.

« De là, j'ai parcouru la Grèce : on nous envoya en croisière dans le Levant.

« Bref, au bout de trois ans, je revins un peu calmé sur la question maritime. Là, je commençai une vie de bohême qui ne serait pas à sa place dans cette petite notice.

« Mais enfin, en 1836, je revins à la comédie.

« C'était à Apt (Vaucluse), dans la troupe de M. *Curet*.

« J'avais 16 *fr. par mois* pour jouer les amoureux, des pères nobles *au besoin*, et faire *les affiches à la main*.

« Comme mes appointements n'étaient pas de nature à augmenter ma garde-robe, et que j'avais conservé ma défroque de marin, je jouais tout en marin. Par exemple, si je représentais le fashionable dans la pièce de l'*Héritière*, on disait avant mon entrée :

« *Ah! voici M. Gustave, cet original qui chasse toujours en marin sur les bords de la mer.*

« Et ainsi de suite dans toutes les pièces.

« L'année suivante, je fus engagé à Metz comme choriste et deuxième colin. Madame Dorval vint en représentation, et dans un petit rôle qui me fut donné, elle me remarqua ; à sa recommandation, mes appointements furent augmentés. »

De succès en succès, Luguet arriva au Grand-Théâtre de Nantes ; c'est là que je l'ai connu.

Fidèle habitué du théâtre, j'allais, tous les soirs de spectacle, flâner dans les coulisses, où la jeunesse militante avait, de tradition, ses entrées.

C'était le temps où florissait à Paris l'école romantique. La parodie ne la ménageait pas, et le Vaudeville venait de donner, sous le titre d'*Une Passion*, une bouffonnerie dans laquelle Arnal faisait très-spirituellement la charge des héros de Dumas et de Victor Hugo.

La pièce avait été jouée sur le théâtre de Nantes avec un certain succès, ce qui ne m'empêcha pas d'exprimer très-franchement au directeur mon opinion sur l'acteur chargé d'interpréter le principal rôle.

— Anténor, lui disais-je, n'est nullement un jocrisse, c'est un *toqué* dont les extravagances du romantisme ont dérangé la cervelle ; il n'est ni benêt, ni stupide ; il est timbré, et c'est commettre un lourd contre-sens que de le jouer en queue rouge.

— Je voudrais vous y voir, me dit Roux, qui défendait son premier comique.

— Vous m'y verriez probablement moins mauvais

que votre pensionnaire, et pour sûr mieux d'accord avec l'esprit du rôle.

— Allons donc ! gageons que vous ne le jouez pas.
— Gageons que je le joue... quinze cents francs.
— Tout de bon?
— Tout de bon... tenez-vous le pari?

Le dialogue avait lieu devant un cercle d'amis communs.

Deux partis se formaient :

« Il le jouera — il ne le jouera pas. »

Roux, qui envisageait d'un coup d'œil les résultats pécuniaires de cette folle équipée, accepte la gageure. Séance tenante, on jette sur le papier la clause unique de ce compromis :

« 1,500 francs d'indemnité à payer par M. Roux à M. de Villemessant pour apprendre et jouer, dans le délai d'un mois, le rôle d'Anténor dans *Une Passion*, sous peine, au préjudice de ce dernier, d'un dédit d'égale somme, en cas d'inexécution du traité. »

Vous jugez si l'annonce de mon escapade fut longue à faire le tour de la ville. Nantes se partagea en deux camps ; les uns soutenant que j'irais jusqu'au bout, les autres que je *canerais* avant de toucher au but. Les paris s'engageaient comme sur le champ de course. Moi, j'allais de l'avant étudiant résolûment mon rôle, et antrant, avec la conscience d'un comédien émérite, dans la peau de mon personnage.

Toutefois, comme la bonne volonté ne supplée pas à certaines connaissances élémentaires, on m'avait donné pour maître et pour conseil Luguet, qui m'initiait de la meilleure grâce du monde aux us et coutumes de la scène.

Quant aux intonations et aux gestes qu'il essayait de m'inculquer aux répétitions, je me refusais absolument à suivre ces leçons de perroquet. Je débitais mon rôle comme on lit un journal, attendant mes effets des inspirations de la rampe et des hasards heureux de l'improvisation.

Cependant le mois s'écoulait, l'échéance arrivait en poste sans faire chanceler ma résolution. Si par hasard on me voyait mollir, les parieurs que j'avais dans mon jeu me piquaient d'amour-propre et m'enfonçaient l'éperon dans les flancs.

Tout Nantes était sens dessus dessous. Jouera-t-il ? ne jouera-t-il pas ? Les écus affluaient au bureau de location : loges et stalles étaient retenues ; les places numérotées se négociaient avec prime.

Enfin le grand jour a sonné. Une affiche monstre apposée à la façade du théâtre et sur tous les murs en évidence annonce en lettres gigantesques :

UNE PASSION,

Vaudeville en un acte, par MM. Varin et Desvergers

Le rôle d'Anténor sera joué par M. de V...., amateur de cette ville.

Le nom, quoique sous-entendu, était le secret de la comédie ; toute la ville était dans la confidence de l'initiale.

La foule se pressait aux portes de la salle, défendues, pour la première fois depuis la création du théâtre, par des barrières, où on s'étouffait plusieurs heures avant l'ouverture des bureaux.

A peine le guichet était-il ouvert qu'il ne restait plus de billets ni pour le parterre ni pour les régions supérieures.

Les privilégiés se précipitent vers leurs places, les déshérités stationnent et se groupent devant la porte en faisant entendre de sourdes rumeurs, comme s'ils méditaient de forcer l'entrée.

Dans la salle, tout est tumulte et confusion. On se dispute les meilleures places, on se heurte, on se foule, on s'encaque ; le public, tassé comme des harengs, reflue jusque dans les corridors.

De temps en temps s'élèvent du sein de cette fourmilière, des murmures d'impatience qui ne tardent pas à se convertir en clameurs.

A la fin, l'heure sonne : les trois coups sacramentels résonnent. Les flots se calment et se taisent comme par magie devant le *quos ego* du régisseur.

On jouait un acte de la *Muette de Portici* en lever de rideau.

Je vous jure, sans prétendre porter atteinte à la gloire du maëstro, que ce soir-là Auber, avec tout son génie, ne m'allait pas à la cheville. Ce fut, pendant tout le temps que dura l'opéra, un brouhaha qui témoignait du peu de cas que le public faisait de la musique. Les chanteurs eux-mêmes, tacitement d'accord avec l'auditoire, *galopaient* les morceaux qu'ils ne sautaient pas, tandis que l'orchestre, piqué d'honneur, brûlait les notes et menait Mazaniello et ses pêcheurs tambour battant. C'était un steeple-chase musical qui tournait au charivari. Qu'importe ? Est-ce qu'on écoutait ? L'événement de la soirée était ailleurs.

Mais pendant que tout était tumulte dans la salle et confusion sur la scène, que se passait-il dans la coulisse ?

Jusque-là, stimulé par la fièvre, grisé par la gloriole du point d'honneur et les excitations de la galerie, je m'étais étourdi sur l'approche du moment critique. J'avais franchi d'un pas gaillard l'escalier qui menait à ma loge ; je m'étais laissé habiller, coiffer, maquiller par Luguet, qui s'était chargé de *me faire une tête* (style consacré) ; bref, j'avais subi sans faiblesse les « préparatifs de la toilette ».

Mais une fois en présence de l'instant suprême, une fois le pied sur les planches, je sentis ce courage factice fondre à la menace du danger.

Il me passait devant les yeux des éblouissements convulsifs. J'éprouvais dans les jambes le tremblement nerveux du conscrit à son premier coup de feu, et j'entendais distinctement le tic-tac de mon cœur qui battait comme un balancier de pendule. Tranchons le mot : j'avais le *trac*.

Appuyé contre un portant dans l'attitude taciturne et farouche de l'homme qui médite un coup de désespoir, j'opposais un silence de glace aux encouragements de mes *camarades* et aux exhortations intéressées de mes parieurs. Quand j'entendis retentir le commandement : *Au rideau!* tout mon sang se figea dans mes veines.

. . . .

La toile se lève, je perçois un bourdonnement sourd dont l'écho domine la voix des acteurs qui sont en scène. C'est moi, c'est le débutant qu'on réclame.

Enfin la minute a sonné.

« Entrez, monsieur, entrez ! » articule Raphaël, un des personnages de la pièce, en s'adressant à la cantonnade.

« A vous ! me crie-t-on dans la coulisse, à vous ! C'est votre tour d'entrer. »

Eh! parbleu! je le sais bien, que c'est mon tour. Mais la peur et l'émotion me clouent à ma place. Ma résolution m'abandonne. Advienne que pourra, tant pis ! je n'entrerai pas.

— Ventrebleu ! à quoi pensez-vous donc ? s'écrie M. Manby, de la Compagnie du gaz, un de mes plus gros parieurs. Allez-vous nous laisser en plan ?

Et s'élançant vers moi qui me tenais debout, immobile devant une porte, il me donne une brusque poussée. Je fais trois pas... je suis en scène. M'y voilà !

Un hourrah formidable accueille mon apparition ; c'est la salle entière qui se tord dans un éclat de rire homérique.

Il me semble, avant d'aller plus loin, que l'instant est venu de me présenter au lecteur dans l'uniforme de mon rôle.

Suivant l'indication des auteurs, Anténor est un *jeune France*, c'est-à-dire un prosélyte du romantisme poussant jusqu'au grotesque l'excentricité du costume.

Fidèle à l'esprit du personnage, j'avais logé mes longues jambes grêles dans un pantalon noir genre *jocko*, orné à la ceinture de larges plis à la hussarde, qui formaient l'éventail quand mes mains, plongées au fond des poches bâillant le long de la couture, venaient à s'écarter du corps.

Sur ma poitrine s'épanouissait un gilet à la Robespierre, fait d'une indienne à grand ramage, fleurs écarlates sur fond blanc, et armé de cornes menaçantes dont les pointes poignardaient mes voisins.

Mon habit était tout un poëme.

Il était noir, à queue de morue, muni de manches à gigots et respirait un je ne sais quoi satanique plus facile à imaginer qu'à décrire.

Au sommet de mon sinciput se dressait un cône tronqué en feutre mou de trente centimètres de haut, dont la base, ceinte de larges ailes, laissait échapper des flots de cheveux bruns (les miens, que je portais très-longs, et que j'ai conservés en dépit des années, je ne suis pas fâché de le dire en passant) lesquels ruisselaient sur ma nuque, défiant par leur abondance la crinière mérovingienne de Clodion le Chevelu et de son héritier Théophile Gautier.

Figurez-vous, avec le harnais dont je viens de croquer la silhouette, mes traits maigres et blêmes encadrés dans ce bocage épais et tout ahuris de la façon dont s'était effectuée mon entrée, et vous vous expliquerez l'explosion de fou rire qui salua mon apparition.

Si encourageante qu'elle fût, je ne rougis pas d'avouer que cette réception acheva de m'interloquer. Heureusement je n'avais, en entrant, que quatre mots à prononcer.

— Elle n'y est pas !

Après quoi je me mis à arpenter les planches dans tous les sens, gesticulant à tort et à travers pour me donner une contenance, et soulevant à chaque pas, à chaque geste, une explosion d'hilarité.

Vous savez que j'avais répété les deux mains dans mes poches en m'en rapportant à l'improvisation : il en résulta que j'avais un peu l'air d'un ours devant les barreaux de sa cage, cherchant s'il y a un trou par lequel il puisse sortir. Tout cela fut considéré comme du bien joué.

L'effet que je produisis rien qu'en faisant de ma main un abat-jour pour fouiller du regard tous les coins de la scène, il faut renoncer à le peindre. Les bravos se mêlaient aux fous rires, et la salle, peu habituée à des démonstrations aussi fantastiques, tremblait au bruit des applaudissements.

N'importe, vivrais-je cent ans, je n'oublierai jamais l'impression que produisit sur tout mon être l'aspect de ce monstre à mille faces les yeux braqués sur moi, me dévorant du regard, me fusillant à coups de lorgnettes.

Quand les hasards de mon métier de journaliste me font assister aux débuts de quelque pauvre diable, bien gauche, bien empêtré, tremblant aux feux du lustre et barbotant à travers son rôle, je n'ai pas, je vous jure, la moindre envie de siffler. Je le plains, le malheureux, et, faisant un retour sur moi-même, je me dis, avec une variante à l'*aparte* de l'ivrogne qui, voyant un homme ivre, pense à part lui : « Voilà comme je serai dimanche : »

« Voilà pourtant comme *j'étais* à Nantes. »

Cependant ces bravos, ces applaudissements, ces rires,

ce tumulte flatteur dont je savourais le miel pour la première fois, m'avaient donné le temps de rattraper mon équilibre. Quelques visages amis que je voyais à l'orchestre et aux avant-scènes me souriant et m'encourageant du geste et du regard, achevèrent de ranimer mon courage, et j'attaquai avec un certain aplomb mon grand monologue de la scène VI.

La situation est celle-ci :

« Anténor est follement épris d'une vision qui lui est apparue au plus fort de l'orage suscité dans son âme par la lecture d'un roman à la mode. Cette vision, à demi-entrevue à travers les battants de sa fenêtre entre-bâillée, fait partie du matériel d'un maître de dessin, dont l'atelier donne en face de son logis : c'est un mannequin affecté aux études des écoliers qui constituent le personnel de la classe.

« Or, un matin que cet amant byronien cherche des yeux le mystérieux objet de cette passion furibonde, il l'aperçoit, dans quel état, grand Dieu ! Assis, enveloppé d'un long voile de mariée et le front ceint d'une couronne de fleurs d'oranger. Horreur ! A cet aspect, il pousse un cri sauvage et s'élance tête nue sur le boulevard. »

Ici l'orchestre fait entendre le prélude de l'air d'*Yelva*. A l'instant le silence se fait. Les plus tapageurs se taisent et prêtent l'oreille. On m'attend à mon premier flon-flon.

Je possédais, je l'ai dit ailleurs, un assez joli talent d'amateur dont mes succès de lutrin m'avaient donné la conscience. Mais autre chose est de chanter dans les orgues ou de chanter devant la rampe. Cependant, je sentais que c'était là le moment héroïque, l'instant de vaincre ou de périr.

Le chef d'orchestre frappe trois coups sur la boîte du souffleur (je les entends encore !) et j'entame bravement mon couplet :

> Les vents, la pluie et le tonnerre
> Forçaient chacun à chercher un abri :
> Moi seul, bravant la foudre et la gouttière,
> Aux éléments j'offrais un front hardi.
> Oui, de ce ciel où grondait la tempête,
> En blasphémant j'implorais la rigueur ;
> Mais tous les flots qui coulaient sur ma tête
> N'ont pas éteint le volcan de mon cœur.

Je n'étais pas au bout que la salle éclatait en bravos qui n'en finissaient plus. Je ne prendrais pas sur moi d'affirmer que jamais l'*ut* de poitrine de Tamberlick ait soulevé de pareils transports.

Ce fut bien autre chose encore à la scène de la guitare.

Il n'est pas hors de propos de vous apprendre que je suis peut-être, après Huerta, dont j'ai l'honneur d'être le disciple, le dernier Abencerage de la guitare. Ne vous moquez pas de moi, je suis décidé à tout avouer. Non-seulement j'ai été guitariste fanatique, mais j'ai professé pour cet instrument, dont l'ingratitude ne saurait être mise en question, la passion que je porte en tout ce que je fais.

Tout ceci pour vous dire qu'au moment où je chantai, avec le mannequin animé dont j'étais le Pygmalion, le duo diabolique :

> Quel plaisir de tordre
> Nos bras amoureux,
> Et puis de nous mordre
> En hurlant tous deux,

au lieu d'abandonner à l'orchestre le soin banal d'imiter la guitare sur les cordes d'un violon, je fis moi-même l'office d'accompagnateur. Vous voyez d'ici l'étonnement.

A partir de là, mon triomphe ne connut plus de bornes ; ce ne fut, jusqu'à la chute du rideau, qu'une ovation perpétuelle. Le public m'attendait pour m'acclamer à ma sortie, et je ne suis pas éloigné de penser que la foule aurait poussé l'enthousiasme jusqu'à dételer mes souliers, comme on affirme qu'on le fit un jour à M. Dupin.

Amour-propre à part, j'ose croire que je ne fus pas trop mauvais. La preuve, c'est qu'il me fut fait des propositions d'engagement, auxquelles je ne crus pas devoir répondre.

Ce n'est pas que la vocation me manquât. Je me sentais le tempérament du théâtre et le goût de la vie de coulisses.

Garçon, je me serais plu au frou-frou des robes de soie, au contact des jupes de gaze, aux intrigues, aux aventures, aux triomphes bruyants de la scène. Marié à dix-huit-ans, père de famille deux ans après, je me devais à ma femme et à mes deux enfants. Ce mariage prématuré, qui semblait devoir me fermer toute carrière, est peut-être ce qui préserva ma jeunesse des écarts de mon imagination. Que ce fût une folie, c'est possible, mais ce qui n'est pas douteux, c'est qu'elle me sauva de bien d'autres.

Ce que devint le montant du pari, est-il nécessaire de vous l'apprendre ?

Il n'en entra pas, on le comprend, un rouge liard dans mon porte-monnaie. A la suite de cette représentation mémorable, le théâtre resta fermé pendant deux jours. Argent et relâche furent employés en banquets, que j'offris, Amphytrion magnifique, à la troupe et aux habitués des coulisses.

Je ne répondrais même pas que mes *feux* de quinze cents francs aient suffi pour acquitter la carte, et que Roux n'ait pas eu à intervenir au moment du quart-d'heure de Rabelais. Mais ne le plaignez pas plus qu'il ne se plaignit lui-même ; la recette avait excédé trois mille cinq cents francs, les plus hautes eaux connues, de mémoire de directeur, à l'échelle métrique du théâtre de Nantes. Si Roux était, à l'heure qu'il est, directeur du Palais-Royal, je parle cent contre un qu'il me ferait un pont d'or pour y jouer les Lhéritier.

Si j'ai narré avec d'aussi amples détails l'histoire de mon premier et de mon dernier début en face du trou du souffleur, c'est afin de réduire à leur juste valeur les propos de gens qui se flattent de me chagriner beaucoup en m'attribuant des antécédents de cabotin.

Jugez de la bonne foi de ces gens-là par le simple trait que voici :

Cochinat, qui fut longtemps un de mes rédacteurs au *Figaro*, mais qui devint plus tard, j'ignore encore pourquoi, et lui aussi peut-être, un de mes plus noirs ennemis, Cochinat, revenu à de meilleurs sentiments et auquel j'ai pardonné de grand cœur, — car je suis assez heureux pour être sans fiel et sans rancune, — me faisait un jour, en déjeunant avec moi, cet aveu dépouillé d'artifice :

« Je savais bien que vous n'aviez paru qu'une fois sur un théâtre, mais j'étais sûr de mon effet en écrivant dans un journal :

« M. de Villemessant a joué, pendant dix ans, les « Arnal en province, et il a été sifflé. »

Et voilà comme on écrit l'histoire. Il n'en a pas fallu davantage pour répandre dans le public, toujours friand de médisance, le bruit que j'avais passé ma jeunesse sur les tréteaux.

Je brusque la dernière période de mon séjour en province et j'arrive tout droit à Paris.

Et maintenant, lecteurs, que me voilà aux prises avec les côtés sérieux de la vie et la nécessité de me créer un gagne-pain, j'en ai fini avec les fredaines de ma jeunesse, je ne vous en parlerai plus.

CHAPITRE IV

Paris. — Deux toilettes et pas d'habits. — L'encre de la petite vertu. — Le cuisinier du *Siècle*. — Les têtes de clous des journaux de modes. — Le baptême de la *Sylphide*. — Mademoiselle Taglioni, marraine. — Le journal parfumé. — Un nid de lorette. — Une ascension difficile. — Le premier abonné. — On sonne les cloches. — L'horloge du désespoir. — La campagne des annonces. — M. Oudot. — Souvenir émouvant. — Douze piles d'écus. — Location d'un rez-de-chaussée. — M. de Girardin. — La mémoire du cœur. — Une chroniqueuse de qualité. — L'Échantillon de réclames. — Une douzaine d'huîtres moins une. — Les dangers d'une hostie. — Le père Champeaux. — Les clichés de la chronique de modes. — Le demi-dieu et le Dieu. — Nouvelles à la main. — Le lit de Procuste. — Madame d'Abrantès. — Une énigme matrimoniale.

Me voici donc à Paris ! Qu'y faire ? Nous sommes quatre bouches à nourrir, quatre bouches, dont deux toutes petites, qui ne peuvent compter que sur ma tête et sur mes bras. Pour le choix d'un état, je suis bien à mon aise ; n'en connaissant pas un, j'ai l'avantage de ne me laisser influencer par aucune préférence préconçue.

D'autre part, habitué, grâce à cette providence que j'appelais ma grand'mère, à me sentir toujours de l'argent en poche et à le dépenser sans trop compter ; à la tête d'une famille que j'adorais, éprouvant pour elle comme pour moi-même une profonde horreur des privations et de la misère, j'arrivais à Paris très-décidé à travailler pour me créer une position, d'autant plus décidé que les quelques dizaines de louis qui dansaient dans mon escarcelle n'étaient pas susceptibles de me mener fort loin, et que mon porte-manteau ne contenait pas une toilette de rechange.

Bien que, suivant une habitude contractée au temps de mes splendeurs, je fisse deux fois par jour ma toilette — avec les mêmes habits, bien entendu, — ma garde-robe tout entière tenait sans peine dans un tiroir, et mes bottes laissaient voir, au pli du petit doigt, des lézardes naissantes que l'emploi intelligent de l'encre de *la petite vertu* ne dissimulait qu'à grand'peine.

Cependant les jours s'écoulaient, le quadrille de mes pauvres louis allait s'éclaircissant à vue d'œil, le temps et l'argent se consumaient sans que j'eusse trouvé ma voie.

Comment l'idée de faire un journal germa-t-elle dans mon cerveau, radicalement étranger jusqu'à ce jour à cette nature d'industrie ?

Le hasard, ou plutôt cette prédestination providentielle à laquelle le scepticisme humain a donné le nom de hasard, me fit descendre dans un hôtel situé en face du passage du Saumon, fréquenté par Martinet, du *Siècle*, un des vétérans du journalisme. Je le vis, je causai, je me liai avec lui — il était de relations faciles, — et ce fut dans sa conversation que je puisai, à mon insu, le germe de ma vocation future.

Je l'accompagnais quelquefois, à mes heures de

désœuvrement, à la *composition* du *Siècle* où il remplissait avec une expérience consommée les fonctions de *cuisinier*, c'est-à-dire de rédacteur préposé au travail de la mise en pages, de la correction des épreuves, etc. J'assistais aux mystères de l'enfantement de la feuille noircie, et je respirais cette odeur pénétrante d'encre typographique, dont l'effet contagieux ne se fait pas longtemps attendre et qui vous porte presque invinciblement à vous faire imprimer.

J'en étais, sans m'en apercevoir, à la période d'incubation, quand un jour, feuilletant un journal de modes, tel qu'on les fabriquait alors, tiré sur papier à sucre avec des caractères flétris en style du métier du sobriquet de « têtes de clous, » je fus frappé du contraste existant entre l'aspect du journal et sa spécialité. J'en exprimai même ma surprise en présence de gens compétents; à quoi il me fut répondu :

— Que voulez-vous, c'est la routine. Que serviraient, à un journal de modes du beau papier et une impression de luxe? C'est pour la gravure que l'on s'abonne, rien de plus. Ne voudriez-vous point aussi qu'on y mît de la littérature?

— Pourquoi pas? Croyez-vous qu'une feuille bien rédigée, bien imprimée, agréable à voir et à lire, n'aurait pas plus de chance d'être accueillie par le monde élégant que ces sales chiffons de papier? *Débarbouillez* les journaux de modes et vous verrez s'ils en auront moins de succès.

Une fois dans ce courant d'idées, je suivis l'exemple de ce philosophe qui, voulant prouver le mouvement, marcha.

J'avais bonne tenue, une mise ne trahissant point la gêne qui commençait à se faire sentir, car j'étais à Paris depuis six mois. Je me présentai hardiment chez Lévy, propriétaire de l'imprimerie du *Siècle*, où j'avais eu plusieurs fois, comme je l'ai dit, l'occasion d'accompagner Martinet. Il me reçut d'une façon très-courtoise, écouta mes idées, mon plan, qui parut lui sourire, consentit à me fournir les moyens d'exécution, — *et à ne pas me demander d'argent d'avance!* Question vitale, car c'était justement, pour entrer en campagne, le nerf de la guerre qui me faisait défaut. La petite pension que me servait ma bonne grand'mère était fort légère, surtout pour vivre à Paris.

Ce premier point conquis, il s'agissait, avant de lancer l'enfant dans le monde, de commencer par le baptiser. C'était le temps où florissait à l'Opéra un ballet qui devait à Marie Taglioni, reine des danseuses passées, présentes et futures, un succès presque sans exemple. Il s'appelait la *Sylphide*, titre élégant, vaporeux, aérien, qui me parut merveilleusement adapté au journal que je voulais faire. J'allai trouver mademoiselle Taglioni, et j'invoquai son patronage, qu'elle consentit à m'octroyer avec une grâce parfaite. La Sylphide servit de marraine à mon journal, et ce fut sous ce poétique pavillon que je me décidai à tenter la fortune.

Une fois mon journal sur le chantier, je ne fermais plus l'œil sans en rêver. Mon imagination en travail battait nuit et jour la campagne à la piste d'idées inédites. Un beau matin, il m'en vint une que je n'hésitai pas à considérer tout simplement comme un trait de génie : je conçus la pensée lumineuse de parfumer la *Sylphide*.

Sans perdre une minute, je cours chez Guerlain, dont la renommée naissante ne dédaignait pas les fanfares de la publicité ; je conviens avec lui d'un certain nombre de sachets payables en lignes de réclames ; après quoi je fais fabriquer une vaste boîte à coulisses, munie de tiroirs à claire-voie, dans lesquels j'étends religieusement mes couvertures au-dessus d'une litière de parfums. Il m'arriva même plus d'une fois de me lever au cœur de la nuit pour retourner mes couvertures, comme on retourne une côtelette sur le gril.

J'habitais alors rue Fléchier, dans une maison appartenant à un ami, un joli nid précédemment occupé par une paroissienne de Notre-Dame-de-Lorette, que les vicissitudes de la vie galante avaient réduite à déserter ses lares en abandonnant son mobilier comme garantie des loyers. J'étais donc meublé en lorette, ce qui ne me déplaisait pas.

Ce fut là le berceau de la *Sylphide*. L'inconvénient de ce berceau, c'est qu'il était trop près du ciel. Je logeais au quatrième ou cinquième étage, ce qui, par parenthèse, n'est pas précisément commode pour un bureau de journal, l'abonné, toujours avare de ses pas, hésitant à gravir ces hauteurs alpestres. Cependant il n'y avait pas à choisir.

Je fis donc apposer sur ma porte une magnifique plaque en marbre noir, sur laquelle rayonnait, en lettres d'or, cette inscription monumentale :

LA SYLPHIDE

Journal de modes

Nota. On peut voir encore ce marbre vénérable s'épanouir au seuil des bureaux de Mariton, propriétaire actuel de la *Sylphide*, car la bonne vieille vit toujours, quoiqu'elle ait bientôt vingt-cinq ans, un bel âge pour un journal !

J'installai dans mon antichambre un simulacre d'administration, et j'attendis.

Mon premier abonné fut un Allemand : c'était, je l'ai su plus tard, le mandataire du directeur des postes de Cologne, pour le compte duquel il venait souscrire.

Il était gros, replet ; il soufflait comme un bœuf et épongeait avec son mouchoir la sueur qui ruisselait jusque dans sa cravate. Bien que j'ignorasse tout d'abord l'objet précis de la visite de cet inconnu, je me sentais impressionné par sa présence, et ce fut d'une voix légèrement altérée que je lui adressai cette question :

— Monsieur, que désirez-vous ?

— Un abonnement à la *Sylphide*. Quel est le prix d'une année ?

— Quarante francs.

— Les voilà. Donnez-moi ma quittance.

Pour le coup, le cœur me battit presque aussi fort que le jour de la capture de mon premier lièvre. Le premier abonné ! le premier !!! Quiconque a créé un journal peut se faire une idée de mon émotion.

J'écrivis sa quittance en ronde, en coulée et en anglaise. Les cloches de l'église voisine, qui se mirent en branle juste à ce moment solennel, me semblaient tinter tout exprès en l'honneur de cet événement mémorable, et je me demandais si chaque abonnement serait ainsi salué par un semblable carillon.

Il me souvient encore que j'allais me mettre à table à l'instant où mon premier client avait fait son entrée. Je me sentis pénétré à son endroit d'une si vive reconnaissance, que je l'invitai à partager mon déjeuner. Il s'en excusa, j'insistai, et, nonobstant sa résistance, j'obtins de lui qu'il acceptât de se rafraîchir, ce qui, d'ailleurs, n'était point un luxe, vu l'état dans lequel l'avait mis l'ascension de mes cinq étages.

Je l'ai rencontré plus d'une fois, ce digne homme, je le revois encore fréquemment dans les bureaux du *Figaro*, où il vient prendre des abonnements pour la Prusse. Eh bien ! quoique j'aie eu, depuis vingt-cinq ans que je fais des journaux, le temps de me bronzer sur le chapitre des abonnés, je ne saurais l'apercevoir sans que sa bonne grosse figure me cause une certaine palpitation, et machinalement je m'empresse de lui offrir une chaise.

Inutile de faire assister le lecteur au laborieux enfantement de mon premier numéro. J'ignorais jusqu'à l'*a b c* du métier, et vous jugerez de l'état de mes connaissances littéraires par le simple fait que voici :

On m'avait recommandé comme un écrivain d'avenir un jeune employé du ministère des finances, qui consacrait au culte des muses le temps que lui laissait le service de l'État. Il s'appelait Rispal. J'eus de lui une courte nouvelle, dans laquelle j'admirais fort, entre autres beautés, cette phrase marquée au coin du génie :

« Minuit sonnait à l'horloge du désespoir ! »

Quel style ! me disais-je à part moi, et qu'un homme est heureux de trouver au fond de sa cervelle de pareilles inspirations !

Cependant, mon premier numéro paru, il se produisit un phénomène auquel j'étais loin de m'attendre : plusieurs abonnés me renvoyèrent leur exemplaire en se plaignant de ce que le *parfumage* les entêtait horriblement. Donnez-vous donc du mal à courir après des idées neuves !

Toutefois, cet essai malheureux ne fut point sans profit pour l'avenir de la *Sylphide*. Mes relations avec la parfumerie m'avaient ouvert des horizons nouveaux. Du moment que Guerlain consentait si facilement à rémunérer mes réclames en marchandises, pourquoi se refuserait-il à les récompenser en espèces? Je risquai ma proposition, qui passa comme une lettre à la poste. Enhardi par ce premier succès, j'entrepris la conquête de la rue de la Paix; j'allai trouver Mayer, Doucet, Chapron, Chevreuil, qui suivirent, sans trop se faire tirer l'oreille, l'exemple de leur voisin Guerlain.

De là je me portai sur la rue Richelieu. J'enlevai Maurice-Beauvais, Batton, Laîné, Brousse, le Persan, Gagelin. Il n'y avait pas quinze jours que la *Sylphide* était au monde, que j'avais déjà en portefeuille un dossier de traités représentant plusieurs milliers de francs de revenu. Dès lors je crus me voir galopant à grand'guides sur la route de la fortune, et je me dis : « Mon garçon, ton affaire est faite. »

Seulement ce n'étaient là que des promesses des lettres de change tirées sur l'échéance de l'avenir; mais l'encaisse, l'argent comptant? Voilà où le bât me blessait.

En consultant la liste de mes clients, j'avais remarqué une lacune; il me manquait un marchand de blanc. Donc, un matin, je prends mon courage à deux mains, car il s'agissait d'une expédition difficile. Je me munis d'une petite réclame que j'avais *bibelotée* la veille à propos des toilettes de mariées et des corbeilles de fiançailles, et je pars pour le quartier Saint-Jacques, siége des magasins Oudot.

C'était un établissement séculaire, une de ces maisons patriarcales à cheval sur les vieux principes et jusqu'alors inaccessible à la contagion de la publicité.

La main me tremblait un peu, je ne m'en cache pas, en la posant sur le bouton de la porte, et je me surprenais, à l'exemple du patient que l'excès de la douleur traîne chez le dentiste, à faire mentalement des vœux pour ne trouver personne à qui parler. Cependant, j'étais trop avancé pour reculer. Je fis violence à ma timidité, et, tournant résolûment le bouton, j'entrai.

— Monsieur Oudot? demandai-je au premier employé qui s'offrit à moi.

On me conduisit à son cabinet.

J'aperçus un vieillard au front vénérable, à la physionomie à la fois imposante et sereine, dont l'accueil bienveillant me rassura tout de suite et me mit du baume dans le sang. Je lui exposai bien simplement l'objet de ma visite ; puis, quand je vis qu'il m'écoutait avec complaisance, je lui parlai de moi-même, de mes projets, de mes espérances ; je terminai en lui donnant lecture de mon article sur les corbeilles de mariage, dont la conclusion était naturellement l'éloge des magasins Oudot, « cette vieille maison de confiance et de probité. »

Quand j'eus fini, il m'envisagea d'un air affable, et avec un accent plein de douceur, il me dit :

— Notre maison n'est pas dans l'habitude, monsieur, de recourir aux annonces : elle n'en a jamais fait. Mais votre article me plaît. Combien me demanderez-vous pour douze mentions à peu près semblables publiées dans le cours de l'année ?

— Douze cents francs, hasardai-je d'une voix timide.

— Eh bien ! ayez l'obligeance de me faire votre reçu.

— Mais, repris-je, quelque peu surpris, l'usage est de payer seulement par douzième, de mois en mois.

— Ma maison, me répliqua-t-il, ne fait les affaires qu'au comptant. C'est la première fois que j'use de la publicité ; il me serait désagréable qu'il en transpirât quelque chose. J'ai confiance en votre bonne mine ; je suis sûr que vous remplirez parfaitement vos engagements.

Et il aligna devant moi douze piles d'écus de cent sous (la monnaie courante d'alors) dont la vue me causa un étourdissement de plaisir. C'étaient les colonnes de mon temple.

Je partis, emportant pour cet homme excellent une reconnaissance et une vénération que les années n'ont point affaiblies. Si jamais, ce qu'à Dieu ne plaise ! un des siens tombait dans le malheur, qu'il vienne à moi sans hésiter, mon cœur et ma bourse lui seront également ouverts

Je rentrai chez moi triomphant. Quelle fête pour un pauvre journal au berceau, auquel il tombe du ciel une

Californie, la manne au milieu du désert ! Je vais trouver mes fournisseurs et je paye rubis sur l'ongle. Si j'étais fier, vous devez le penser.

Une idée en amène une autre ; ce fut alors que me vint la pensée d'aller voir M. Émile de Girardin. Son nom était dans toutes les bouches ; il avait la popularité, on l'appelait Girardin tout court. Le journal qu'il avait fondé, *la Presse*, tenait le haut du pavé.

Je me présentai tout simplement chez lui, sans me faire précéder par une demande d'audience, et je fus introduit dans son cabinet sur la seule remise de ma carte, ce qui ne laissa pas que de m'étonner un peu : avec un si gros personnage je m'attendais à faire antichambre.

Son accueil me charma autant qu'il me surprit. Il avait l'air froid mais poli, sérieux, affable, en un mot les manières d'un homme tout à fait comme il faut. C'était la première fois que je me voyais en face d'un journaliste politique, d'un publiciste éminent, et le prestige qu'il exerçait sur mon moral se reflétait sur mon individu. Je me tenais assis à l'extrême bord d'un fauteuil, les coudes aux flancs, les genoux infléchis et les pieds rentrés sous moi-même, comme si j'eusse voulu me réduire au moindre volume possible.

Mon embarras ne m'empêcha pas de lui expliquer clairement et brièvement le but de l'entrevue que je lui avais demandée.

« J'étais fondateur et propriétaire d'un journal de

modes, la *Sylphide*. J'y faisais, en faveur de divers commerçants, des mentions assez bien payées. Partant de là, j'avais conclu que les mêmes réclames reproduites dans un grand journal, seraient, en raison de leur notoriété supérieure, d'un placement plus facile et plus avantageux. »

C'était l'époque où M. de Girardin arborait pour devise : *Une idée par jour*. La mienne le frappa. Elle lui parut neuve et féconde, et, tout de suite, il répondit à ma communication :

— Inutile de répéter vos articles. Je vous affermerai un feuilleton de la *Presse* par semaine. Vous y serez chez vous. Faites en sorte que cela soit tourné convenablement. Vous me donnerez cent francs par semaine, et vous me payerez un mois d'avance. »

Le lendemain à midi, les quatre cents francs étaient consignés, le contrat paraphé, et je me trouvais, pour trois ans, principal locataire d'un feuilleton, au rez-de-chaussée de la *Presse*.

L'important était de sous-louer.

Je me mis, sans retard, en campagne. Je vis Froment-Meurice, le bijoutier ; je lui vendis douze insertions de cinq à dix lignes au maximum, à raison de 100 francs chacune ; puis, encouragé par cette brillante opération, je sondai le terrain dans toute la région propice à l'exploitation de la publicité, et partout je trouvai l'or à fleur de terre. Je n'avais, en quelque sorte, qu'à me baisser pour ramasser des traités.

Payons avant d'aller plus loin, une dette de reconnaissance à M. Émile de Girardin.

Si j'aime passionnément l'indépendance, j'en excepte ce que Nestor Roqueplan appelle spirituellement l'indépendance du cœur. M. de Girardin n'a jamais soupçonné sans doute l'influence que sa réception, — non-seulement polie — cela va de soi de la part d'un homme tel que lui, — mais engageante, et je dirais presque amicale, exerça sur la destinée d'un humble débutant, frais émoulu de sa province. Je le retrouverai plus tard dans des circonstances où le hasard des événements et sa prépondérance personnelle lui firent jouer un grand rôle, où moi-même je me trouvai jeté dans la mêlée politique, mais jamais, quelle qu'ait été en ces temps orageux la couleur de notre cocarde, jamais je n'oublierai les égards que m'impose envers lui la mémoire du cœur.

Je reviens sur mes pas, et je remonte aux origines de la *Sylphide*.

Aussitôt que j'avais vu jour à tirer bon parti de la publicité, je m'étais mis en quête d'une chroniqueuse de modes, non pas une de ces comtesses ou de ces marquises de carnaval dont la particule est empruntée au livre d'or du pseudonyme, mais une femme du monde pour tout de bon ; et j'avais eu la chance de mettre la main sur une vraie patricienne inscrite au nobiliaire de l'Empire, madame Amet, qui, du chef de sa mère, signait ses articles du nom retentissant de duchesse d'Abrantès.

Pour ma part, je n'étais pas capable d'accoucher de trente lignes de rédaction ; mais je m'étais vite aguerri aux *trucs* et aux *ficelles* du métier, et personne ne s'entendait mieux que moi à inspirer une réclame et à mettre le doigt sur la fibre sensible du commerçant.

Le fin du métier consistait à tendre à l'industriel la glu d'une réclame toute faite, car d'espérer qu'il vînt se prendre de lui-même, c'est ce qui n'était guère permis, à raison du peu d'importance de la *Sylphide*. J'avais donc institué une confection de faits divers dans lesquels l'annonce, véritable Protée, revêtait les maquillages les plus variés.

Citons en passant quelques échantillons des produits de notre industrie.

La réclame élégiaque. — Je copie :

Testament d'une grisette.

« Dimanche dernier, les locataires d'une maison de la rue Saint-Honoré faisaient la chasse à un joli petit serin qui voltigeait dans la cour de la maison et venait on ne savait d'où. — Ils mettaient d'autant plus d'ardeur à sa poursuite que l'oiseau avait un petit papier suspendu au cou, au bout d'un fil. — Enfin le fugitif fut pris, le papier détaché, déplié, et on y lut ce qui suit :

« Pauvre, malade, sans ressource aucune, je ne sais que devenir. — J'ai vingt ans, mais je ne veux pas d'une vie honteuse !! J'ai pris mon parti : tout sera fini ce soir. — Mon seul ami au monde est ce petit oiseau, à qui je rends la liberté !!

Je supplie la personne qui le trouvera d'en prendre grand soin. Il chante si bien, le pauvre petit ! — Merci, merci, par avance !

« MARIE. »

« L'oiseau a été trouvé par M. ***, propriétaire des magasins de..., rue..., n°..., qui lui a donné un asile et veille sur cet intéressant orphelin avec un soin religieux. »

Il va sans dire que le serin était un canard.

Cette berquinade fut présentée à M. ***, qui la trouva fort de son goût et l'accepta sans hésiter.

Le succès en fut tel qu'il se vit obligé, pour satisfaire à la curiosité du public, de faire l'acquisition d'un canari, qu'il exposa à l'endroit le plus apparent de son magasin.

— Pauvre petit ! disaient tout attendries les clientes qui affluaient à la boutique, en regardant l'oiseau perché silencieusement sur son bâton, il ne chante donc pas ?

— Jamais, madame.

— Ne croirait-on pas qu'il porte le deuil de sa maîtresse ?

La vérité est que M.*** avait, par mégarde, acheté une serine au lieu d'un serin.

M. *** vit encore, et j'invoque son témoignage.

Pour certaine couturière, non moins jalouse de la réputation de femme du monde que de la renommée de bonne faiseuse, j'employais la réclame à double détente. Exemple :

« Une grande dame russe, madame de K..., avait commandé chez une de nos couturières en renom, aussi connue *par l'exquise distinction de ses manières* que par l'incomparable supériorité de sa maison (est-il nécessaire de nommer madame de B...?), une toilette de bal visant presque au costume de cour de la belle Gabrielle d'Estrées.

« Le jour même du bal, madame de K... alla faire chez sa faiseuse une répétition générale de sa toilette.

« La robe était un chef-d'œuvre. — Le corsage était une merveille; — mais impossible d'y entrer.

« Madame de K... était dans une désolation extrême. On tenta un dernier effort, — et le corsage entra.

« Madame de K... était très-pâle.

« — J'étouffe, dit-elle en respirant des sels.

« — Madame s'y fera peu à peu, dit la faiseuse. Et puis au bal, on diminue. — Ah! si c'était pour un dîner madame se trouverait mal pour sûr.

« — Mais c'est justement pour un grand dîner. On danse après.

« — Alors madame ne peut pas dîner !

« — Faites-moi apporter douze huîtres et une bouteille de bordeaux. Je prétexterai une migraine, et je ne mangerai pas là-bas.

« — Douze huîtres... c'est beaucoup !... madame peut en manger onze. Mais pas une de plus.

« — Va pour onze huîtres.

« On apporta, sur *un plateau d'argent*, une *assiette de Sèvres* chargée de onze huîtres, et une bouteille de *Château-Laffitte* flanquée d'un *verre mousseline*.

« Le dîner eut lieu suivant l'ordonnance; le soir, madame de K... avait bien mal à l'estomac, mais sa robe était la plus belle et la plus jalousée de toutes les robes. »

Tel est le type de ce que j'appelais la réclame *à double détente*.

« Exquise distinction de manières, plateau d'argent, assiette de Sèvres, Château-Laffitte, verre mousseline. » Voilà pour la femme du monde.

« Robe chef-d'œuvre, corsage merveille, » voilà pour la couturière.

Et remarquez l'adresse infinie de la rédaction ; c'est à peine si la réclame transpire à travers l'anecdote.

Quelques-unes en riaient : « Une folle qui se condamne à la diète, afin de s'amincir la taille ! »

Mais les femmes sérieuses considéraient la chose sous une face moins futile, et pour peu qu'elles fussent gênées par une exubérance de santé, elles se gardaient bien d'oublier la douzaine d'huîtres « moins une, » et, par une déduction naturelle, les corsages de madame de B...

L'occasion me paraît trop belle pour négliger de placer ici l'historiette de Barbey d'Aurevilly.

Tous ceux qui connaissent de vue ce spirituel écrivain savent qu'il est dans l'usage de se sangler le buste et la taille de telle sorte qu'une puce ne circulerait pas entre sa chemise et sa peau. Or, certain jour qu'il assistait, hermétiquement ficelé dans une redingote faite exprès pour la circonstance, à la noce de Théophile Sylvestre :

— Ah ! mon ami, dit-il tout bas à son voisin, je sens que si je communiais, j'éclaterais !

Rien ne me serait plus facile que de multiplier les spécimens, mais en voilà assez, quant à présent, pour donner au lecteur l'idée de cette variété de littérature tant déflorée depuis par la contrefaçon.

Il y avait aussi, parmi les coryphées du genre, le père Champeaux, rédacteur du journal le *Bon Ton*, qui, dédaignant le vulgaire artifice du pseudonyme féminin, affichait carrément son sexe, et signait E. *de* Champeaux.

Un type perdu, ce Champeaux !

Rond comme le bonhomme Silène, auquel il ressemblait par plus d'un côté, il griffonnait toutes les semaines une douzaine d'articles de modes sur le comptoir du marchand de vin. C'était entre deux verres de piquette qu'il écrivait à une marquise quelconque sa chronique invariablement datée d'un château, non pas le Château-Margot, je suppose.

Chansonnier émérite et membre de l'ancien Caveau, où florissait le culte de la dive bouteille, il était homme encore à trousser à ses heures un hymne « en l'honneur de Bacchus. » Pour la prose, elle coulait de source, à la condition que la source fût abondamment arrosée.

Il affichait, à l'endroit des décrets de l'Académie, une complète indépendance et ne se gênait pas pour enrichir le vocabulaire des mots dont le besoin lui semblait se faire sentir. C'est ainsi qu'il avait forgé pour son usage l'adjectif *modistique*, qui, malheureusement, ne paraît pas lui avoir survécu, et le substantif *cavalière* pour synonyme de femme comme il faut.

Il excellait à enfiler des chapelets de noms escortés d'une épithète laudative, et à marier, sans-souci du qu'en dira-t-on, les industries les moins faites pour vivre ensemble, rapprochant, dans une même réclame, les socques articulés des cachemires de l'Inde, et couronnant, sans l'ombre d'un scrupule, sa chronique de modes par cette phrase stéréotypée toutes les fois qu'il ne trouvait pas autre chose :

« Ajoutons que pas une élégante n'oserait se permettre de monter dans son équipage sans s'être munie d'un flacon d'eau dentifrice du docteur Delabarre. »

Ou bien encore :

« Nous ne terminerons pas cette revue *modistique* sans recommander à nos belles « cavalières » que la saison ramène de leurs châteaux au sein de leurs aristocratiques salons, la *Compagnie bordelaise et bourguignonne*, si connue pour fournir d'excellent ordinaire au prix de douze sous le litre, et le *charbon de Paris*, de Popelin Ducarre, qui cumule la fabrication de ce combustible économique avec la fourniture des robes habillées et des confections de luxe, dans laquelle il ne connait pas de rivaux. »

Il est mort, ce brave père Champeaux ; que la réclame lui soit légère ! Jamais, certes, récipiendaire ne bourra son discours de réception d'autant de louanges que ce bonhomme n'avait l'art d'en faire tenir dans une annonce de cent sous. Il avait pour chaque industrie une ou deux métaphores dithyrambiques qui lui servaient de passe-partout. Par exemple :

« Faguer-Laboulée, dont les parfums défient la myrrhe et l'encens de l'Orient ;

« Verdier, le roi des cannes ;

« Froment-Meurice, le Cellini moderne (a-t-elle servi, celle-là !) ;

« Batton, de qui les fleurs jouent si bien la nature qu'on les cueillerait sur leurs tiges, » etc., etc.

Vous croyez que je ris ? eh bien ! c'est à peine si, toutes pimentées qu'elles étaient, ces formules admiratives flattaient à un degré suffisant le palais blasé de l'industriel. Maurice Beauvais, dont je chantais hebdomadairement les louanges dans la *Sylphide*, me disait un jour :

— Voyez-vous, mon cher monsieur, ce que je déteste dans la publicité, c'est l'exagération et l'hyperbole. Quand vous avez à parler de moi, dites tout simplement : Maurice Beauvais, le roi de la mode, et rien de plus.

Quant à Guerlain, je n'oublierai jamais qu'une fois que j'avais tiré en son honneur un feu d'artifice dont le bouquet se terminait par cette bombe : « Guerlain, le demi-dieu des parfums, » j'allai le voir le lendemain de l'apparition du numéro. Il s'agissait de renouveler un traité, et je comptais beaucoup, pour enlever l'affaire, sur l'effet de cet article.

J'entre ; il était à son comptoir. Je vais à lui avec le sourire d'un homme fort du témoignage de sa conscience. Il me reçoit d'un air assez pincé et d'un ton où perçait l'ironie de l'amour-propre blessé, il me dit :

— Quel est donc le dieu des parfums, Lubin ou Faguer-Laboulée ?

Le terrain le plus avantageux pour la culture et l'exploitation de la réclame, c'était le feuilleton de la *Presse*, signé Louise de Saint-Loup, du nom de ma bonne grand'mère. Au début, nous avions grand soin de relever la fadeur de la prose marchande par le piquant d'un joli mot ou d'une nouvelle à la main toute fraîche, que nous glissions en tête, en queue, partout où l'on trouvait un vide.

Exemples :

« Une jeune Anglaise affligée d'un nez purpurin sur un visage pâle, s'asseyait l'autre soir dans le salon de madame F... On la disait mal mariée à un descendant de Silène et de Falstaff.

« — Pauvre femme ! se mit à dire sa meilleure amie en faisant remarquer charitablement son air triste ; est-elle assez malheureuse ! C'est son mari qui boit, et c'est elle qui a le nez rouge »

« Madame de L... racontait qu'étant allée visiter l'hospice d' la Salpétrière avec la femme d'un ministre étranger, elle avait demandé à une folle quel était son mal.

« — Le mal que nous avons, répondit la malade, s'appelle vapeurs chez vous autres femmes du monde ; ici, à la Salpêtrière, cela s'appelle folie. Seulement, chez vous cela se traite avec des bals, des spectacles et des diamants, et chez nous avec des douches.

Mais à mesure que montait la marée de la ligne subventionnée, on commençait par enlever du ventre de l'article toute la copie improductive, après quoi, pour rentrer dans le moule imposé par la mise en pages, on extirpait la queue, on amputait la tête, de telle sorte qu'une fois achevé ce travail de Procuste, il ne restait littéralement que le squelette, c'est-à-dire l'annonce... sans phrases.

Aussi certains abonnés, médiocrement sensibles aux charmes de cette littérature d'affiche, écrivaient-ils ingénument à la direction de la *Presse* que, sans vouloir déprécier le mérite de madame Louise de Saint-Loup, ils préféraient à ses articles ceux du vicomte de Launay.

Je le crois, parbleu ! bien : le vicomte de Launay, c'était cette adorable Delphine Gay (madame Émile de Girardin), la Sévigné de notre siècle, dont les Courriers de Paris sont restés des modèles d'atticisme, d'esprit, de grâce, de finesse et d'observation.

Revenons à madame Amet-Junot d'Abrantès. Elle avait épousé M. Amet, employé dans les postes, après avoir renoncé à la vie religieuse qu'elle avait embrassée d'abord. Elle resta quelques années au couvent ; sa santé l'obligea de le quitter.

Madame Amet était une personne distinguée ; elle ne manquait pas de savoir-faire dans sa spécialité. Elle commença par écrire les articles de la *Sylphide*, et ensuite, après mon nouvel arrangement, elle fit en même temps ceux de la *Presse*.

Madame Amet avait pour sœur madame Aubert, femme d'un ancien garde-du-corps, et pour frère Napoléon d'Abrantès, un bohême illustre dans les fastes de cette corporation. Ses mots et son esprit ont défrayé les soupers pendant longtemps. Il existe sur lui une anecdote qu'il est peut-être difficile de citer, parce qu'elle est très-connue ; il serait encore plus difficile de la taire, parce qu'on aurait l'air de l'ignorer. C'est celle du papier timbré sur lequel il écrivait un billet à ordre.

— Ce que c'est que la chance pourtant, dit-il d'un ton dramatique, et combien elle tourne ! Voici un papier qui, tout à l'heure, lorsqu'il était blanc, valait dix sous ; eh bien ! il ne vaut plus absolument rien depuis que je me suis avisé d'y tracer un autographe.

Les pauvres enfants d'Abrantès sont nés au milieu des ducats et des doublons. Leur père, un des vice-rois du premier Empire, avait eu en sa possession les trésors des Indes ; il n'en restait rien, hélas ! Leur mère fut la duchesse d'Abrantès, qui a laissé des Mémoires et qui eut, grâce à eux, quelques succès littéraires.

Elle avait de l'esprit, et beaucoup ; elle tint un rang distingué dans le monde, et, après avoir joui de toutes les joies des heureux, elle eut des derniers jours fort misérables.

Son courage et sa persévérance furent au-dessus de tout éloge ; elle travaillait sans relâche pour soutenir à peu près sa position, et, sur la fin de sa vie, son état de surexcitation était tel qu'elle ne pouvait trouver un instant de sommeil, à moins d'avaler de l'opium à grandes doses ; elle en devait pour plus de 200 francs à son pharmacien quand elle mourut.

Sa santé s'en allait dans son écritoire.

Peut-être eût-elle résisté à la fatigue, mais un chagrin de cœur l'acheva. Un homme dont on a très-diversement parlé, à qui l'on ne peut refuser de l'esprit et de la séduction, se fit présenter chez elle. Je n'ai pas connu personnellement le marquis de Custine, je ne puis donc pas donner mon avis dans la question de controverse qui s'élève sur sa mémoire, lorsque le hasard la fait évoquer.

J'ai appris seulement, par un ami de la duchesse, ce qui s'était passé entre eux. Il lui fit une cour assidue et lui écrivit des lettres pleines de ces phrases auxquelles les femmes se laissent prendre et qui sont des selles à tous chevaux ; elles se figurent, chacune en particulier, qu'on n'en a jamais dit autant à personne. Lorsqu'elles sont jeunes, ce sont des nouveautés, et elles en sont avides ; lorsqu'elles ne le sont plus, ce sont des résurrections, ce sont des surprises qui leur semblent mille fois plus douces à retrouver.

Or, madame d'Abrantès avait plus de la cinquantaine quand elle recevait ces poulets aristocratiques d'un homme fort riche, fort bien placé, et qui flattait en même temps son amour-propre et son cœur. Elle revint à la vie sous ce souffle printanier. Bien que le héros fût assorti à son âge, elle se mit à aimer comme à vingt ans, et parcourut avec délices cette carte du Tendre dont elle avait oublié les sentiers et les hôtelleries.

Fut-elle aimée? Je ne sais. Les malins prétendirent que, pour certaines causes, le marquis avait besoin d'afficher une passion. Il l'avait choisie comme une sorte d'écriteau qu'on place à la porte d'une maison à louer. Peut-être voulait-il faire dire que, puisqu'il aimait celle-là, il était susceptible d'en aimer bien d'autres.

Quoi qu'il en soit, un beau jour il disparut, et rien ne put le ramener : ni les prières, ni les larmes, ni les reproches. Il avait sans doute produit l'effet voulu sur l'opinion publique. Il ne donna aucun motif à son départ, ne formula aucunes plaintes ; seulement, il s'en alla juste au moment où la duchesse et ses amis croyaient le mariage à la veille de se conclure.

Elle ne résista pas à cet abandon : les Arianes de cet âge-là n'ont plus l'espoir de rencontrer des Bacchus. Elle dépérit d'une manière sensible ; fort peu de temps après, elle s'éteignit, presque la plume à la main.

6.

La reine Amélie, instruite, par Dumas, je crois, de l'état de gêne où se trouvait la mourante, voulut subvenir aux frais indispensables. Ce secours n'arriva que pour la faire enterrer.

CHAPITRE V

Une trouvaille. — La dame aux belles manières. — Madame la comtesse Dash. — Un nom de chien. — Jacques Reynaud. — Belle et bonne. — Trop de chance. — Une culbute. — Voilà une jolie gravure de modes. — Une maîtresse qui coûte cher. — L'état major de la *Sylphide*. — L'école préparatoire de Toulon. — Vous êtes un voleur. — Le concert prince. — Les minutes. — Un mot de Dumas. — Quarante-sept cadavres. — Une financière de l'amour. — La veuve aux deux maris. — Un portrait sans nom. — La famille du Cantal. — Un coup de baguette. — Le pronom personnel. — Le palais des mille et une nuits.

Tout alla bien d'abord avec madame Amet, ensuite nous eûmes quelques picoteries. Les relations d'affaires avec les femmes sont généralement fort difficiles : elles voient les choses à leur point de vue seulement, et ne tiennent aucun compte des impossibilités, lorsque leurs intérêts ou leurs caprices sont en jeu. Je ne savais comment concilier ma position avec des tiraillements de boutique ; alors, je m'étonnais et je m'embarrassais de tout. J'en ai joliment rappelé depuis.

Pour m'achever, les articles de la *Presse* donnèrent lieu à de grandes réclamations. On les trouva trop visiblement réclames ; on me répéta partout qu'il me fallait une vraie femme du monde pour bien donner le *chic* à ces revues ; — l'argot s'introduisait déjà, mais timidement, dans les ateliers.

On me disait :

— Prenez celle-ci, ou bien celle-là !

Chacun avait la sienne. M. de Girardin m'en glissa une, sans avoir l'air de rien, comme Robert-Houdin glisse l'as de cœur, carte forcée. Il me donna son adresse, et j'y courus. C'était la comtesse de Brunetière, une fort belle personne qui posait en duchesse; elle me reçut comme sous un dais. Je ne crois pas avoir ouvert de si grands yeux de toute ma vie.

Les siens étaient charmants; elle était fort belle, grande, un peu forte; elle avait une ampleur de froufrou qui n'était pas commune à cette époque, car on ne portait pas de crinoline. Ses cheveux, d'un noir de corbeau, tombaient en boucles légères autour de son visage; aujourd'hui elle les porte de la même façon; mais, hélas! ils sont d'un blanc argenté : le temps a passé sur ses cheveux et sur son titre; elle est toujours belle et plus comtesse que jamais. Elle avait un teint éclatant, beaucoup de grâces dans le sourire, quelque chose enfin d'affriolant, mais d'imposant aussi, dans toute sa personne.

Elle le savait bien, on le lui avait répété si souvent !

Je fus ébloui, et je restai comme un chien de faïence à la contempler. En un seul regard elle eut bientôt fait l'inventaire de ma valeur et de ma toilette; elle me jugea tout de suite, et comme c'est une habile en tous genres, elle me classa juste où il fallait. J'étais un de ces bons jobards de provinciaux qui croient tout ce qu'on leur dit et qui deviennent, entre de belles mains comme celles de *la comtesse,* une sorte de cire molle très-commode à pétrir.

Elle me raconta ce qu'elle voulut; je n'eus pas un doute, je vis en elle un ange sauveur, une grande dame qui daignait descendre jusqu'à moi; j'écoutai la nomenclature de ses connaissances, des gens haut placés qui devaient la prôner et nous attirer ainsi des chalands; elle devait m'introduire dans un monde nouveau, inconnu, auquel je ne supposais pas pouvoir atteindre. Mon admiration, mon respect et ma reconnaissance étaient sans bornes; et certes, pour cette fois, j'avais rencontré la première chroniqueuse de France et de Navarre.

Comme disent les bonnes gens de mon pays, le pape n'était pas mon cousin.

Madame Brunetière avait été très-jeune en Espagne, lors de la guerre de 1822, avec Ouvrard, alors fournisseur général et son tuteur. Elle faisait les honneurs de sa maison, et elle était presque aussi belle que sa mère. Plus tard, elle se maria et compta parmi les jolies femmes de la société. Des événements étrangers à son ménage dérangèrent cette position toute faite; elle essaya de s'en créer une autre à côté. On sait par combien de vicissitudes et d'épreuves il faut passer en pareil cas, surtout lorsqu'on est jeune et jolie. Madame Brunetière, en eut sa bonne part; elle fit des essais nombreux et successifs; plusieurs portèrent leurs fruits, un entre autres, et les suites s'en prolongèrent sur son avenir.

Elle voulut se donner à une industrie nouvelle. Celle des articles de modes venait de naître. Elle avait des projets fort brillants et fort praticables néanmoins : elle me les communiqua, et j'en fus enthousiasmé. Je me vois encore devant elle, abasourdi, si intimidé que j'osais à peine la regarder. Le bruit de sa robe de soie me l'annonçait avant de la voir ; elle avait une sorte de *meneo* comme les Espagnoles, qu'elle tenait de sa mère, et qui agitait jusqu'aux plis de ses volans.

J'acquiesçais à tout ce qu'elle me proposait, lorsque son œil de velours se tournait vers moi ou que son sourire ponctuait ses paroles. Ce n'était pas que j'en fusse amoureux : je n'en aurais pas même eu la pensée ; je n'en étais qu'à l'admiration. Nos relations cependant ne modifièrent pas mon opinion sur les femmes et leurs exigences. Dans toute ma carrière, je n'en ai rencontré que deux avec lesquelles il fût véritablement agréable de traiter, madame de Lascaux, baptisée par moi vicomtesse de Renneville pour les besoins de la cause, et qui, depuis lors, m'a toujours appelé son parrain, et la comtesse Dash. Celles-là sont des hommes pour la sûreté des paroles et pour la franchise des rapports.

Le nom de la comtesse Dash se trouve tout à propos sous ma plume, car c'est justement à cette époque que nous fîmes connaissance, et depuis lors nos relations n'ont plus cessé ; elle a été ma collaboratrice dans mes différents journaux ; c'est une généalogie qui commence à la *Sylphide* et qui se continue jusqu'à l'*Événement*.

Je cherchais donc des rédacteurs, surtout des rédactrices, pour ma petite feuille. Madame Dash fut une de celles auxquelles je songeai d'abord.

Elle débutait; le succès de son premier livre, *le Jeu de la Reine,* l'avait tout de suite mise en évidence. On fut curieux de savoir comment une femme du monde pouvait écrire, et l'édition fut enlevée en six semaines. Le goût était encore aux choses de bonne compagnie : l'auteur du *Jeu de la Reine* se fit tout de suite un public qui ne l'a pas abandonnée depuis et qui est resté le sien.

Elle ne s'appelait la comtesse Dash que dans ses livres. Je dirai tout à l'heure comment et par qui elle fut baptisée ainsi. Son véritable nom, celui qu'elle a reçu de son mari, est la marquise de Saint-Mars ; elle avait épousé un officier de cavalerie, mort général il y a quelques années.

Je fus reçu par elle dans le très-beau rez-de-chaussée d'un hôtel, rue d'Anjou-Saint-Honoré, entre cour et jardin. Une vaste antichambre, un domestique en belle livrée, un salon rempli de chinoiseries et de curiosités, un cabinet de travail tendu en mousseline brodée, doublé de soie, avec des meubles de laque, tout cela ouvrant sur un parterre embaumé, où de grands arbres ombrageaient une vaste pelouse, telle était l'oasis habité par la jeune femme que j'étais venu chercher.

Ce n'était pas une beauté; c'était mieux, elle était pleine de charme et de grâce ; sa taille, souple et élégante, avait en même temps de la distinction. Je fus d'abord très-intimidé en face d'elle, moi qui arrivais de ma province, où les plus grands seigneurs ignoraient alors ces raffinements du luxe et de la mode; je m'expliquai fort mal, je crois, et je présentai ma supplique avec une gaucherie déplorable. Madame de Saint-Mars n'eut pas l'air de s'en apercevoir, elle m'accueillit à merveille, me promit sa collaboration ; elle écrivit, en effet, pour moi, une jolie nouvelle intitulée *Une cour en miniature,* que je publiai peu de temps après.

Je trouvai en la comtesse Dash non-seulement une personne de beaucoup d'esprit, mais encore une vraie grande dame, ayant les manières et les habitudes du meilleur monde, qu'elle avait fréquenté toute sa vie. Elle était, et elle est toujours, d'une simplicité sans pareille. Je ne crois pas qu'elle ait jamais posé pour quoi que ce soit, et sa modestie est souvent poussée à l'excès.

Mariée très-jeune, elle vécut pendant plusieurs années dans l'aisance, et sans songer qu'elle pût jamais tirer parti de son talent. Elle écrivait pour elle, et rarement pour un cercle très-restreint d'amis, sans y attacher aucune importance. Des revers de fortune l'obligèrent à se créer une ressource, et ce fut pour elle un grand parti à prendre.

Quelques personnes graves de sa famille, apprenant qu'elle allait livrer au public les essais de sa plume, lui demandèrent instamment de prendre un pseudonyme. Elle ne s'y refusa pas, et trouva même ce *mezzo termine* fort commode. Hors de son cabinet, elle redevenait elle-même, elle reprenait sa personnalité; l'écrivain disparaissait pour faire place à la femme du monde. On ne pouvait pas la désobliger davantage que de lui parler de ses livres : elle tâchait de les oublier.

Lorsqu'il fut question de lui découvrir un pseudonyme, chacun donna son avis. Elle allait beaucoup chez une princesse russe où se réunissait la fleur de la littérature d'alors : Victor Hugo, Alexandre Dumas, Alfred de Vigny, Eugène Sue, etc. Elle eut ainsi d'illustres encouragements. Cependant, le choix du nom n'avançait pas, et chaque jour défaisait le travail de la veille.

Un soir, impatientée de ce délai, elle arriva avec une résolution prise; elle voulait être baptisée, et quelque fût le nom qu'on lui donnerait, elle ne le changerait plus. Il fallait en finir.

— Eh bien, lui répondit la princesse après un instant de réflexion, que Dash soit votre parrain, appelez-vous comtesse Dash.

Dash était un chien de l'espèce des Blenheim, appartenant à la princesse, et que madame de Saint-Mars aimait beaucoup. Elle accepta le patronage, et depuis lors, elle n'en a pas cherché d'autre.

Elle se donnait quatre-vingt-sept ans dans ses livres ; beaucoup de gens y furent pris à l'étranger et en province, quelques-uns même à Paris. Elle eut des quiproquo fort amusants à ce sujet. Il y avait eu, paraît-il, une comtesse d'Ache, à l'émigration. Des vieillards lui écrivirent des lettres très-étranges ; l'un lui réclamait une dette datant de 1789, alors qu'elle avait passé le Rhin et qu'elle était restée sans ressources, après avoir été volée dans la forêt Noire.

Un autre lui rappelait une amitié si tendre, qu'elle ressemblait à plus que cela, et pouvait passer pour une impertinence rétrospective.

Depuis qu'elle a commencé sa carrière d'écrivain, des malheurs, des fautes peut-être, qu'il ne me convient pas d'apprécier ici, ont renversé et bouleversé sa vie ; elle appartient, depuis vingt ans, entièrement au travail, et il n'est pas dans toute la littérature une piocheuse aussi infatigable. Elle reste au moins huit ou neuf heures par jour à son bureau ; rien ne l'arrête, pas même la maladie ; elle a conquis sa position à la pointe de la plume. Je ne connais pas de caractère plus estimable que le sien, et je suis heureux de lui rendre justice. Ainsi que je l'ai dit, elle a été ma collaboratrice à tous mes journaux. En devançant les temps, parce que je n'aurai probablement pas l'occasion d'y revenir, je ne puis passer sous silence le succès qu'ont eu au *Figaro* les *Portraits contemporains,* qu'elle signait Jacques Reynaud, et qui occupèrent pendant plus de deux ans la curiosité publique.

Elle vint un jour me les proposer, et, convaincu de la réussite, je les acceptai sur-le-champ. Nous nous jurâmes un secret inviolable, ce fut un vrai bal masqué que nous nous donnâmes. Les conjectures de toutes sortes se succédèrent. Je faisais, même avec mes rédacteurs, des chasses au Jacques Reynaud qui m'amusaient infiniment. Tantôt nous avions dîné la veille avec lui dans un festin quelconque, tantôt il m'avait parlé devant eux, à une première représentation.

Jacques Reynaud et Colombine, dont je parlerai en son temps, m'ont fait passer de drôles de moments à mystifier les curieux.

J'avais avec la comtesse de fréquentes prises, néanmoins. Elle a de l'esprit et beaucoup, elle a du trait; mais le fond de sa nature est une bonté bien rare chez une femme supérieure; elle ne voulait rien dire de personne et se permettait à peine quelques épigrammes, comprises par les délicats, mais trop fines pour la majorité des lecteurs.

Ce fut même cette douceur de parti pris qui m'empêcha de continuer la collection complète.

Le talent de la comtesse a ce défaut : il s'adresse trop à la bonne compagnie, et malheureusement la bonne compagnie s'en va tous les jours. Elle devient mauvaise par entraînement et par système. Les grandes dames et les grands seigneurs ont aujourd'hui le débraillé de la Régence, seulement ils ne savent plus s'encanailler comme Moncade, en restant eux-mêmes. Leurs pères, tout en sortant de leur sphère, savaient y rentrer à propos ; ils ne conservaient aucune tache de boue sur leurs habits de satin ; ils laissaient même un peu de leurs parfums aux êtres infimes qu'ils élevaient jusqu'à eux ; maintenant, c'est le contraire ; on met sa gloire à prouver qu'on a descendu tous les degrés ; on emprunte à un monde interlope ses façons et son langage, et le faubourg Saint-Germain fournirait plus d'une famille Benoiton à la critique.

Il est bon cependant de conserver dans son écrin des joyaux d'une autre époque. La mode ne les répudie jamais, et les gens de goût les apprécient souvent plus que des nouveautés, d'abord parce qu'ils sont plus rares ; ils sont d'ailleurs bien placés partout.

Madame Dash excelle dans la peinture des siècles passés ; elle est sur son terrain à la cour et dans les boudoirs des duchesses. Parmi ses nombreux ouvrages, il en est un qui, s'il eût paru il y a vingt-cinq ans, aurait eu au moins le même retentissement que les *Mémoires de madame de Créquy* ; ce sont les *Galanteries de la cour de Louis XV*. Il y a autant d'esprit et plus de cœur ; la couleur du temps est tout aussi franche et plus élégante peut-être. Il est vrai que M. de Courchamps, l'auteur de *Madame de Créquy*, fut le premier guide de madame Dash dans cette voie, et, puisque le nom de ce personnage me revient en mémoire, je vous en parlerai un jour fort en détail.

En somme, le feuilleton de la *Presse* était une affaire d'or. La ligne, que je payais vingt-cinq centimes, je la revendais de cinq à dix francs, Trouvez-moi un emprunt, fût-il Mexicain, qui vaille un placement semblable!

Une fois que j'eus essayé de ce trafic, je m'aperçus que j'y prenais goût. J'affermai successivement le feuilleton du *Commerce,* celui de la *France* (l'ancienne), journal du royalisme le plus pur; puis j'eus l'idée (fâcheuse idée) de m'associer avec un sieur X., fermier, au même titre que moi, du feuilleton de modes des *Débats* et de la *Quotidienne*. Nous fusionnâmes nos cinq journaux, et toutes les industries parisiennes vivant de l'exploitation de la publicité passèrent sous le joug de notre monopole.

Je gagnais de l'argent, Dieu sait! Ce fut la chance qui me perdit. La prospérité me tournait la tête. Remuant l'or à pleines mains, habitué à ne jamais compter, ignorant l'art de refuser à tel que j'avais connu riche et que je voyais malheureux, ayant le prêt facile, et très connu pour tel dans le monde de emprunteurs (pardonnez-moi, j'étais si jeune! un bon défaut), avec cela, joueur déterminé, coureur infatigable de soirées, j'aurais mis à sec le Pactole et tari les placers de la Californie.

J'avais abandonné, comme vous devez bien le comprendre, le numéro 4 de la rue Fléchier pour le numéro 1 de la rue Laffitte, baptisé du surnom de *Maison dorée*. J'avais mis la *Sylphide* dans ses meubles, et quels meubles ! un mobilier de financier.

Un beau jour, — n'est-ce pas plutôt un triste jour qu'il faudrait dire ? — le 8 mai 1842 (la date est fatale), j'allais en compagnie de Roger essayer un cheval que je voulais acheter. Nous nous dirigions vers le bois quand, sur la place de la Concorde, ma monture s'emporte, file comme un trait et vient s'abattre au pied d'un candélabre, à quelques pas de l'obélisque, du haut duquel quarante siècles me contemplent étendu sans mouvement sur le pavé.

On me relève, on me porte sanglant, fracassé, mes habits en lambeaux, au poste voisin occupé par la garde municipale, où mon premier mot fut, quand je repris connaissance et que j'eus conscience des effets de cette terrible chute : « Eh bien ! voilà une jolie gravure de modes ! »

Léon Pillet, alors directeur de l'Opéra, que le hasard amena sur le théâtre de l'accident, me fit placer sur un brancard et rapporter à mon domicile.

Dans quel état, vous le devinez. Vingt autres y auraient laissé la vie ; moi, je m'en tirai sain et sauf ; mais j'en eus pour six mois à garder le lit. Si je n'y perdis pas une jambe, je le dus à l'un des médecins appelés en consultation. Il s'appelait le docteur Blandin. Malgré l'opinion de ses confrères, il insista pour qu'on laissât agir la nature, comptant beaucoup sur la bonté de ma constitution et l'énergie de mon moral. Le résultat lui donna raison : ma jambe droite vaut la gauche, et, telle qu'elle est, je vous déclare que je serais désolé de l'avoir troquée contre une jambe de bois, fût-elle même en bois d'ébène.

Pendant les six mortels mois que je dus passer sur mon lit, je me vis contraint d'abandonner l'exploitation de mes feuilletons à mon associé, qui y fit sa fortune, et me laissa avec la *Sylphide* sur les bras. Une maîtresse qui me coûtait gros, la *Sylphide !* elle me dévorait tout l'argent que je gagnais ailleurs. C'est que rien n'était trop beau pour elle. Sans parler du papier, du tirage, pour lesquels je n'épargnais ni soin ni dépense, j'avais un budget de rédaction à faire concurrence à la *Revue des Deux-Mondes.*

Savez-vous que, dans ce journal de chiffons, j'ai publié des œuvres inédites de Jules Sandeau, par exemple *Mademoiselle de Kérouare,* un roman qui est tout simplement un chef-d'œuvre; des nouvelles de Léon Gozlan, de Bazancourt, de Paul Féval, d'Hippolyte Castille, alors à ses débuts ; d'Edmond Texier, qui signait Texier d'Arnoud ; que j'eus pour chroniqueurs Roger de Beauvoir, Eugène Brifaut, le marquis de Salvo, un homme du monde habillé d'un homme d'esprit; deux bas-bleus de la plus fine soie, mesdames Dash et Marie de l'Epinay; qui encore ?

Ajoutez que n'ayant point d'ordre, n'entendant goutte à ce grimoire qu'on appelle la tenue des livres, frémissant d'horreur en face d'une colonne de chiffres (et j'en suis encore là), il était si facile de me voler, que c'eût été conscience que de s'en priver. Aussi, c'était chez moi une sorte de conservatoire, une école préparatoire de Toulon. J'avais pour caissier un compatriote qui fit une jolie saignée à ma caisse, et que je troquai contre un autre, lequel suivit fidèlement l'exemple de son prédécesseur.

« Assez de concitoyens! » me dis-je, et j'embauchai un étranger, dans l'espoir qu'il y mettrait moins de sans-gêne. Mon Dieu! il n'y eut rien de changé; il n'y eut que des Blaisois de moins.

Seulement, mon nouvel employé s'en prenait à ma caisse de dépenses personnelles, qu'il traitait comme si elle eût été la sienne. Il y puisait si largement, à la faveur d'une double clef, que, tout myope que j'étais à l'endroit du calcul, je finis par flairer une soustraction. Résolu d'en avoir le cœur net, je fis chaque soir la balance de la journée, puis une fois sûr de mon fait, je vidai la caisse et n'y laissai qu'un papier sur lequel j'avais écrit en grosses lettres ces quatre mots simples, mais bien sentis :

VOUS ÊTES UN VOLEUR !

Le lendemain, quand mon personnel fut au complet, je passai les figures en revue, et à la pâleur de l'une d'elles, je ne doutai pas un instant que je ne tinsse le coupable. Je le pris à part et l'interrogeai. Il nia d'abord, mais sur la menace de l'intervention de la police, il avoua tout et ne rendit rien. Je le mis à la porte comme les deux autres en lui disant, suivant la formule en usage, d'aller se faire pendre ailleurs. — Et la preuve qu'il fait bon d'être indulgent pour tous, même pour les voleurs, c'est que, de mes trois larrons, tous bien vivants, j'en connais deux qui font aujourd'hui très-brillamment et très-honorablement leurs affaires. Le troisième vit tranquillement à... ne mettons pas le nom de la ville, c'est plus généreux. Je crois même qu'il est encore caissier, et de plus, me dit-on, caissier très-fidèle. — A tout péché miséricorde.

Tous ces accrocs, on le pense bien, n'amélioraient pas mes affaires, mais ils ne diminuaient rien à mon train. C'est vers ce temps-là que j'eus l'idée de donner en prime des concerts à mes abonnés de la *Sylphide*, idée heureuse que d'autres journalistes reprirent en sous-œuvre avec un grand succès.

Aujourd'hui que l'expérience m'est venue et que j'ai vieilli dans le métier, je m'aperçois, en relisant dans la *Presse* le compte rendu de ma soirée musicale, que, pour un provincial de l'avant-veille, je ne m'en tirais pas trop mal.

Au nombre de mes exécutants je trouve madame Dorus-Gras, première chanteuse de l'Opéra, alors dans tout l'épanouissement de son talent;

Son frère, Dorus, flûtiste au même théâtre, héritier et rival de l'illustre Tulou;

Mesdames Nau, Daubrée, de l'Académie royale de musique, rayonnantes de jeunesse et de beauté;

Madame Thillon, de Feydeau, la perle des blondes;

Théodore Haumann, un des princes du violon;

Franchomme, le Rubini du violoncelle;

Une jeune et charmante harpiste d'un rare mérite, mademoiselle Beltz, que j'ai eu la douleur de retrouver il y a peu d'années à Blois, dans la maison des fous, où elle achevait de s'éteindre;

Enfin Levassor, le Berthelier, ou, pour mieux dire, le Thérésa mâle de ce temps-là; une gerbe d'artistes, telle qu'on n'en voyait qu'aux concerts de la cour.

Comme je ne savais rien faire à demi, je voulus que ma soirée fît époque dans les fastes de la galanterie. On était au cœur de l'hiver, j'allai trouver un industriel qui faisait de la publicité pour la décoration des bals et des soirées en fleurs et verdure naturelles, et je lui fis un marché d'annonces payables en bouquets, de façon que chaque invitée, à son entrée dans les salons, recevait de la main d'un des commissaires une magnifique touffe de fleurs.

Car j'avais, ne vous en déplaise, un escadron volant

de commissaires en grande tenue, arborant, en guise d'insigne, le camélia blanc à la boutonnière. C'était le dessus du panier de ma rédaction : Sandeau, Texier, Beauvoir, Castille, Eugène Brifaut, Charles Froment, Léon Gozlan, Julien Lemer, Alfred Desessarts, le baron de Bazancourt, lequel répondit à un quidam qui lui demandait s'il n'y aurait rien pour les hommes :

« Pardon, monsieur, dans un instant on va leur servir un petit verre. »

Quelques jours après, j'offris à mes exécutants, qui avaient refusé d'un accord unanime tout autre témoignage de gratitude, un dîner de gala, qui fut suivi d'un bal.

La fête, car c'en était bien une, eut lieu dans les magnifiques appartements occupés à cette heure par le Cercle de Paris.

Qu'on juge de ce que j'y dépensai par ce seul fait que la carte à payer portait six cents francs de bougies, achetées cependant en fabrique, le reste à l'avenant. Mais aussi quelle soirée! quel écrin de femmes ravissantes! il y avait madame Dash, un parangon de grâce et de beauté, radieuse sous sa coiffure dite à *la Belle-Poule*, une mode du temps inspirée par la frégate retour de Sainte-Hélène, aux ordres du prince de Joinville ;

Madame Anna Thillon, dont l'entrée fit explosion, quand elle parut, blonde et rose comme le printemps, sous sa parure de liserons ;

Carlotta Grisi, l'incarnation de Giselle, avec son teint vermeil et son gracieux sourire ;

Madame Ronconi, l'idéal de la Junon romaine, et tant d'autres encore que j'oublie, ou que je ne veux pas nommer, et un très-grand nombre de femmes du monde des plus collets-montés, s'il vous plaît, attirées par la curiosité.

Dans les salons, où j'allais beaucoup, personne n'ignorait que je donnais un bal d'artistes :

— Je ne me permettrais pas de vous inviter, disais-je aux dames qui me pressaient de questions, mais je ne vous empêche pas de vous inviter vous-mêmes.

Fort peu d'entre elles résistèrent à l'envie de contempler de près ce monde qu'elles ne voient qu'au bout de leurs lorgnettes. Toutes les femmes sont filles d'Ève; c'est si bon, le fruit défendu !

Un souvenir de ce bal :

Alexandre Dumas (l'ancien), aussi fort à la valse qu'à la riposte, ce qui certes n'est pas peu dire, valsait avec madame Mélanie Waldor, une partenaire digne de lui (à la valse, bien entendu). Tout à coup, il fait un faux pas et touche terre.

Passe, au moment de sa glissade, Paul Foucher, le beau-frère de Victor Hugo, dont le dernier drame, les *Burgraves*, venait d'essuyer, aux Français, une chute éclatante et durable :

— Eh quoi! Dumas, dit Paul Foucher, vous tombez ! un valseur tel que vous !

— Oui, je suis comme les *Burgraves*, réplique Dumas déjà debout, je tombe... mais je me relève, moi.

Et il entraîne, en tourbillonnant, sa valseuse.

Après le bal, il y eut médianoche pour un certain nombre d'intimes. Le matin, quand on déblaya le champ de bataille, on trouva dans un coin les cadavres de quarante-sept bouteilles de champagne. C'était le coin d'un brelan carré de soupeurs fameux dans les fastes bachiques : Wollis, de la *Gazette des Tribunaux*; Eugène Brifaut, Charles Froment, Bouffé, directeur du théâtre du Vaudeville ; quatre *ingurgiteurs* émérites, dont j'esquisserai chemin faisant la curieuse physionomie.

Il me faut revenir à mon concert pour y ressaisir la trace d'une financière de l'amour dont j'ai le désir d'ébaucher le portrait. Ce fut, en effet, mon concert qui devint, sans qu'elle s'en doutât assurément, ni moi non plus, l'origine et le marchepied d'une fortune comme on n'en cite guère parmi les parvenues du demi-monde.

Quelques jours avant qu'il eût lieu, un de mes rédacteurs vint me conter en confidence qu'il y avait, dans un garni de la rue Laffitte, une toute jeune et tout adorable créature, fraîchement débarquée des bords de la Néva, qui sollicitait comme une faveur insigne l'honneur de jouer du piano à ma soirée musicale.

J'avais déjà sur mon programme X..., pianiste *di primo cartello*, alors dans tout l'éclat de ses succès. Je refusai d'abord. On insista en m'engageant à aller voir la belle solliciteuse. Sa seule vue me désarmerait, me dit-on. J'y allai. C'était, en effet, un chef-d'œuvre de la nature, une perfection sous le rapport du charme aussi bien que de la beauté.

Inutile de la décrire : elle était *réussie* de tout point. Avec cela causant à merveille, pleine d'intelligence et d'esprit, parlant quatre langues, l'italien, l'anglais, le russe, — le français, cela va sans dire, — et les parlant avec une égale facilité. Je fus fasciné : je cédai.

Le lendemain j'amenai chez elle X..., qui fut étonné comme moi, — plus que moi, ainsi qu'on le verra tout à l'heure. Ils répétèrent *amoroso* un morceau à quatre mains, qu'ils jouèrent au concert de la *Sylphide,* où la belle musicienne figura sous le nom de Mlle V...

Peu de mois après je reçus une lettre ainsi conçue :
« X... (le pianiste en question) a l'honneur de vous faire part de son mariage avec mademoiselle V... »

J'appris de la bouche des nouveaux époux qu'ils s'étaient mariés en Angleterre, et je fus invité, en nombreuse compagnie, au banquet nuptial célébré pour le retour de l'heureux couple au sein du foyer domestique. La mariée, belle et souriante comme Hébé, circulait autour de la table en versant à pleine coupe à ses hôtes le champagne, que nous bûmes à la félicité du ménage.

Quelques années plus tard, X..., presque ruiné s'embarquait pour le Nouveau-Monde, où il allait refaire sa fortune à l'aide de son piano et de son talent.

De retour à Paris, il retrouva sa *veuve* convolée en de

secondes noces, aussi sérieuses que les premières. Le prétendu mariage en Angleterre était, nous l'apprîmes par la suite, une comédie jouée d'un commun accord. *Mademoiselle* V... ne s'était point mariée, par l'excellente raison qu'elle eût été bigame. V... n'était même pas le nom de sa famille : c'était celui de son mari.

Telle fut la première étape de cette galante carrière.

Je ne sais pas si j'ai assez dit tout le charme de cette femme. Elle avait un grand œil fendu et découvert, d'une expression en même temps ardente et langoureuse, une taille qui ployait comme un jonc, des cheveux d'un noir admirable qui retombaient en boucles autour de son visage. Par ce qu'elle est aujourd'hui, on peut juger ce qu'elle était alors.

Son esprit était d'une trempe excentrique : elle disait tout ce qui lui passait par la tête, sans choisir ses expressions, qu'elle savait rendre d'une délicatesse extrême, — quand elle le voulait, cependant.

Les récits de sa vie passée dans son pays, arrangés avec beaucoup d'art, étaient particulièrement amusants. Son léger accent lui prêtait une grâce de plus.

Lorsqu'elle eut quitté la maison de son second *mari*, elle ne s'amusa pas à se désoler, ni à perdre son temps ; elle était trop intelligente pour cela. Ses amis furent prévenus qu'elle les accueillerait nonobstant, et qu'il n'y aurait qu'un mari de moins, ce qui, en pareil cas, n'est pas grand'chose. Elle expliqua carrément et sans ambages sa position, et chacun s'empressa de l'accepter.

Elle eut donc ses mêmes réceptions, qui n'étaient ni des soirées, ni des matinées ; c'était mieux. On trouvait chez elle tous les agréments possibles, même celui d'un sans-gêne complet.

Si les siéges manquaient ou s'ils semblaient insuffisants, on y suppléait par un magnifique lit carré à colonnes où l'on pouvait tenir cinq ou six, et qui aurait dû écrire ses Mémoires.

Le succès de la *Veuve* ne fut jamais plus grand que pendant ce temps de vacances ; sa beauté y gagna encore en éclat, son esprit en finesse et en saillies. Ceux qui l'avaient une fois connue, ne pouvaient plus s'arracher à ce séjour d'Armide. De là une agglomération d'amis qui tournait à la foule, et qui, tous, étaient reçus avec un sourire.

Bientôt sa vie devait changer, le jour était proche où cette nuée devait disparaître devant un astre étincelant. L'amour ne perd pas ses droits : ne fût-ce qu'une fois, il soumet les plus fiers courages. Elle devait payer son tribut comme les autres. Un jeune étranger, beau comme le plus beau de ses rêves, parut un jour au milieu de son existence de plaisirs. Il l'aima passionnément et, ce qui était plus difficile, il s'en fit passionnément aimer, au point de ne plus voir que lui seul, de lui sacrifier le passé et le présent, afin d'assurer l'avenir.

Il était dans l'âge où la première condition d'un sentiment réel est la durée ; l'idée de perdre ce trésor lui déchirait l'âme ; il songea à se l'attacher par des liens indissolubles ; elle eût refusé tout autre, le jeu du mariage ne lui avait pas réussi ; mais elle l'accepta, aussi heureuse que lui de porter son nom, de lui appartenir à jamais.

Ils furent unis, parfaitement unis, rien n'y manqua — que la bénédiction des parents du jeune homme, dont on se passa d'abord fort bien ; on s'aimait trop pour qu'une bénédiction de plus ou de moins entachât la légitimité des transports. Tout alla à merveille : la grande fortune de l'époux fut fêtée avec ivresse et reconnaissance ; il portait un nom de fort bonne noblesse ; la position était donc excellente.

Mais tous les jeunes étrangers ont des pères Ducantal, qui, pour n'être pas toujours enrhumés, n'en sont pas moins féroces. Ici il n'y avait pas de père, il y avait une famille entière qui entra en convulsions de rage lorsqu'elle apprit cette union internationale. On écrivit des toises de mercuriales, on essaya de séparer ce que Dieu avait uni, contrairement aux principes sacrés : tout fut inutile.

Alors on coupa les vivres ; c'est un assez bon moyen pour faire sortir le loup du bois. Il fallut capituler, c'est-à-dire s'expliquer face à face ; le jeune homme consentit à faire seul le voyage, afin de préparer les voies à sa noble dame. Il partit, il affronta les colères et les remontrances, et resta ferme comme un roc, rien n'y fit : il aimait.

Pendant ce temps elle était ici, triste, malheureuse ; c'était le véritable amour, vous dis-je. Bientôt elle n'y tint plus, elle voulut le revoir, et quelque danger qu'il y eût à tomber comme une bombe au milieu des négociations entamées, au risque de les faire rompre, elle se décida. Elle porta au Mont-de-Piété les joyaux qu'elle tenait de lui, des magnificences, sûre de les reprendre plus tard, et ne les eût-elle pas repris, elle consentait de grand cœur à les perdre pour le rejoindre.

Je vous raconte là ce qui se disait tout haut à cette époque, et ce qui la rendait intéressante aux yeux de beaucoup de gens ; cela ressemble à un roman, et si par hasard ce n'était pas vrai, ce serait encore un feuilleton à lire.

Ils se revirent. Ici les renseignements ne sont pas très-précis. Les uns assurent que le mari parvint à la faire accepter, les autres prétendent que jamais la famille ne céda. La même indécision existe sur la cause de la séparation. Suivant quelques personnes, c'est elle qui a rompu. Suivant un beaucoup plus grand nombre, l'amour du héros s'est lassé : tout finit !

On n'entendait plus parler d'elle, on ne savait plus si elle errait au loin désolée, ou si elle triomphait dans quelque capitale. Un jour, Paris étonné la vit reparaître :

ce fut une résurrection. Elle était toujours belle, toujours jeune, et quelle splendeur !

Je me trouvais un matin dans une maison où elle avait beaucoup été pendant son second hyménée ; — elle compte par hyménées, comme les rois de France par races. — Nous vîmes s'arrêter à la porte une voiture traînée par des chevaux de 10,000 francs pièce : c'étaient ceux du matin, il était dix heures. Jugez des autres. Le coupé, chef-d'œuvre de Bender, portait un écusson armorié, — celui de la troisième race, ma foi ! L'intérieur était doublé en satin blanc et d'un goût exquis. Le tapis en martre zibeline, valait, m'a-t-on dit, au moins mille écus.

De cette boîte, elle sortit enveloppée d'une pelisse de renard bleu d'un prix inestimable; sous cette pelisse se cachait un négligé flambant... je me trompe, il ne flambait pas ; il avait, au contraire, l'air de rien du tout ; ce n'étaient que dentelles, que cachemires, des diamants à tous les doigts, aux oreilles des boutons de vingt mille livres chacun ; bref, un luxe, une simplicité, un goût !... comme si elle fût née dans des langes tissés par les fées. C'était magique.

Depuis lors, elle n'a cessé de grandir dans la légende parisienne. Elle marche dans une voie unique, elle s'est fait une place que beaucoup lui envient et que nulle ne saurait tenir comme elle. Grâce à ses relations du temps des Carlovingiens, elle a de grands amis parmi les gens de lettres, elle s'est improvisé un salon et des dîners spirituels. On cause chez elle. Elle ne reçoit pas de femmes, justement à cause de sa situation. Elle ne veut pas de camélias, et les violettes ne veulent pas d'elle; dès lors elle s'abstient.

Elle a même eu à ce sujet un mot superbe, qui peint bien la confiance qu'elle a en ses lingots et le poids qu'ils lui donnent.

— Mais s'ils me plaisait d'en recevoir, j'en louerais, des femmes du monde!

Elle a donc beaucoup d'argent, plus qu'elle n'en peut dépenser. Elle habite un château dont le nom l'écraserait, si ses millions ne la soutenait pas. Son écrin vaut celui d'une reine; elle a si grand'peur d'être volée qu'elle a organisé un système de surveillance et transformé les gardes de son parc en watchmen. Pendant toute la nuit, ils se promènent autour du château, et, pour prouver qu'ils ne dorment pas, ils sont obligés de tirer chacun un coup de fusil de demi-heure en demi-heure, ce qui équivaut au — Sentinelle, prenez garde à vous! — des places de guerre.

Comme ils sont cinq ou six, cela fait une explosion toutes les sept ou huit minutes, un beau bruit, diraient les chasseurs.

Son coffre-fort est en sûreté et son sommeil ne se trouble pas pour si peu; au contraire, elle s'endort délicieusement à cette musique seigneuriale, elle se berce de cette douce pensée :

— Ce sont *mes* gens qui tirent *ma* poudre; ils

parcourent *mes* bois ; ils défendent *mes* diamants et *mes* billets de banque. Parisiens, dormez !

L'amour de la propriété ne s'émousse pas comme les autres, il augmente par la possession.

Maintenant elle a à Paris un hôtel dont les derniers détails sont des merveilles ; les robinets sont en or, les fourneaux en porcelaine de Saxe et les pavés en pierres précieuses, comme dans les contes de Perrault. Il semble qu'un coup de baguette ait fait sortir tout cela de terre ; le génie qui a créé ces mille et une nuits a fait à Scheerazade une éternelle jeunesse. Je vous défie de lui donner les cinquante deux ans qui sont pourtant bien à elle. Tout cela est si extraordinaire qu'on s'attend à un autre coup de baguette qui fera rentrer sous terre ces magnificences comme elles en sont sorties ; on nage dans le fantastique à pleins bords.

J'ai maintenant une question très-sérieuse à aborder, c'est celle des parasites d'un certain ordre, et pour ainsi dire des parasites sans le savoir. Je voudrais éclairer, sans les blesser, les personnes qui, à leur insu, jouent un rôle équivoque et ne se doutent pas des interprétations fâcheuses auxquelles donnent lieu quelques-unes de leurs fréquentations habituelles. Je vais m'expliquer avec autant de clarté qu'il m'est permis d'en mettre dans une question d'intérêt si restreint ; je ne puis ni ne veux désigner personne, et pourtant je désire être compris.

Ainsi que la vertu... Mais je n'ai besoin de m'appuyer

d'aucune citation classique pour qu'on admette avec moi, que, même dans le monde des mœurs irrégulières, il y a des degrés. Telle femme, placée à l'échelon le plus élevé de ce monde-là, jouit de tout le luxe et de toutes les satisfactions que peut procurer une grande fortune : elle a hôtel à la ville, château à la campagne, des voitures, des chevaux de race, une livrée, des diamants, des parcs, des vignes et des prés ; seulement, ah ! il y a toujours un *seulement*, sa position particulière lui impose l'obligation gênante de ne recevoir que des hommes. Élégante et distinguée elle-même, sans cependant être née pour prendre rang dans la bonne compagnie, c'est celle-là qu'elle aime et qu'elle recherche : malheureusement, les femmes irréprochables ou non compromises, ce qui revient au même pour la société aux yeux de qui l'observation des convenances est la loi suprême, ne sauraient sans déchoir franchir son seuil marqué ; dès lors, la maison est classée, c'est-à-dire jugée.

Mais vous trouverez chez les personnes qui appartiennent à cette catégorie mixte des hommes du meilleur monde et des écrivains du plus haut mérite. Quelques-uns y dînent régulièrement.

Je pourrais citer une de ces maisons qui est un véritable musée, tout peuplé d'objets rares et précieux, et où, pour peu que vous laissiez percer votre admiration en face d'un bronze florentin ou d'une coupe en lapis-lazuli, on vous force très-gracieusement à l'emporter.

Je comprends parfaitement qu'on se montre une fois ou deux, par curiosité, dans ces endroits charmants, pour y enrichir le trésor d'observations parisiennes qu'on amasse. Le danger que je veux faire ressortir, c'est celui de l'habitude. La position des commensaux ordinaires est très-fausse, car, en somme, ils acceptent toujours ce qu'ils ne peuvent jamais rendre. Qu'un acteur infime, qu'un artiste pauvre et peu connu profite de ces libéralités-là chez une camarade, les médisants s'en donneront à cœur joie à ses dépens. Les familiers d'un rang plus élevé se croient-ils plus à l'abri des malignités de la conversation ?

Il y a des choses qu'on ne peut s'empêcher de remarquer. Par exemple, je vais à un théâtre où l'une de ces dames a une loge à l'année. Ces messieurs en ont pris possession ; ils s'y installent comme chez eux, et c'est de là qu'ils jettent à l'artiste qui leur plaît de superbes bouquets cueillis le matin dans les jardins de la propriétaire de la loge. — Dîner, loge au théâtre, fleurs, ils acceptent tout de cette dame. Tenez pour certain que ces personnes, dont nul ne songe, je le répète, à contester l'honorabilité, sont à mille lieues de penser qu'elles produisent un effet regrettable dans la salle où elles se sont transformées en simples jeteurs de bouquets.

Quand un jeune fou mange son blé en herbe avec une femme du demi-monde, il l'accompagne souvent au théâtre, et on les voit tous deux dans une loge, lui au fond, elle sur le devant ; mais cette loge, il en a retiré le coupon lui-même ; mais les diamants qui étincèlent aux oreilles, au cou, au corsage, aux doigts de cette Aspasie, il les a payés ou les payera : mais les bouquets qu'elle porte et ceux qu'il jette, il vient de les acheter. Il joue son rôle de fils de famille prodigue, rôle aussi ruineux que brillant, mais c'est avec ses propres écus qu'il solde son faste ; il y a loin de lui au parasite qui jouit de tout et ne paye rien.

Puisque je crois devoir dire tout haut, quoique avec réserve, ce que tout le monde pense, je demanderai aux hommes de qui je parle si, donnant le bras à une femme du vrai monde et rencontrant inopinément la femme du demi-monde dont ils acceptent les dîners, ils n'éprouveraient pas une gêne, un embarras, une contrainte difficile à surmonter ? Et n'est-ce pas là ce qui prouve le mieux que leur position est anomale et peu digne d'eux ?

Il me revient en mémoire une anecdote qui se rapporte à ce sujet.

Il y a quelques années, mademoiselle Ozy se croise dans l'escalier du Palais de l'Industrie avec un personnage d'un rang très-élevé donnant le bras à une dame du plus grand monde. La situation était critique et il n'y avait pas un instant à perdre en réflexions ; il fallait prendre un parti décisif, détourner la tête ou saluer. M. de*** n'hésita pas une seconde : il fit à mademoiselle Ozy le salut le plus poli et le plus respectueux. Mademoiselle Ozy, rentrée chez elle, ajouta ce codicille à son testament :

« Je lègue à M. de ***, vingt mille francs, dont il disposera pour ses pauvres, afin de le remercier de n'avoir pas craint de me saluer en donnant le bras à une très-grande dame. »

L'anecdote m'a été racontée par mademoiselle Ozy elle-même.

Remarquez bien que mademoiselle Ozy avait été artiste et que ce titre mettait M. de*** beaucoup plus à l'aise, tandis qu'aucune qualité du même genre ne distingue du monde interlope certaines femmes riches dont on hante les salons.

CHAPITRE VI

ALICE OZY

Ma voisine de la Maison d'Or. — Du pouvoir du nez en trompette. — Un peu de généalogie. — L'amour et la scène. — Souvent femme varie. — Alice et Raimbaut. — Un duc blanchisseur. — La nouvelle Maintenon. — *Kradoudja, ma maîtresse.* — La marquise de Carabas. — Un fils de poëte. — L'heure où l'on plume les pigeons. — Rendez-lui sa côtelette. — Les billets doux. — L'amour au paradis. — Une femme honnête homme. — Le ténor aux grands pieds. — Une comédie devant la justice. — Le wagon des dames. — La bande de Romieu. — Portier, donne-moi de tes cheveux. — Une crête pour un moineau. — Les hannetons de M. le préfet. — L'homme le plus gai de France.

Des coulisses du monde galant aux coulisses du monde dramatique, il n'y a qu'un pas !... Et encore. Je le franchis pour présenter à mes lecteurs une de mes voisines de la Maison d'Or, dont l'esprit, non moins que la beauté, faisait en ce temps-là bien du bruit et bien des victimes, celle-là même dont je viens de parler à l'instant, Mlle Alice Ozy.

L'empire du monde a toujours appartenu aux nez retroussés. Nous en attestons la *fable classique* de Cléopâtre et de Roxelane. Si Aspasie fut célèbre pour sa beauté et son esprit, nous avons de fortes raisons de croire que la légère courbure en croissant d'un nez mignon y était bien pour quelque chose, dans un pays où la ligne droite, — le nez à la grecque, — devait fatiguer à la longue par sa pureté monotone. Dalila aussi, l'Aspasie biblique, ouvrait au vent les gentils naseaux d'un *nez en trompette*, — un nez sonnant la charge de l'amour, — et c'est ce qui explique en l'excusant la faiblesse d'un guerrier tel que Samson.

Vous voyez que notre héroïne est fille de bonne maison et compte des aïeux célèbres, et que, pour manquer un peu d'étoffe, sa noblesse, de ce côté, n'en est pas moins incontestable.

Julie-Justine Pilloy (au théâtre Alice Ozy) est née à Paris, le 6 août 18... Son père était un habile bijoutier, et son grand-père, en son temps directeur du Conservatoire et maître de chapelle de l'Empereur, a été la dernière célébrité sur le basson.

Le musicien avait épousé une demoiselle Dupont, dame d'honneur de la reine de Portugal, femme de don Pedro. Les Dupont descendaient du chancelier Meaupou et se trouvaient, par conséquent, alliés aux Montmorency par les femmes...

Alice Ozy a trop d'esprit et de bon sens pour s'enorgueillir de ce qu'un coin de son jupon s'est accroché par mégarde à un clou du blason des premiers barons chrétiens. Sa véritable noblesse ne remonte pas si haut, mais elle va plus loin, et le d'Hozier qui l'a libellée sur un parchemin qui en vaut bien un autre, c'est Théophile

Gautier, le jour où il nommait la spirituelle actrice « l'Aspasie moderne. »

La fortune d'Alice Ozy devait se faire au théâtre : le destin en avait décidé ainsi. Le destin prit à cette occasion la figure de Brindeau et employa le procédé *un peu vif* de Pâris vis-à-vis d'Hélène. Ce qui veut dire que le comédien enleva la jeune fille au moment où elle allait épouser un notaire de campagne. A cet amour de la jeune fille — presqu'une enfant — qui n'était que le *premier échelon* de son avenir, elle suspendit le nid fragile de sa félicité tout entière. La jouissance la plus pure d'Hélène était de regarder dormir Pâris.

Brindeau la fit engager au théâtre des Variétés ; elle y débuta dans *les Enragés*.

Elle gagnait alors 1,200 fr. Mais lorsqu'elle eût joué *le Chevalier du Guet*, ses appointements furent élevés au chiffre de 2,000 francs. Sur une scène où on représentait encore de temps à autre *la Chercheuse d'esprit* de Favart, le moyen qui avait inculqué la science à la douce Ninette n'avait pu, loin de là, opérer le même miracle sur Ozy. Sa naïveté était extrême, proverbiale, et les *charges* de coulisses, comme des pierres tombant dans un lac pur, étaient impuissantes à l'altérer.

On lui fit croire un jour que le gouvernement venait de découvrir à Montmartre une carrière de fromage de Gruyère dont l'exploitation serait la fortune des pauvres ménages. Mue par son bon cœur et avec cet instinct de l'agiotage dont elle devait, un peu plus tard, comprendre si admirablement le mécanisme, elle demandait à tous ses camarades où l'on souscrivait des *actions*.

Lorsque Hyacinthe voulait la faire fondre en larmes, il n'avait qu'à prendre une figure sérieuse, longue d'une aune et à lui prédire qu'elle finirait par devenir une femme entretenue.

Mais la vertu des femmes est un terrain vierge et par conséquent productif. Semez-y des diamants ou des cachemires, et vous serez tout surpris d'y voir pousser comme par enchantement les trésors de l'esprit et de la grâce.

Or il devait luire sur Ozy ce jour de récolte... et de transformation intellectuelle. Un jour elle arrive au théâtre le torse enveloppé dans le plus riche tissu des Indes, le pétillement du champagne dans le regard, la *Pentecôte* de l'amour aux lèvres. Ce jour-là, elle trouva une langue qui lui est restée depuis; ce jour-là, sa naïveté première était remontée aux cieux en laissant tomber quelques larmes. Les larmes, se cristallisant sur-le-champ en pierres fines, s'accrochèrent à ses oreilles et roulèrent en gouttelettes de diamant sur sa poitrine blanche comme celle d'un cygne.

C'est à l'époque où elle sentait le besoin d'exercer l'esprit qui lui était si merveilleusement poussé, que

8.

notre ami, feu le baron de Bazancourt, fut présenté à la jeune Alice.

M. de Bazancourt mettait dans sa causerie tout l'intérêt qu'on trouve dans ses romans. L'actrice se suspendit à ses lèvres pour mieux l'écouter. Des lèvres au cœur, il n'y a que la distance de... l'occasion, et en pareille affaire le moyen de faire naître *l'occasion*, c'est de s'efforcer de l'empêcher. Voilà ce que Brindeau ne sut pas comprendre. Il épia, se fâcha, et alla même, dit-on, jusqu'à vouloir traiter par les *moyens violents* ce mal de la coquetterie dont il voyait si gravement atteint le premier amour d'Alice. Il fit si bien que la maladie emporta le malade.

Mais, hélas! au bout d'un an, M. de Bazancourt était au bout de ses plus jolies histoires, et Ozy, dans un jour d'ennui, jeta son amour par la fenêtre.

D'ailleurs elle venait de se convertir, — quoiqu'un peu tard! — au culte de la Pologne, et pleurait sur les malheurs de la France du Nord... dans les bras de M. de Wielopolski.

Ici, permettez-moi, pour vous faire mieux comprendre, d'avoir recours à une *La Palissade* géographique.

Vous n'ignorez point que le soleil fait deux parts égales de sa chaleur et de sa lumière, et qu'il ne saurait éclairer le vieux monde lorsqu'il est en train de luire sur le nouveau. Pénétrés également de cette grande vérité, MM. de Bazancourt et Wielopolski, par un accord tacite, firent de leur bonheur radieux deux lots séparés, de douze heures chaque, se fuyant mutuellement comme s'ils se fussent appelés *M. le Jour* et *madame la Nuit.*

M. Wielopolski mourut jeune, après avoir, durant son séjour en France, gagné au whist une somme de 150,000 fr. Ozy hérita, pour sa part, de 70 à 80,000 fr. Telle fut l'origine de sa fortune.

A mesure que l'étoile de l'actrice se lève en jetant de vifs rayons, notre tâche devient de plus en plus difficile. Il nous faut soulever un coin du rideau qui déroba, pendant six mois, les mystérieuses grandeurs du boudoir d'Aspasie. Mais, comme derrière ce rideau se trouvent une femme et un prince exilé, ce n'est pas assez que notre main touche avec délicatesse à ces charmants petits scandales de l'amour parisien, il faut de plus que notre indiscrétion ne cesse pas d'être respectueuse.

— Mais vous allez trop loin! Mais vous cassez les vitres! nous dira quelque lecteur?

Qu'on se rassure! nous ne faisons tout au plus que ramasser les vitres cassées, — et encore en n'y touchant qu'avec d'excessives précautions.

Madame Adélaïde voulut donner un jour chez elle la comédie à la famille royale. On y joua *le Chevalier du Guet*; Ozy y était charmante et tourna la tête au jeune duc d'Aumale, de retour depuis peu de sa campagne d'Afrique.

C'était le premier amour du prince. Sa liaison avec la Florentin, de l'Opéra, n'avait été qu'une fantaisie.

A cette époque, la comédienne logeait à la Maison d'Or ; elle était ma voisine, et je me souviens parfaitement de l'avoir vue sortir au bras du prince, vêtue en homme, ce qui faisait qu'on la prenait souvent pour le jeune duc de Montpensier.

Cette intrigue, connue à la cour dans ses moindres détails, égayait fort les frères de d'Aumale, qui avaient donné à celui-ci le sobriquet de *Raimbaut*, — auquel il répondait, — et chantaient en riant en le voyant partir : « Je vais revoir Alice, Alice, mes amours ! »

La reine, chez laquelle les scrupules de la sainte étaient tempérés par l'indulgence de la mère, se contentait de dire avec un soupir : « Ce n'est pas bien, mais c'est encore plus moral que de déranger un ménage. »

Le prince avait passé brusquement de l'éducation religieuse à l'éducation militaire. Aussi son âme était-elle d'un chrétien, son cœur d'un soldat, et son amour... de son âge et de son tempérament. Dans les entr'actes de sa passion, il disait souvent à la jeune femme :

« Vois-tu, ma petite Alice, il n'y a de réel en ce monde que la piété et la vertu. »

Ou bien il se mettait à lui raconter dans ses moindres détails ses campagnes d'Afrique, ne dédaignant pas au besoin d'avoir recours à l'expression imagée et pittoresque d'un *vieux de la vieille*.

C'était le récit d'une marche forcée à travers le désert,

étape torride dans laquelle le soldat mourant de soif et las de labourer d'un pied alourdi un sable de feu, pour en finir, se passait quelquefois sa baïonnette au travers du corps. Il fallait lui donner l'exemple du courage, et le jeune prince, épuisé par la dyssenterie, se faisait porter sur un brancard, malgré l'ordre formel du maréchal Bugeaud, qui voulait qu'il quittât l'Algérie. Souvent, en arrivant près d'une source, se confondant à dessein parmi ses compagnons, il se mettait à faire la lessive de sa chemise comme un simple soldat. Son esprit s'exaltait au souvenir de cette vie des camps, la seule qu'il comprît bien et qu'il aimât.

En ce temps-là le prince était colonel du 17e léger, et son régiment tenait garnison à Courbevoie.

Il arriva plus d'une fois à Alice d'assister incognito à une revue, à une prise d'armes, cachée au fond d'un coupé, — comme madame de Maintenon derrière la glace de sa chaise, — et le jeune colonel, aussi chevaleresque, aussi heureux que son aïeul Louis XIV, montrait avec orgueil à la jeune femme le drapeau du régiment, et ne pouvait pas comprendre qu'elle le regardât sans pleurer.

Lorsque la spirituelle actrice arrivait à Courbevoie, la musique du 17e, sur l'ordre du prince, exécutait l'air arabe : *Kradoudja, ma maîtresse !*

En ce temps-là, l'actrice eut l'occasion de rencontrer M. de Perrégaux. Avec le luxe d'un gentilhomme d'autrefois, M. de Perrégaux en avait la prodigalité ruineuse..

Un soir, à la porte des Variétés, Alice trouva un attelage de 20,000 fr., avec domestiques poudrés qui attendaient ses ordres. Craignant de faire un trop beau rêve, elle demanda à qui appartenait cet équipage princier :

— Mais à madame la *marquise de... Carabas !* aurait pu répondre le chasseur en abattant le marchepied et en ouvrant respectueusement la portière.

En cette circonstance, Alice Ozy, qui a toujours eu l'envers honorable de ses faiblesses et à qui il manquait les conseils éclairés d'une bonne mère d'actrice, se conduisit en *galant homme*, et prévint le duc d'Aumale avant de rompre avec lui. Quelque temps après, le prince lui écrivait un billet dans lequel se trouvait la phrase suivante :

« Ne trouvez-vous pas que je suis un peu Desgrieux ?
« Je vous aime davantage depuis que vous ne m'aimez
« plus... Restez deux ans sans revoir M. de Perrégaux,
« pour que votre cœur redevienne vierge, et alors... » etc.

Le duc n'avait pas atteint sa vingt et unième année ; l'héritier de vingt millions ne pouvait pas disposer au delà de mille écus par mois. La liste civile lui retenait ses revenus, sous prétexte de les affecter aux réparations des châteaux que lui avait légués son grand-oncle, le duc de Bourbon, mais, en réalité, pour qu'il ne fît pas de folies.

Lorsqu'il se maria en 1846, Ozy eut le bon goût de lui renvoyer toutes ses lettres sans en avoir été priée. Le prince crut reconnaître cet acte de délicatesse par l'envoi de quelques billets de banque. L'actrice, un peu humiliée, refusa de les recevoir et lui écrivit : « Je ne suis pas dans la misère... J'aurais préféré un souvenir. »

Alice ne revit le prince qu'en 1848, en Angleterre ; il n'avait pas d'argent et supportait les privations de l'exil avec le courage qui lui avait fait endurer autrefois la fatigue et la soif du désert. Le vin étant trop cher à Londres, il buvait de la bière.

Le voyage de la comédienne était tout diplomatique. Sa camarade, madame Person, l'avait chargée de faire tenir à la famille d'Orléans une lettre écrite par Alexandre Dumas. Cette lettre était une invitation pressante adressée au prince de Joinville, qui relevait alors de maladie, de revenir en France. On y lisait cette phrase : « Paris est au pouvoir du premier qui voudra bien l'occuper. Que notre jeune malade vienne. »

Lorsque d'Aumale eût appris le nom de l'auteur du message, il refusa de s'en charger pour son frère, et répondit en le remettant intact à l'ambassadrice : « Nous
« ne voulons rien accepter de ce qui vient de cette main. »

De prince royal à poëte, il n'y a de différence que dans la forme de la couronne : le cœur peut donc passer de l'un à l'autre sans déchoir ni se mésallier.

Après cette précaution oratoire de rigueur, permettez-moi de commencer un nouveau chapitre du roman d'*Alice*, et cela en style de Perrault (l'amour n'est-il pas le plus enchanteur des contes de fée ?) :

« Il y avait une fois le fils d'un grand poëte... » A la vérité, il faisait des vers bien médiocres, témoins ceux-ci adressés à Aspasie, empreints d'un *Antonysme* exagéré :

> Car tu n'as plus ton corps, ô douce et pauvre femme !
> Tes amants t'ont meurtrie avec leur lèvre infâme,
>   Avec leur or *toujours vainqueur ;*
> Car il est des baisers qui meurtrissent et blessent,
> Qui ne font que passer sur le corps et qui laissent
>   Des cicatrices dans le cœur !

Mais à défaut de génie, ce fils un peu dégénéré de la Muse éprouvait au moins ce saint enthousiasme de la jeunesse et du cœur, et un amoureux, c'est un poëte qui agit au lieu de chanter, voilà tout. Il avait reçu de son père un nom illustre, et de sa mère la beauté du visage. Que pouvait exiger encore la femme la plus difficile ? — la constance, peut-être, — et pour mettre à l'épreuve celle de ce nouveau soupirant, Ozy lui fit faire par deux fois, et à une heure indue, antichambre... dehors. On assure même qu'un jour Roméo essaya de s'empoisonner un peu, mais si peu que Juliette ne fit qu'en rire du haut de son balcon.

Revenons aux deux nuits passées, comment dirons-nous, *à la belle étoile ?* L'expression n'est peut-être pas exacte il n'importe !

Mademoiselle Ozy avait retenu Charles N... à dîner avec plusieurs autres de ses amis. Le soir, on donnait la reprise d'*Angelo, tyran de Padoue;* de sorte que les convives durent quitter la table un peu précipitamment, avant d'avoir pu attaquer un rôti de pigeons.

En sortant du théâtre, soit que notre amoureux éprouvât des tiraillements de cœur ou d'estomac (à pareille heure il ne distinguait pas), il prit sa course et vint carillonner à la porte de la Thisbé. Ozy entr'ouvre un vasistas, et lance un « Qui va là ? » d'un son de voix qui annonçait un peu de mauvaise humeur d'être dérangée si tard.

— C'est moi, mademoiselle... fit le poëte tout essoufflé, je viens vous aider à manger les pigeons.

— Vous êtes fou ! mon jeune ami, reprit la spirituelle comédienne, à cette heure on ne mange pas les pigeons, on les plume !

Autre anecdote racontée en son temps, par Eugène Chapus, dans notre *Chronique de Paris :*

« — Vous êtes très-bien, très-gentil, dit-elle un matin à son poëte ; mais vous êtes trop négligé : vous péchez par le linge blanc.

« Le jeune N... ne se le fit pas dire deux fois. Mais, à la vue des notes de la blanchisseuse, sa mère se plaint à son mari du luxe princier de son fils.

« — Accorde-lui son linge blanc chaque jour, dit l'illustre poëte à sa femme ; mais retranche-lui une côtelette à déjeuner : cela fera compensation. »

A quelque temps de là, le père, dans les mille rela-

9

tions de son existence mondaine, se trouve en rapport avec Alice Ozy.

« Enchanté et crédule comme à vingt ans, il prend pour un sentiment plus intime le témoignage d'admiration qui vient de l'accueillir. Tout radieux, il rentre chez lui, et dans l'ivresse d'une joie qui déborde, il écrit à Ozy :

« Je suis heureux par vous : que puis-je faire pour reconnaître le bonheur que je vous dois ? »

« Le lendemain il recevait cette réponse :

« Rendez lui sa côtelette ! »

Le grand poëte rit de sa méprise, et, devenu sage comme Socrate, comme lui il se contenta d'être seulement l'*ami* d'Aspasie. La correspondance ne cessa pas pour cela, mais elle prit le ton de galanterie d'un lettré, homme du monde, ainsi que le prouve ce billet écrit un peu plus tard, juillet 1847 :

« Me plaignez-vous un peu, madame ? Je comptais enfin avoir le bonheur de vous voir aujourd'hui, et voilà qu'un tas d'événements stupides en ont autrement décidé. J'en suis tout mélancolique, et je songe tristement qu'il devrait être dans l'ordre que les fauvettes fissent des visites au hibou. A bientôt pourtant, n'est-ce pas, madame ? En attendant soyez belle, charmez et rayonnez, c'est votre droit de fleur et d'étoile. »

Ce n'est pas que cette belle rhétorique ne cachât parfois un soupir et un regret ; mais, avec ce tact des intelligences supérieures, l'amant s'efforçait si bien de prendre le masque du poëte, qu'il avait toujours la ressource d'en invoquer les *licences*, si l'on venait à se fâcher, témoins les deux quatrains suivants.

Le premier avait été inspiré au poëte par la vue d'un lit coquet, en bois de rose, avec des incrustations de vieux Sèvres :

> Platon disait, à l'heure où le couchant pâlit :
> Dieu du ciel, montrez-moi Vénus sortant de l'onde ;
> Moi je dis, le cœur plein, d'une ardeur plus profonde :
> Madame, montrez-moi Vénus entrant au lit

La jeune femme se récriant et affirmant avec modestie qu'elle renonçait à la succession de Vénus, — si court vêtue, — le poëte se tira d'affaire avec ce quatrain improvisé :

> Un rêveur quelquefois blesse ce qu'il admire,
> Mais si j'osai songer à des cieux inconnus,
> Pour la première fois aujourd'hui j'entends dire
> Que le vœu de Platon avait fâché Vénus.

Il n'a jamais existé de femme qui ait si complétement réalisé cette définition de la mythologie païenne : l'Amour est un enfant ! Il n'est pas un collégien de ce temps-là qui n'ait dans sa poche le brouillon ou le projet d'une *lettre brûlante* adressée à Ozy. Il n'eût tenu qu'à elle d'écrire sur la porte de son boudoir :

« Ici on prend les amours en sevrage. »

Elle reçut un jour une lettre de quatre pages qui se terminait par ce *post-scriptum :*

« Si tant d'amour vous a touchée, donnez-m'en une preuve en vous plaçant à votre fenêtre demain à onze heures. Je passerai dans votre rue, à la tête de ma division. »

Par curiosité pure, à onze heures sonnant, l'actrice fait jouer l'espagnolette et risque à la fenêtre le bout de son nez. Son amoureux anonyme n'avait pas menti d'une syllabe : portant le front haut et des bas bleus sur ses talons, ce collégien conquérant marchait fièrement à la tête de la 2ᵉ division du collége... Charlemagne.

Un émule de ce divisionnaire lui écrivait une autre fois :

« Venez me voir à ma pension, je vous ferai passer pour ma tante... »

Mais à la correspondance des deux gamins précoces, nous préférons ce trait d'un étudiant régence. Celui-ci que son érudition avait familiarisé avec la galanterie des grands seigneurs qui se ruinaient en riant pour Sophie Arnould et la Duthé — lui fit tenir le poulet suivant :

« Palsambleu ! si j'étais roi, je mettrais l'univers à vos pieds ; je viens de recevoir *ma flotte,* j'ai 300 francs, plus *quelque menue monnaie,* venez la prendre ! »

Moins talon rouge était le titi qui déposait chez la portière du théâtre un simple bouquet de violettes escorté d'un poulet conçu en ces termes :

« Mademoiselle,

« Je ne suis qu'un pauvre travailleur, mais je vous aime comme si j'étais millionnaire. En attendant que je le devienne, je vous envoie ce simple bouquet de violettes. Si ma lettre vous donne l'envie de me connaître et de correspondre à mon sentiment, quand vous serez en scène, levez les yeux au poulailler : *mes jambes pendront.* »

L'amour est un culte, et comme tel toujours entaché de grossières, de ridicules superstitions. Les femmes auxquelles les contemporains dressent des autels idolâtres, participent de la divinité : on les adore en les défigurant.

Après m'être fait conteur d'historiettes, il faut donc, pour que vous connaissiez mon héroïne, me faire peintre et crayonner en quelques traits l'actrice, la femme de tête et la femme de cœur, car Alice Ozy est tout cela.

Sa réputation de femme d'esprit est si bien établie, qu'Alice a passé pour avoir collaboré aux *Causeries* de l'ancien *Corsaire* signées F... Tête et intelligence parfaitement organisées, elle a la probité du comptable, le coup d'œil du financier et la finesse de l'avoué. Gautier disait un jour, en parlant d'elle :

« Si j'avais un sac rempli de diamants, je le confierais à Ozy : elle en remettrait plutôt que d'en prendre. »

Femme sensible, Alice était un peu comme ces avocats dont la source de l'émotion vraie n'est pas tarie par l'habitude de plaider le *blanc* et le *noir*; elle croyait toujours au dernier procès, — nous voulons dire au dernier amour pour lequel son cœur était en train de plaider; — mais ces passions ressemblaient le plus souvent à ces aurores boréales qui n'annoncent qu'un jour trompeur.

Je me souviens qu'une nuit que je la rencontrai à un bal, donné par la belle mademoiselle Bertin, je l'abordai en lui disant d'un ton un peu narquois :

— Eh bien ! comment vont les amours ?

Elle était folle, en ce temps-là, d'un ténor de l'Opéra.

— Tenez, mon ami, me répondit-elle avec un accent pénétré, ne plaisantez pas, je vous en prie, d'un sentiment profond et sérieux. Si vous saviez comme je pleure à présent sur ma vie passée ! L'amour vrai m'a dessillé les yeux. Que ne donnerais-je pas aujourd'hui pour être tombée pure et immaculée dans ses bras ! Ah ! mes remords ! mes regrets ! C'est un châtiment d'en haut. Mais un grand repentir rachète de grandes fautes, et j'espère, ajouta-t-elle avec un regard et un soupir de componction, j'espère que je suis pardonnée !

— Je respecte de pareils sentiments, répliquai-je en prenant un air de circonstance, et presque attendri de la subite conversion de cette nouvelle Marion Delorme.

A quelque temps, je la revis.

— Toujours le cœur pris ? lui demandai-je.

— Ne m'en parlez pas, répliqua t-elle avec un mouvement d'épaules, étais-je assez bête !... des pieds longs comme ça !

Et, par une pantomime éloquente, elle allongeait son bras droit dans toute sa longueur, en portant sa main gauche à son épaule. Essayez le geste, et vous verrez.

Alice Ozy n'appartenait pas à la catégorie, si nombreuse aujourd'hui, de ces cocottes du théâtre, dont la comédie constitue le moindre souci et qui font de la scène une des succursales de la bourse aux amours. Elle jouait avec conscience et ne manquait ni de rondeur ni de gaieté. Elle a créé des rôles, entre autres *Une bonne qu'on renvoie*, auxquels elle a imprimé son cachet.

La preuve qu'elle savait jouer la comédie même à la ville, c'est cette anecdote que Roqueplan raconte avec cet *humour* et cet esprit qu'on essayerait en vain de fixer sur le papier.

Il avait avec Alice Ozy, alors sa pensionnaire aux Variétés, une discussion judiciaire sur une question d'argent. Désireux d'expliquer son affaire et de faire valoir ses raisons, il va rendre une visite au président de la Chambre devant laquelle devait venir sa cause.

A peine a-t-il pénétré près du magistrat, qu'à la froideur de la réception qui lui est faite, il se doute qu'il a été devancé par sa partie adverse.

Peu soucieux de plaider une cause qu'il estimait fort compromise, il échange à peine quelques mots, prend congé du président, et, une fois dans la rue, aperçoit à quelques pas de la maison une femme vêtue d'une modeste robe d'indienne, les épaules à peine couvertes sous un petit châle trop étroit. C'était Alice Ozy elle-même, qui sortait de chez le juge, à qui, pour l'attendrir et l'intéresser à sa cause, elle s'était présentée comme une pauvre fille vivotant humblement, elle et sa famille, de ses maigres appointements.

D'un coup d'œil, Roqueplan a deviné la ruse. Il accoste sa pensionnaire, et, avec un sourire d'intelligence :

— Arrangeons l'affaire, lui dit-il : ma cause est flambée...

A l'heure qu'il est, Alice Ozy, retirée du théâtre, vit à Enghien, en châtelaine, et, détail caractéristique, quand elle se rend à la campagne par le chemin de fer, elle ne monte jamais que dans le compartiment réservé aux dames. La comédienne a disparu... nous retrouvons la fille du notaire.

En ce temps-là la jeunesse et la littérature allaient beaucoup plus à l'Opéra qu'aujourd'hui. Il est vrai, sans insulter personne, qu'il était autrement fourni de sujets remarquables, et que c'était tout à fait le dessus du panier de la musique.

Il y avait à Paris une classe de viveurs spirituels qui n'eût jamais manqué de se montrer soit à l'orchestre, soit dans une loge attitrée, et surtout dans les coulisses.

Parmi eux, il en est plusieurs qui marqueront dans cette époque, où ils eurent en leur temps une espèce de notoriété.

Tout Paris était encore rempli de leurs aventures ; ils commençaient à vieillir et à passer de mode, quant au genre de leurs plaisanteries ; leur esprit survivait à tout.

Un d'eux qui me revient à la mémoire parce que je le vois d'ici à cet Opéra qui me sert de point de départ, c'est Lautour-Mézeray. Il avait *toujours* à sa boutonnière un camellia large comme une soucoupe, et dans ce temps-là, les camellias coûtaient trois francs pièce. Il parvint ainsi à faire parler de lui, et à attirer l'attention.

Ce n'était pas un garçon d'esprit, il avait de l'adresse et de la persévérance. Sa voix rouillée était désagréable, sans aucune distinction ; il n'était pas beau, et pourtant on lui prêta des bonnes fortunes très-enviables. Il avait des voitures très-voyantes et d'un goût plus que douteux. Tout cela pour se mettre en évidence.

Il y gagna plus tard une préfecture, celle d'Alger, grâce à ses connaissances de jeunesse. Il est venu mourir en province, il y a quelques années, d'une maladie bizarre qui ne lui laissait pas le cerveau très-sain, à ce qu'il paraît.

Ils sont tous morts, ces joyeux personnages, et pas vieux.

Le plus apprécié, celui qui méritait le plus de l'être,

9.

était Romieu. Je l'ai peu connu personnellement, mais je l'ai vu fort souvent, j'ai entendu parler de lui à tout le monde ; il appartenait au public par son genre de vie, et le public ne se faisait pas faute de s'en occuper. Il y prêtait volontiers le flanc ; ce genre de célébrité ne lui déplaisait pas.

Il y a dix mille histoires de Romieu et de sa bande ; elles passent maintenant à l'état de classiques, comme les batailles d'Alexandre ; on les raconte, on en rit ; quelques-uns les admirent, mais l'on n'est pas tenté de les imiter : ce n'est plus le goût du temps.

Toutes ces histoires sont connues, par conséquent dangereuses à répéter.

Celle qui fit le plus de bruit fut celle du portier de la Chaussée-d'Antin ; on alla jusqu'à la mettre au théâtre ; les Variétés la jouèrent en un vaudeville assez froid. Il faut bien en citer une, et je choisis celle-là. Il se peut que beaucoup de personnes de la génération actuelle l'ignorent.

Un de ces mystificateurs passant rue de la Chaussée-d'Antin, vit un écriteau d'appartement à louer ; fort désœuvré en ce moment, il se le fit montrer dans tous les détails.

Un portier comme on n'en trouve plus marchait devant lui, la casquette à la main, se réjouissant de tout son cœur en écoutant le récit des splendeurs du futur locataire. Celui-ci avait six domestiques, voitures, chevaux, tout ce qu'on voudra, cela ne lui coûtait rien. Le portier calculait déjà ses profits, et sa politesse était à l'avenant.

En descendant l'escaleir, le mystificateur plongeait sur le plus magnifique genou qu'il eût vu de sa vie. L'estimable concierge n'avait que de rares cheveux. Il devait y avoir quelque chose à faire avec ce crâne-là.

Lorsqu'ils furent dans la cour, au moment de prendre les derniers arrangements, car le scélérat allait donner parole, après être convenus de tout, il ajouta :

— J'y mets cependant une clause de plus.

— Laquelle, monsieur, laquelle? On y consentira.

— C'est que vous me donnerez pour épingles une grande rareté : une mèche de vos cheveux pour ma collection.

— Ah! monsieur, dit le portier en souriant agréablement, monsieur plaisante, monsieur se moque de moi, il est trop bon.

On se sépara en parfaite intelligence ; le portier enchanté du grand seigneur qui allait venir sous son toit, et Romieu, car c'était lui, emportant son histoire pour le rapport.

Le lendemain la porte de la loge s'ouvre : entre un monsieur l'air affairé qui referme jusqu'aux vasistas, et dit mystérieusement :

— Portier, je viens vous demander quelque chose.

— Que veut monsieur? reprit l'autre, dont la physionomie bénigne et placide n'avait pas une pointe de malice.

— Portier, je voudrais de vos cheveux !

— Ah ! ah ! monsieur, c'est une bonne plaisanterie ; il y a vingt ans que je n'en ai plus. Ah ! ah ! ah !

Il en riait, le malheureux ! bientôt il cessa de rire.

A dater de ce moment, le soir, le matin, dans la journée, quinze fois par jour, il venait des jeunes gens lui faire la même demande d'un ton sinistre. Ce fut un cauchemar, une obsession. Il n'entendait que cette malheureuse phrase. La nuit, ils venaient la lui chanter sous ses fenêtres, en chœur, sur l'air de : *Dormez donc, mes chères amours*. Il en fut si enragé, qu'il ne marchait plus qu'avec un bâton ; dès qu'une tête se présentait au carreau, il s'élançait pour frapper ; il rugissait.

Ils y mirent le comble par un dernier coup.

Un soir, sur le boulevard, devant le café de Paris, un ivrogne avait roulé dans la boue et dormait au milieu du ruisseau, au risque d'être écrasé. Ils connaissaient ces Parisiens-là, et le lampion de Romieu en fait foi. Ils en eurent pitié et le ramassèrent, mais cela ne leur suffit pas : leur victime devait avoir le reflet de cette *bonne action*.

— Ah ! s'écria l'un d'eux très-haut, le pauvre homme se meurt de faim : il faut appeler du secours, le porter à l'hôpital. Et dire que son frère est riche ! qu'il est tout près d'ici, et qu'il lui refuse sa porte dans l'état où il est. Y a-t-il des gens qui ont mauvais cœur ?

— Quoi ? comment ? demanda un passant.

Il y en avait déjà dix attroupés ; cinq minutes après, il y en avait cinquante. Les sergents de ville n'existaient pas alors.

Oui, reprit l'orateur, cet infortuné est le frère d'un propriétaire de la Chaussée-d'Antin, qui est tellement avare, qu'il s'est fait concierge de sa propre maison. Il l'a chassé, le misérable ! malade comme vous le voyez.

— C'est une horreur ! hurla la foule.

— Faisons justice, cria un autre ; portons-le-lui.

— Oui ! oui !

On prit l'ivrogne souillé de boue, on le porta en effet chez ce malheureux, et de force on le lui coucha sur son lit, pour lui apprendre ses devoirs de famille. L'ivrogne ne s'y gêna pas, il s'y carra de toutes les manières, et Dieu sait les suites !

Ce fut le couronnement de l'œuvre ; le lendemain le portier déserta et s'alla cacher en province. Il n'en a pas moins servi de type à Eugène Sue, un des auteurs de la comédie, pour son Pipelet des *Mystères de Paris.*

Encore une anecdote, c'est la dernière. Je la crois moins connue que les précédentes.

Romieu se présente un jour dans un grand magasin de draperie ; il s'adresse au patron lui-même, fournisseur de plusieurs administrations importantes, et faisant, année courante, pour plusieurs millions d'affaires.

— Monsieur, lui dit-il, je désirerais voir du drap **rouge**

— De quel rouge, s'il vous plaît, monsieur?

— Le plus beau... et surtout de qualité supérieure... je ne regarde pas au prix.

Le commerçant, qui flaire une grosse commande, appelle ses commis, fait ouvrir et déployer une demi-douzaine de ballots.

Romieu examine toutes les étoffes, compare, fronce le sourcil.

— Ce n'est pas encore ça... Il me faudrait quelque chose de plus... rutilant.

— Monsieur veut-il de l'écarlate?... c'est superbe, mais c'est fort cher... Monsieur sait que la cochenille est en hausse.

— Peu importe... je vous le répète, je ne regarde pas au prix.

— Voilà un chaland comme on n'en voit pas tous les jours, se dit le marchand, qui suppute déjà mentalement les profits de la fourniture.

— Montrez à monsieur le rouge anglais, crie-t-il à un commis, qui s'empresse d'étaler l'étoffe demandée sous les yeux du nouveau client.

— Parfait, dit Romieu, cela fait admirablement mon affaire. — Veuillez, je vous prie, m'en couper de quoi faire... une crête à un moineau.

Romieu qui, avec son esprit, avait du savoir-faire, voulut devenir sérieux en prenant de l'âge. On ne le crut pas sur parole. Sa gravité passait pour une mystification. On lui riait au nez lorsqu'il essayait de parler raison. Témoin le fameux arrêté pour la destruction des hannetons, en Périgord, où il était préfet.

C'était pourtant une mesure fort sage. Lorsqu'il s'avisa de la proclamer, ce fut un épanouissement général ; tous les journaux la répétèrent avec des commentaires de leur façon. Un excellent ami, Dantan, qui faisait si bien valoir les charges humoristiques, représenta Romieu en hanneton, posé sur un lampion, le fameux lampion de tout à l'heure, qu'il plaça, comme tout le monde le sait, sur le ventre de son ami ivre-mort, en le laissant au milieu de la rue, où il était tombé, afin que les voitures ne l'écrasassent pas.

Sa première jeunesse s'était passée à faire des gamineries avec ses amis tous tant qu'ils étaient. Ils furent enfants très-tard, et des enfants terribles bien drôles. Leurs espiègleries défrayaient la chronique, comme aujourd'hui les cabrioles et les cascades du monde de Breda. Ils étaient connus de tout Paris ; on se les montrait, on ne pouvait les regarder sans rire. On attendait toujours d'eux quelque farce nouvelle. Ils passaient leurs nuits à courir les rues pour décrocher les enseignes, faire tinter les sonnettes ; enfin toutes les gentillesses que leur imagination d'écolier pouvait inventer.

Vous en avez eu des échantillons.

Et voyez cependant combien il est difficile, en certains cas, d'effacer les impressions. Romieu préfet, Romieu écrivant le *Spectre rouge*, Romieu directeur des beaux-arts, je dis plus, Romieu s'étant fait ennuyeux afin de se donner une tournure officielle, Romieu ne parvint jamais à être autre chose qu'un homme *qui fait rire*. Personne ne le prit pour un vrai fonctionnaire ; on lui eût volontiers fait le signe du gamin de Paris, auquel il était lui-même très-sujet autrefois.

Bien plus, et ceci est excessivement triste, Romieu est mort de chagrin.

On n'y a pas cru. Il adorait son fils, qui périt en Crimée. Six mois après, cette douleur le tua. Personne n'en fut touché comme on l'aurait été pour un autre. L'homme *le plus gai de France* ne pouvait pas avoir un désespoir semblable. — Bah ! c'est encore une farce !

Voilà pourtant comment on sait la vérité vraie, même sur les contemporains.

CHAPITRE VII

ROGER DE BEAUVOIR

Sa jeunesse. — Roger de Beauvoir chez lui. — Deux yeux crevés. — La tête de Paul Foucher. — *L'Écolier de Cluny.* — Le train de vie d'un dandy. — La mémoire de l'estomac. *Le Chevalier de Saint-Georges.* — Le monde des soupeurs. — Les viveurs au théâtre. — L'hôtel Pimodan. — Un huissier à cheval. — Un Turc à dix francs par jour. — Monsieur *Psit.* — Le chapeau à panache. — Les *ingurgiteurs.* — Une chanson à boire. — Le duel au champagne. — Le travail de Sisyphe. — *Ici on ne se bat plus pour la duchesse de Berry.* — Un bel esprit à Bicêtre. — Bouffé au *Moulin Rouge.* — Biquon Blondel. La gangrène sénile. — Un enterrement aux Variétés. — Le bourreau de Louis XVII. — Mademoiselle Doze. — *Le Verre d'eau.* — L'enfer dans le ménage. — Un quiproquo. — Othello blessé. — Le lit de mort d'une femme à la mode. — Le lion malade. — Une boutonnière déchirée. — Comment finit un dandy.

Parmi les figures originales de ce temps-là, et qui toutes vont s'effaçant pour ne plus reparaître, il en est une particulièrement sympathique, non-seulement en raison de son caractère, mais encore et surtout à cause des longues et douloureuses épreuves infligés à ses derniers jours : je veux parler de Roger de Beauvoir.

Lorsque je le connus, c'est-à-dire au temps de la *Sylphide,* c'était un des plus charmans dandys de l'époque

On ne pouvait songer à faire un journal fashionable sans sa collaboration. C'était une élégance, une façon de parler et d'écrire cavalières, dans l'ancienne et bonne acception du mot, qui lui assuraient une place à part dans la littérature et dans la société ; place qui n'a jamais été occupée depuis par personne, et qui ne le sera plus à cause de la différence des époques.

On m'avait donné son adresse rue de la Paix, n° 12, au coin de la rue Neuve-Saint-Augustin.

Je fus introduit dans un appartement splendide, au second étage : les détails de cette visite sont aussi présents à mon esprit que si elle eût été faite hier. J'en fus très-frappé.

Un domestique fort bien stylé me fit attendre d'abord dans un salon Louis XV, étincelant de dorures. Ce n'étaient que porcelaines, cristaux de roche, lampas rouges et blancs, meubles en bois de rose, tableaux de l'époque ; le plafond et les portes étaient peints ; je fus ébloui, je n'avais jamais vu chez un garçon pareille magnificence : je débutais et j'arrivais de province, il y avait un abîme alors entre cette existence-là et moi.

Auparavant j'avais traversé deux pièces, une bibliothèque et un cabinet de travail, tout en chêne sculpté, orné de faïences anciennes, d'armures, de glaces bizeautées, de vitraux peints ; les murs et le plafond aussi couverts de sculptures ; c'était magnifique et d'un goût aussi pur que sévère.

Le valet de chambre me conduisit, après un instant,

dans une chambre à coucher moderne, très-élégante, où les tableaux dominaient surtout. Je remarquai entre autres le portrait d'une très-jolie actrice, fort connue et qui le fut bien davantage depuis, sur le théâtre du monde, où nous la retrouverons, mademoiselle Ida, de la Porte-Saint-Martin. Elle avait les deux prunelles percées par une épingle, je ne pus m'empêcher d'en faire l'observation.

— Oh! me répondit Roger en riant, ce n'est rien, c'est de Courchamps, dans une de ses colères.

Nous saurons peut-être pourquoi M. de Courchamps crevait ainsi les yeux des jolies femmes.

Je n'avais jamais vu l'auteur de *l'Écolier de Cluny* et franchement je le trouvai au dessus de sa réputation. Il avait alors un peu plus de trente ans, mais il ne les portait pas. Sa magnifique chevelure noire bouclée foisonnait autour de sa tête intelligente et remarquablement belle. Il avait quelque chose de fier et d'impertinent dans le regard, qui lui séyait bien.

Les jeunes gens d'alors, ceux qui affichaient quelques prétentions à la lionnerie surtout, soignaient beaucoup leur coiffure. Ordinairement Roger était un de ceux qui y apportaient le plus de prétentions, mais il était de bonne heure et sa toilette n'était pas faite.

Sa chemise déboutonnée laissait voir son cou et sa poitrine; il n'avait qu'un large pantalon de cachemire rouge, à grands plis, et par là-dessus une robe de chambre flottante, en soie verte brodée d'or, qui ressemblait à une toge de patricien de Venise.

S'il eût eu un rendez-vous avec quelque maîtresse, il n'aurait pu choisir un costume qui fît mieux valoir ses avantages.

Il me reçut à merveille, il eut de l'esprit à revendre, me promit tout ce que je lui demandai ; il me promena dans tout son appartement, me montra ses curiosités et même sa cuisine, où je fus surpris à l'aspect d'une énorme tête peinte sur le manteau de la cheminée : j'ai su depuis que c'était celle de Paul Foucher.

J'emportai de cette conversation un très-amusant souvenir. Roger me parut un excellent garçon, sans prétentions aucunes, spirituel au suprême degré, un peu toqué peut-être, étourdi, mais incapable de faire sciemment du mal à personne. Il avait les qualités brillantes de la séduction, qu'il exerçait sur une vaste échelle. Les femmes en raffolaient, il eut des aventures célèbres et inspira de grandes passions.

Roger de Beauvoir est né en 1808. Son père était receveur général de l'Aisne, sous le premier Empire. Son oncle, M. de Bully, fut député du Nord sous la Restauration.

Il fut élevé d'abord chez les oratoriens de Juilly, et plus tard à Saint-Acheul, chez les jésuites, en même temps que le marquis de La Rochejaquelein.

Dès qu'il eut dix-huit ans, sa mère l'envoya à Londres auprès du prince de Polignac, un de ses amis. Il était alors ambassadeur de France en Angleterre. Il allait attacher officiellement Roger de Beauvoir à sa légation, lorsqu'il fut appelé, en 1827, au ministère; son protégé revint en même temps que lui.

Il a fait depuis nombre d'articles sur ce pays dans la *Mode,* la *Revue de Paris,* la *Sylphide,* le *Siècle,* etc.

Son premier livre fut *l'Écolier de Cluny :* il eut un vrai succès, il appartenait à un genre qui commençait à devenir à la mode, et il parut plusieurs mois avant *la Tour de Nesle,* bien que l'auteur n'ait jamais réclamé officiellement la priorité. Une lettre écrite dans le temps par Alexandre Dumas au *Musée des familles* lui rendit pourtant pleine et entière justice. Le sujet historique appartenait à tout le monde, mais Roger le découvrit et l'exploita avant personne. Très-probablement M. Gaillardet avait lu *l'Écolier de Cluny,* lorsqu'il conçut l'idée de son drame. Ou s'il n'en est pas ainsi, les deux auteurs se sont rencontrés, à leur insu, sur le terrain de Brantôme. Le livre et la pièce eurent un très-grand retentissement.

Le jeune écrivain se trouva placé, presque tout de suite, dans la pléïade des célébrités; sa fortune, l'éclat de ses aventures, sa mise recherchée et un peu excentrique, ses gilets d'or, ses diamants, le bruit qui se faisait autour de lui et celui qu'il faisait lui-même, attirèrent l'attention, et bientôt on le compta au nombre des quelques hommes dont l'entrée faisait sensation à l'Opéra, où il se rendait assidûment aux places les plus en vue.

Il donnait des dîners somptueux, où il traitait ses confrères ; il avait des voitures et des domestiques. Sa maison était chaque jour fréquentée par une foule de camarades et par de jolies femmes.

Mme de Girardin, — le vicomte de Launay, — avait écrit sur lui ces deux vers :

« Ce poëte dandy, ce héros de boudoirs
« C'est Alfred de Musset avec des cheveux noirs. »

Le poëte des *Chants d'Espagne et d'Italie* fit avec lui bien des joyeux soupers ; ils se voyaient souvent, et Roger a conservé de lui des couplets abracadabrants sur quelques personnages de l'époque. Voici celui qui concerne Roger lui-même :

« De Beauvoir
« Tel à voir
« Nous amuse,
« Quand il a trop bien dîné
« Il prie à déjeuné :
« On y va..... l'on s'abuse ! »

C'était, en effet, une des spécialités de Roger. Il avait la mémoire de l'estomac très-fugitive. Il lui arrivait souvent d'engager les gens et de leur fausser compagnie. On raconte à ce sujet une foule d'histoires drôlatiques, il y aurait de quoi en faire un volume.

Roger a fait au moins une douzaine de romans et plusieurs pièces de théâtre, tout cela réussit plus ou moins. Son grand triomphe, son chef-d'œuvre, c'est *le*

Chevalier de Saint-Georges. Il publia d'abord le livre, très-amusant et très-bien fait, ensuite il fit jouer la pièce aux Variétés, en collaboration avec Mélesville. Lafont y était parfait, l'acteur et l'auteur furent célébrés tous les deux par la critique et par le public. C'est une des belles soirées auxquelles j'ai assisté. C'était justement à l'époque où je connus Roger, il était encore tout brillant de sa gloire.

Roger est moins connu, en dehors des gens spéciaux, comme poëte que comme novateur, et c'est à tort : la poésie est son véritable talent. Il a fait paraître plusieurs volumes de vers, où il s'en trouve de très-remarquables. Il tient en même temps de nos trois grandes écoles, et sa place est marquée haut dans chacune.

Ce n'est pas cependant comme homme de lettres que Roger est curieux à examiner, c'est surtout comme homme, comme viveur. Il y a en lui des originalités qui en font, ainsi que je l'ai dit, un des hommes de ce temps qui doivent marquer dans l'histoire des mœurs.

Il est presque le dernier de ces splendides soupeurs dont les échos du café de Paris, du café Anglais et de la Maison d'or ont gardé le souvenir. Il a bu en sa vie assez de vin de Champagne pour mettre un bâtiment à flot. Toutes ses nuits s'employaient à ces repas homériques qui tueraient en deux ans un gandin de la génération présente.

Voici comment se passait le temps chez ces privilégiés de la nature et de la mode.

Les membres de cette association de viveurs qui reconnaissaient pour chef Roger de Beauvoir ne se levaient jamais avant midi, et très-souvent après deux heures : ce qui se conçoit. Le déjeuner, les visites du matin prenaient leurs premiers instants, mais pour quatre heures, il fallait être habillé et sorti ; on devait se montrer sur le boulevard, chez cinq ou six femmes connues ; quelquefois, rarement, au bois de Boulogne : ce monde spirituel donnait peu dans le sport. On courait les bric à brac, on entassait curiosités sur curiosités, on achetait des tableaux ou des bijoux, puis on rentrait chez soi, on faisait sa toilette, on étalait force linge blanc, et on allait dîner dans un des cabarets en renom, où chacun de ces messieurs avait sa table attitrée.

Les garçons s'empressaient autour d'eux, on leur offrait le plat du jour, qui n'était définitivement adopté qu'avec leur approbation. Là on se rencontrait, on apprenait les nouvelles, on les répétait, on décidait souvent du sort d'une pièce ou d'un artiste, mais tout cela en bas de soie, ou tout au plus en bottes vernies, en habit, en gilet très-ouvert, en linge de batiste, en gants paille flambant neufs : on ne les mettait pas deux fois.

Un dandy dépensait en argent de poche et en voitures, quand il n'en avait pas à lui, de cent à deux cents francs par jour.

Après le dîner on allait à l'Opéra, quand il y avait Opéra. On se montrait dans la salle pendant un acte, pour être vu et produire son effet, et puis on se rendait au foyer de la danse et dans les coulisses, où l'on était accueilli chaleureusement.

Les autres théâtres en vogue étaient les Variétés, le Vaudeville et un peu les Italiens. On n'allait guère ailleurs, à moins d'avoir une beauté à protéger ou à séduire, excepté les jours de premières représentations, Roger n'en manquait pas une.

Après le spectacle, on se retrouvait de nouveau sur le boulevard, on avait recruté des soupeurs et des soupeuses, et on restait à rire, à boire, à s'amuser d'une manière folle, jusqu'à trois ou quatre heures du matin au moins

Certes les bons vivants que je viens de vous peindre n'étaient pas des saints, l'orgie était pour eux une habitude, bien plus peut-être que pour les jeunes gens d'aujourd'hui ; mais ils se sentaient encore de la bonne compagnie qui les avait élevés. Ils se grisaient en habit habillé, avec des façons de grands seigneurs ; leur vocabulaire n'était pas celui des pensionnaires de quinze ans, mais si le fond était licencieux, la forme était châtiée ; ils avaient de l'esprit jusque dans leurs écarts. S'ils luttaient à coups de vin de Champagne, à qui en boirait le plus, cette boxe mousseuse se terminait par des couronnes de roses embaumées, que Roger gagnait presque toujours.

C'est au sortir de son bel appartement de la rue de la Paix, dont il se fit donner congé pour certain tour joué à une de ces colocataires avec laquelle il était en hostilité, qu'il loua l'hôtel Pimodan, près de l'hôtel Lambert dans l'île Saint-Louis, magnifique maison, où il ne vécut que comme sous la tente. Il ne meubla pas, il eût fallu dépenser plus d'argent qu'il n'en avait à sa disposition. Son immense salon n'avait pour ornement qu'une armure complète, cheval et cavalier.

Il nous y donna un souper, où nous avions beaucoup de quoi boire, de quoi manger, mais presque pas de quoi nous asseoir. Ces grandes pièces ressemblaient à des halles, on eût juré que les huissiers y avaient opéré une saisie.

Roger n'avait pourtant pas fait connaissance avec ces messieurs, ce ne fut que plus tard, après son mariage, qu'il y eut entre eux de fréquentes relations.

Il courut à ce sujet beaucoup d'anecdotes, une entre autres, où le cheval bardé de fer joua le principal rôle.

Roger demeurait alors rue Saint-Florentin, dans un magnifique hôtel nullement accoutumé à de si joyeux hôtes : on l'en fit promptement déguerpir, sous prétexte de tapage nocturne ; certaines gens ne comprennent pas que passé onze heures on soit hors de son lit.

Beauvoir était dans toute la fureur de sa séparation conjugale, des réclamations de pension, etc. ; les huissiers pleuvaient chez lui, et dans ce temps-là encore, on riait des huissiers : aujourd'hui on les prend au sérieux.

Un matin, il dormait, lorsque la sonnette retentit : trois hommes noirs se présentèrent, c'était M. *** et ses praticiens chargés de leurs volumineux dossiers. L'huissier en chef était obèse, homme ordinaire ayant des prétentions au bel esprit. Il se vantait de hanter les gens de lettres autrement qu'avec du papier timbré à la main, et discourait sur toutes choses en savant très-expert.

Les recors, maigres et faméliques, reculèrent à l'aspect de quatre chevaliers armés de toutes pièces, qui semblaient les regarder à travers les trous de leur visière. Ils entouraient le cheval en question, du haut duquel un autre mannequin de fer étendait sur eux un bâton de commandement.

Roger avait chez lui un maître Jacques, nommé *Chevrier*, bien digne d'un tel Don Juan, valet de chambre, cuisinier ou maître-d'hôtel, selon l'heure; il arborait volontiers le costume blanc le matin, et il se trouvait justement dans cette tenue.

— M. de Beauvoir est sorti, dit-il, que lui voulez-vous?

— Nous venons pour saisir : voici nos pièces.

Chevrier les prit du bout du doigt et les parcourut, il avait le flair de la procédure.

— Vous êtes en règle, Monsieur l'huissier, vous n'avez qu'à saisir. A combien se monte votre créance?

— A 428 fr. 32 c. frais compris à ce jour.

— Une bagatelle! vous pouvez vous contenter de cette pièce, il y a ici de quoi vous payer. Voici d'abord quatre fantassins en armes, bardés de fer, mornes et la visière baissée : ils sont du seizième siècle.

Il tenait à la main une baguette et continua, comme

s'il eût été chez Curtius ou dans la galerie du château de Silva.

— Ceci, poursuivit-il, est l'armure de l'empereur Maximilien : admirez, je vous en prie, messieurs, cette cuirasse, ces *targettes*, ce *mors* damasquiné. Les étriers seuls nous ont donné bien du mal à découvrir ; et la selle, donc ! la selle, vaut plus de six mille francs. Vous pouvez voir, faites tout à votre aise. Je vais m'occuper du déjeuner de monsieur ; saisissez tout ce qu'il vous plaira, quant à l'emporter, c'est autre chose.

Quelques instants après Chevrier revint armé de trois verres et d'une bouteille de vin de Malaga entourée d'une pyramide de biscuits. Il trouva les huissiers en contemplation devant ces héros, se demandant s'ils s'en contenteraient.

*** refusa d'abord de goûter le *nectar* que lui proposait le domestique ; pourtant la mine était si tentante, qu'après quelques façons il se décida, bien qu'il ne dût rien accepter de la partie adverse. Chevrier, il est vrai, n'était pas la partie, et cela pouvait se discuter.

Peu à peu la conversation devint plus intime, on disséqua le maître du logis, et le valet n'en dit que juste assez de mal pour ne pas mécontenter le plumitif.

Le Malaga était bu, sa dernière larme allait couler, et l'huissier, un peu attendri, promit de ne saisir que cette pièce, plus que suffisante pour le couvrir ; il désirait seulement examiner de plus près l'empereur Maximilien, pour bien se rendre compte de son mérite.

— Attendez, reprit Chevrier, je vais vous apporter une échelle.

Il revint avec l'échelle demandée, *** monta et il enleva le cavalier, que le cuisinier reçut dans ses bras.

— Je vais maintenant estimer cette fameuse selle de six mille francs. On est pourtant bien mal là dessus, ajouta-t-il en enfourchant le colossal destrier, qui, pour paraître plus grand encore, était juché sur une estrade.

— Voyez bien tout, continua le Mascarille, vous en aurez le temps.

Et brusquement il retira l'échelle, l'huissier se trouva perché à quinze pieds en l'air.

—A bientôt, ajouta l'autre, en fermant la porte sur lui.

Le recors ne s'était jamais trouvé à pareille fête, il criait au secours, et il étranglait de colère. Ses deux hommes avaient suivi le traître à l'étage inférieur, où il les faisait déjeuner, ce qui ne leur arrivait pas tous les jours.

Enfin ils entendirent et ils se hâtèrent de retourner auprès de leur patron, qui en fut malade de rage, mais qui ne s'en alla pas sans avoir saisi jusqu'à la dernière casserolle. Roger, qui avait dirigé toute la comédie, prétendait qu'il en avait eu pour son argent.

Une autre fois, — c'était un mardi gras, — il y avait chez Roger de Beauvoir un joyeux déjeuner, le champagne coulait à flots, on avait soupé jusqu'à six heures; il en était deux de l'après-midi et l'appétit était revenu après le sommeil.

Tout à coup la sonnette retentit violemment.

Un homme solennel se présente, suivi de deux autres aussi laids que lui et, s'adressant à Roger, il exhibe un jugement, un volume! en foi de quoi il vient saisir.

— Un mardi gras! s'écrie un des jeunes gens.
— C'est impossible! répètent-ils en chœur.

L'huissier assure que la loi ne reconnaît pas le carnaval.

— Alors, interrompit Beauvoir, le carnaval ne reconnaît pas la loi, la saisie ne peut être valable, vous n'avez pas de faux nez, montrez-moi votre faux nez.

— Brava! brava! exclament les convives, qu'il montre son faux nez!

L'huissier ne put s'empêcher de rire, mais il ne fut pas désarmé.

Il fut *saisi* pourtant par les fumées du vin de Champagne, qu'il refusa d'abord, et qu'il but ensuite, et oublia un instant ses dossiers, en écoutant une conversation aussi pétillante que le vin; mais le quart d'heure d'après les meubles furent couchés tout du long sur le papier du gouvernement.

Les huissiers y perdaient leur latin, Roger trouvait moyen de les promener; au moment décisif, il finissait par payer après mille échappatoires, mais cette lutte l'amusait, il se défendait contre l'attaque et ne songeait pas à ce que lui coûtait sa défaite.

Il était du reste fantaisiste jusque dans les questions financières. On l'a vu mettre sa montre au Mont-de-piété, ayant dix mille francs dans son portefeuille. Pourquoi? le savait-il bien lui-même?

Les huissiers donc, pour activer les choses, lui mirent un garnisaire qui commença à le taquiner. Cet homme était laid, sale, il lui déplaisait de le voir fouler ses tapis et lorgner ses curiosités. Il trouva un expédient magnifique, qui ne pouvait entrer que dans sa tête.

Il le fit venir dans son cabinet, et lui demanda combien il gagnait par jour.

L'autre lui dit : Cinq francs.

— Eh bien, je vous en donne dix et je vous nourris, mais à la condition que vous m'appartenez désormais. Soyez tranquille, je ne vous dérangerai pas de vos fonctions, vous les remplirez plus que jamais, seulement je vais vous habiller et vous donner un nom à ma fantaisie.

Le quidam accepta.

Aussitôt fait que dit. Roger envoie chez Babin chercher un costume complet de turc, le plus doré possible ; il le loue pour quinze jours et il fait de son garnisaire un véritable chienlit ; puis il l'affuble d'un nom long d'une aune, et le lâche dans son appartement, après l'avoir savonné du haut en bas.

Les personnes qui venaient chez lui apercevaient dans quelque coin cette ombre d'Oriental, assis sur des coussins, fumant, ou bien regardant en l'air en silence ; il lui était défendu de dire un mot, il ne *devait* pas connaître le français, bien entendu.

— Qu'est-ce ? lui demandait-on, qu'est-ce que ce mamamouchi ?

— Un pacha, répondait-il, un grand personnage, qu'un

secrétaire d'ambassade de mes amis m'adresse de Constantinople. Nous nous parlons en gestes, comme dans les ballets, c'est fort amusant.

On s'en allait sans en savoir davantage, en pensant :
— C'est étrange !

Il fit plus, il donna une soirée pour son hôte, prétendait-il, et lui fit une présentation digne du *Bourgeois gentilhomme ;* avec le plus grand sang-froid du monde, il nommait à ce mannequin ses convives, l'un après l'autre, et celui-ci ouvrait des yeux hébétés, se contentant des signes qu'on lui avait appris, le tout de la façon la plus bouffonne; et ce qu'il y eut de mieux, c'est que le mystificateur ne riait pas.

L'assemblée y fut si bien prise, qu'on entendait chacun dire :

— Comme ces gens-là sont plus beaux que nous ! Quelle race magnifique ! Regardez-moi ce gaillard comme il est campé ! Et quelle barbe !

Ils n'eurent pas un doute. Roger le raconta lui-même plus tard, quand il fut débarrassé de la dette et de son garnisaire, et s'en moqua bien.

Roger se tira de ses ennuis, grâce à la fortune qu'il tenait de ses parents. Ses meubles furent vendus deux fois : la première ce fut par lui-même, il fit une vente, rue de la Paix, longtemps avant que les lorettes n'eussent inventé les leurs, et il eut autant de monde que la plus courue d'entre elles.

La seconde fois ce fut plus original et plus triste, on

le vendit tout de bon et cela parce qu'il avait oublié la saisie ; quand il envoya payer, il était trop tard. Ce n'était cependant pas l'argent qui lui manquait.

Roger eut une affaire avec Balzac, j'entends une affaire de plume, leurs amis empêchèrent qu'elle allât jusqu'à l'épée. Balzac, je ne sais pourquoi, ne pouvait le souffrir, et s'efforçait de lui être désagréable. Il publiait sous le titre de la *Revue Parisienne*, un petit journal à l'instar des *Guêpes* d'Alphonse Karr. Un jour il vint au bout de sa plume une diatribe assez plate contre Roger. Il y était dit entre autres choses, qu'il ne s'appelait ni Roger ni Beauvoir, mais il ne lui indiquait pas un autre nom.

Roger répondit par une lettre pétillante d'esprit. Il demandait à la fin comment il devait signer puisqu'on lui refusait ses deux noms. Ses amis devraient apparemment l'appeler : *Psit !* lorsqu'ils le rencontreraient et qu'il ne les verrait pas. *Psit* n'était pas une dénomination, une qualification encore moins. Comment faire ? Il ne sollicitait qu'un conseil. Balzac ne le lui donna pas, il se tut et comprit qu'il avait fait une école.

Avant de se marier, Roger avait eu les honneurs de la paternité d'un garçon dont la mère était une ancienne artiste. Bien qu'il n'eut plus de relations avec elle, il continuait à prendre soin de l'enfant, qu'on avait mis en nourrice à Charenton. Cet enfant était superbe, son père le voyait quelquefois, il payait sa pension, sans se faire rendre compte des détails.

On le prévint que le petit bonhomme n'avait pas tout ce qu'il lui fallait et qu'il était bon d'y veiller de plus près ; Roger remercia beaucoup, et le même jour, expédia une caisse à son bébé. Le donneur d'avis s'en alla, une ou deux semaines après, avec un camarade, un étourdi comme lui, se promener du côté de Charenton dans l'intention de voir ce petit être, qu'on disait charmant ; ils n'avaient oublié qu'une chose, c'était de s'enquérir du nom et de l'adresse de la nourrice.

Ils arrivèrent au pont, et là, ne sachant plus où aller, ils s'informèrent ; en même temps, ils aperçurent un groupe de moutards qui jouaient en criant et qui couraient à toutes jambes.

— Ah ! s'écria l'un d'eux, nous n'avons plus besoin de rien demander à personne, le voilà ! Ce ne peut être un autre que celui-là.

Il montrait un superbe garçon de deux ans, en chemise, sans bas, et coiffé du plus splendide chapeau à plumes qu'on eût pu trouver dans tout Paris ! Un panache à faire envie aux chevaux d'un corbillard de première classe, et qui donnait au marmot ainsi fagoté l'air d'un chien savant en tenue de parade.

La caisse envoyée contenait cet objet *de nécessité première* aux yeux de l'amour paternel. Quant au reste ce n'étaient que des accessoires.

Cet enfant est mort depuis.

Les valets de chambre de Roger ont joué dans sa vie un rôle aussi important que les laquais dans les anciennes comédies, ou dans les romans historiques de Dumas.

Ébauchons, en passant, la physionomie des notables de cette nouvelle confrérie des *Coteaux*. C'était, avec Roger de Beauvoir, Eugène Brifaut, rédacteur du *Corsaire*, Bouffé, directeur du Vaudeville, qu'il ne faut pas confondre avec l'acteur Bouffé, Charles Froment, Brindeau, jeune alors et superbe... j'en oublie : il y a si longtemps !

Les fidèles ne reconnaissaient d'autre dieu que le vin de Champagne. Eugène Brifaut était son prophète. C'était à lui que revenait l'honneur d'avoir inventé « l'ingurgitation. »

L'ingurgitation consistait à absorber un verre de Champagne sans le déguster. Le buveur levait le coude, approchait le cornet de ses lèvres (la coupe n'était point encore en usage), inclinait la tête en arrière, ouvrait une large bouche, et d'un seul trait versait le contenu du cristal dans l'orifice comme dans un entonnoir, d'où le liquide se précipitait en cascade au sein des profondeurs de l'estomac. Cette gymnastique bachique, bien différente de l'art de « sabler le champagne, » si fort en honneur au *Caveau*, était plutôt un tour de force qu'une jouissance. Gargantua eût applaudi peut-être, mais qu'auraient pensé Panard et Désaugiers ?

Inutile de dire que Brifaut était le Léotard de l'ingurgitation. Il vidait, sans se faire prier, douze bouteilles de champagne dans le goulot qui lui servait de gosier. Il avait même composé à cet effet une chanson à boire, (oh! oui! à boire!) dont le refrain se chantait en chœur:

> Les cloches du village
> Sonnent l'esclavage.
> Eh! bon! bon! bon! bon!...

et ainsi de suite sept fois, et entre chaque « bon » une pause de deux ou trois secondes, arrosée d'une rasade de champagne. A ce steeple chase pantagruélique, Brifaut ne connaissait guère de rival et point de maître.

Son maître élève, Bouffé, n'était pourtant pas indigne d'un pareil professeur. Bacchus faisait honneur à Silène.

Quand l'estomac, longtemps surmené, de Brifaut, le contraignit à se retirer momentanément sous sa tente, Bouffé fut le Patrocòle de cet autre Achille, et il ne se montra point au-dessous de son rôle.

Cependant on raconte qu'un soir que la bande joyeuse se livrait, à son ordinaire, aux gais propos imbibés de copieuses libations, le maître du cabaret se présenta tout à coup, annonçant qu'un inconnu, affligé d'un accent étranger, demandait à parler sans retard à M. Bouffé.

— Qu'il entre, répondit celui-ci; je ne me dérange point quand je suis en affaire.

L'homme fut introduit. C'était un colosse taillé en Hercule, et portant au milieu d'une face vermeille, un de ces nez cardinalisés qui montrent, à première vue, selon l'expression de Gavarni, « qu'ils ont coûté cher à mettre en couleur. »

A ce cartel inattendu, le héros ne put se défendre d'un moment de surprise. L'aspect de cette charpente monumentale et l'idée du jaugeage de ce poitrail formidable ne laissaient pas que de lui donner à réfléchir.

Tous les témoins de ce cartel homérique attendaient, retenant leur haleine, le dénoûment de cette scène palpitante pour des cœurs bien nés.

Pendant ce court instant de silence, un homme se lève, un muid, porté sur deux petites jambes et surmonté d'une tête pâle et riante qu'illuminent deux yeux pleins de malice et de feu. C'est Brifaut qui, condamné par ordonnance de médecin à l'abstinence de Tantale, se plaisait à assister platoniquement à ces fêtes épicuriennes.

— Milord, dit-il, en s'avançant fièrement vers Goliath, qu'il toise d'un regard de dédain, voilà six semaines bientôt que je suis *retiré des affaires*... mais du moment qu'il s'agit de l'honneur de la France, je rentre en lice... et je vous *rends* un verre par bouteille, ajouta-t-il avec un geste olympien... Garçon, douze champagne première !

A la onzième, disait, en souriant d'un air vainqueur, Brifaut, de qui je tiens le récit de cette prouesse, j'avais mis l'*English* sous la table, et j'ingurgitai seul la douzième, à la revanche de Waterloo !

Quel homme d'esprit que ce Brifaut ! Quel charmant et inestimable causeur ! quel improvisateur modèle !

quel type du journaliste humoristique et fantaisiste, et avec quelle verve, quel entrain, quelle rondeur, la bouche épanouie par un large rire, il chantait de la voix la plus fausse et la plus enrouée qui fût au monde, des refrains anacréontiques capables de réveiller Piron ou maître Adam, au fond de leurs tombeaux! Esprit fin et salé à la fois, il était la gaieté, l'enjouement, la folie d'une table. On le rêvait couronné de pampre et, le thyrse à la main, menant la ronde antique des satyres et des bacchantes.

On parle de Timothée Trimm et des chroniqueurs qui accouchent d'un article tous les matins. Mais cette tâche quotidienne, ce travail de Sisyphe, Brifaut l'accomplissait chaque jour, plutôt deux fois qu'une, plutôt à deux journaux qu'à un seul, et il n'en était, pour cela, ni plus éreinté ni plus fier.

La piquante biographie à faire que la sienne! mais il y faudrait un volume, et qui se chargerait de l'écrire comme il la racontait lui-même? Lequel de ses contemporains ne l'a entendu réciter l'histoire de son duel avec M. de la Trésorière, un de ces combats chevaleresques comme on en voyait encore dans ce temps-là?

A la suite de l'échauffourée vendéenne, la duchesse de Berry était au fort de Blaye. Le *Corsaire*, feuille satirique d'une nuance très-avancée, avait publié sur la captive un article anonyme (la loi des signatures n'existait point encore) aussi outrageant pour la femme que pour la princesse. Un ancien garde-du-corps du roi déchu, M. de la Trésorière, tête chaude, ardent royaliste, se présente au bureau du journal, et s'enquiert du nom de l'auteur. Brifaut se nomme; provocation aggravée d'une de ces insultes qu'un galant homme ne saurait dévorer sans se perdre d'honneur.

Brifaut ne se piquait pas de courage, mais il avait le sentiment de sa dignité personnelle et de celle de sa profession. De sa vie il n'avait touché aucune arme. Cependant il alla bravement sur le terrain, se fit casser le bras droit d'un coup de pistolet, et refusa, malgré les conseils et les instances des médecins, de sauver sa vie au prix d'une amputation; en quoi il fut mieux inspiré que les savants, car il guérit, garda son bras, et, de cette même main qu'il avait failli perdre, écrivit en lettres d'affiche sur le mur du cabinet de rédaction, la première fois qu'il remit le pied au *Corsaire* :

ICI ON NE SE BAT PAS POUR LA DUCHESSE DE BERRY.

Hélas! je l'ai revu quelques vingt ans plus tard, ce joyeux et étincelant Brifaut.

Je visitais Bicêtre. Tout à coup en mettant le pied dans une salle affectée aux malades tombés au dernier échelon de l'aliénation mentale, j'aperçus accroupi sur un lit de gâteux, un spectre hâve, morne, abruti, dont les traits évoquèrent en moi de vagues et lointains souvenirs.

A ma vue, les prunelles du fou s'éclairèrent soudain d'une expression étrange et qui me fit tressaillir. Deux grosses larmes se mirent à couler le long de ses joues amaigries.

— Vous ne me reconnaissez pas, me dit-il d'une voix navrante. Ah! mon ami, voyez ce qui reste d'Eugène Brifaut!

Oh! que dût-il se passer dans cette pauvre tête durant cette courte lueur de raison?

Triste, triste fut la fin de la plupart de ces *noceurs* émérites.

Charles Froment, ruiné, paralysé, eut du moins le suprême bonheur d'échapper, grâce à l'apoplexie, à la misère et à l'idiotisme qui menaçaient de le saisir.

Bouffé, en train de faire fortune au Vaudeville, où il fit jouer la *Dame aux Camellias*, s'éteignit prématurément d'une mort particulière aux hommes qui ont vécu trop longtemps ou trop vite, la gangrène sénile.

Si Bouffé buvait bien, il mangeait mieux encore; c'était un gastronome de haute école. Avant de se commettre dans un restaurant, il le faisait étudier par un connaisseur de confiance et ne se décidait qu'à bon escient. Un jour qu'il essayait pour la première fois du *Moulin-Rouge*, alors plus connu pour ses cabinets que pour sa cuisine, le patron, informé de la qualité de l'hôte qu'il avait l'honneur de traiter, s'ingéniait à lui proposer des mets impossibles.

— Monsieur, lui dit Bouffé, sachez bien que vous n'avez point affaire à un gourmand comme tous les autres. Je dîne dans une maison parce qu'on y sait faire un plat, un seul, et je n'y mange que de ce plat-là. Si je veux un bon civet, par exemple, je sais qu'on ne le réussit qu'à douze lieues d'ici : je connais l'endroit et j'y vais. De même pour la matelotte et pour le reste. J'ai fait expertiser votre cuisine. Votre spécialité, c'est le suprême de volaille. Ne sortons pas du suprême. Vous m'entendez... Allez.

A l'époque néfaste où le flot toujours montant de ses créanciers le déposa sur la plage inhospitalière de Clichy, Bignon, alors directeur du café Foy, dont Bouffé avait été un des meilleurs... je me trompe, un des plus fidèles habitués, ne pouvant se faire à l'idée de savoir un tel homme réduit à l'ordinaire de *la dette*, lui faisait porter tous les jours par un de ses marmitons un dîner fin flanqué de deux flacons de sillery.

Courtisan du malheur, ce Blondel de la gastronomie fut, pour Bouffé captif, ce que le dieu de Joas était pour les petits des oiseaux.

Avec cette organisation corrodée par l'abus du champagne et de la bonne chère, un rien, une piqûre d'épingle (c'est bien le cas de le dire), suffisait pour déterminer un accident grave. La maladresse d'un pédicure précipita ce dénoûment inévitable. Le scalpel entama la chair, Bouffé ne prit point garde à ce bobo, que, selon le précepte de Murger, il traita par l'*indifférence*. Sous l'action du régime excitant qu'il suivait, la plaie ne tarda point à empirer. La gangrène s'y mit, cette gangrène sénile dont je parlais tout à l'heure, fléau impitoyable contre lequel l'art est impuissant; et, peu de jours après, le malade expirait entre les bras de X..., un de ses pensionnaires. Ce fut X..., qui l'assista à ses derniers moments et le soigna aussi tendrement qu'une garde-malade aurait pu le faire.

— Pauvre Bouffé! racontait X...; la larme à l'œil, plusieurs de ses camarades, il n'a eu, avant d'expirer, que le temps de me serrer la main et de me donner sa montre.

— Tu te seras trompé, mon cher, dit un plaisant de la compagnie : il voulait serrer sa montre et te donner la main.

Cette phalange de viveurs dont je viens de crayonner les principales physionomies, reconnaissait pour chef Roger de Beauvoir.

A l'instar de Romieu et de sa bande, dont ils étaient avec plus d'élégance et de raffinements, les dignes émules et les légitimes héritiers, ils savaient, à l'occasion, improviser une farce ou une gaminerie qui faisait le lendemain la fable de Paris.

Ces choses-là sont presque toujours plus drôles à faire qu'à raconter. J'en choisis une seule entre cent autres.

Il s'agissait pour cette fois, d'une pièce jouée aux

Variétés, pièce dont ces messieurs avaient juré la perte quand même. La première représentation avait été passablement orageuse. Sifflets, huées, brocards, gorges chaudes, rires ironiques, roulements de cannes et le reste, ils avaient tout mis en usage ; si bien que la police, à bout de patience, avait fini par les camper en masse à la porte, en les prévenant d'avoir à se tenir tranquilles, l'autorité étant décidée à ne point tolérer à nouveau un pareil scandale.

Le lendemain, tout le premier rang du balcon de la première galerie, loué d'avance au nom d'affidés complaisants, était occupé par les tapageurs de la veille et par quelques amis enrôlés mystérieusement dans le complot.

A peine le rideau s'est-il levé sur le vaudeville nouveau, qui affectait des airs de gaieté folle, qu'un des conjurés, occupant la stalle la plus rapprochée de la scène, tire silencieusement de sa poche une pièce de crêpe noir, en pique, à l'aide d'une épingle, un des bouts sur le velours de la balustrade, puis passe à son voisin la pièce, qui se déroule de main en main et fait en un clin d'œil le tour du théâtre. Au bout d'une minute, le pourtour tout entier était drapé de deuil comme pour un enterrement de première classe. On juge de l'effet de cette démonstration sur le public et sur les acteurs.

A la soirée suivante, toujours maîtres des stalles de premier rang, grâce à une stratégie savante, les conspirateurs se munissent de cahiers de papier à lettres, et dès la première scène s'occupent gravement de confectionner des cocottes de toutes tailles qu'ils posent, sans dire un mot, sur la main courante; le public rit à gorge déployée et n'écouta plus les acteurs.

Le troisième soir enfin ils avaient apporté chacun un bonnet de coton : l'orchestre n'eut pas plutôt attaqué l'ouverture de la pièce proscrite, qu'au signal de Roger tous tirent, comme un seul homme, leur casque à mèche de leur poche et s'en coiffent avec le sérieux d'un bon bourgeois qui procède à sa toilette de nuit.

La pauvre pièce ne résista pas à cette dernière manifestation. Le soir même, elle était enterrée sous les quolibets du parterre.

J'ai raconté *Frédéric* et *Chevrier*. Depuis eux il en est plusieurs, dont le plus remarquable est un nommé Simon, mais celui-ci n'avait ni la même faconde, ni le même chic que ses devanciers. C'était un pauvre bonhomme, bien modeste, mais bien entêté ; il avait une peur atroce de son maître, qui ne pouvait s'accoutumer à ses façons.

Il le regardait toujours comme un événement et ne comprenait pas plus que l'abbé des *Jeunes personnes*, les excentricités de cette nature exubérante. Il restait planté comme un pieu en face de lui, il l'écoutait, il l'examinait et oubliait souvent ainsi que sa place était à l'antichambre.

Roger hors de lui par cette persistance, s'écria un jour :

— Simon, sortez ! vous avez gardé Louis XVII au Temple, vous l'avez fait mourir à force de mauvais traitements, je ne veux plus vous voir.

— Moi ! monsieur.

— Oui, vous : sortez, sortez, vous dis-je.

— Mais, monsieur, je n'ai jamais connu ce M. Louis XVII, et je n'ai fait mourir personne.

— Je vous dis que vous l'avez tué.

— Monsieur, que monsieur me croie, j'en suis incapable.

Et Simon se mit à pleurer, il pleura toute la soirée, et il en eut le cœur gros longtemps.

Depuis lors, chaque fois que son maître n'était pas satisfait, il n'avait qu'à prononcer le mot de *Temple* pour faire obéir le récalcitrant.

— Ah ! monsieur, monsieur, jamais ! jamais ! je vous en conjure. Non, jamais !

Roger connut en 1843 mademoiselle Doze ; ce fut un mauvais jour pour tous les deux, surtout pour lui. Mademoiselle Doze était une très-jolie fille, elle avait débuté à la Comédie-Française sous les auspices de mademoiselle Mars, qui lui avait donné des leçons et qui n'en fit qu'une pauvre écolière. Elle lui ôta toute espèce de naturel et ne put réussir qu'à se faire mal copier ; cela devait être. Les moyens et l'intelligence ne manquaient pas à l'élève, elle eût mieux fait de marcher seule, elle eût pris ses allures, au lieu de mal imiter ce qui était inimitable.

11.

Elle eut donc une sorte de succès, grâce à sa beauté, et créa le rôle d'Abigaïl dans le *Verre d'eau*. Elle ne resta pas longtemps au théâtre.

Roger l'épousa bel et bien, après quelques années d'essai, et rien n'est curieux comme la chanson prophétique qu'il fit et qu'il chanta le jour de son mariage. Il annonçait presque tout ce qui est arrivé depuis, excepté des choses tellement inouïes que nul n'aurait pu les prévoir.

La lune de miel avait eu lieu avant, elle ne prolongea pas ses rayons après.

La jeune femme eut le tort d'oublier ce qu'elle devait de reconnaissance à un homme qui lui avait donné un nom, une fortune, qui lui avait reconnu une dot de quatre-vingt mille francs qu'elle n'avait pas apportée. Elle eût dû être son ange gardien, lui rendre en bonheur, en procédés du moins, ce qu'il faisait pour elle. Je ne prétends pas que son mari fût sans torts, il en avait certainement ; mais ce n'était pas à elle à les faire remarquer.

Avec de l'abnégation, du dévouement, elle eût dominé la situation, elle eût conservé la fortune de ses enfants ; elle ne montra ni l'un ni l'autre. Si cette charmante créature avait un esprit remarquable, elle n'avait pas autant de cœur, elle ne l'a que trop prouvé.

Les dissensions du ménage commencèrent presque tout de suite.

On recevait beaucoup de monde à leur jolie propriété.

de Grosbois. Un de mes amis assistait à un dîner où il se passa une scène curieuse.

Les deux époux eurent une discussion, à table, devant leurs convives ; madame de Beauvoir s'emporta. Roger par extraordinaire, se contenta d'être railleur et ironique. Exaspérée, elle lui lança son verre à la figure.

— Ah ! madame, dit-il avec beaucoup de sang-froid, en essuyant son habit, je croyais que depuis votre mariage vous ne jouiez plus le *Verre d'eau*.

Bientôt il y eut plus que des querelles, il y eut ces tristes démêlés conjugaux, dont ils eurent le tort de rendre le public confident. Pendant plusieurs mois les journaux retentirent de leurs réclamations et de leurs proclamations mutuelles, toutes choses qui se passent ordinairement à huis clos.

Il y a toujours le côté drôle, même dans les événements tristes qui arrivent à Roger. Pendant ces douloureuses aventures, il éprouvait le besoin d'écrire, tous les quinze jours, à une feuille quelconque qu'il était trompé. Ce n'est pas une indiscrétion que de le raconter ici, tout le monde le sait.

Tout cela, d'ailleurs, n'empêchait pas, au fond, Roger d'adorer l'infidèle, ce qui se comprend sans peine, car elle était vraiment adorable. Il l'aimait après comme avant, et je suis sûr qu'à son dernier soupir il chérissait encore sa mémoire.

On va dire encore que je m'attaque à une morte, mais il me faut bien parler d'elle en parlant de son mari ;

d'ailleurs, je le répète, elle a pris soin de répandre elle-même et de parafer tout ce qu'on pourrait rappeler. Ce n'est pas même une médisance, ce n'est qu'une répétition.

La séparation arriva promptement; un soir en rentrant chez lui, à la campagne, sans être attendu, Roger trouva dans la chambre de sa femme une pièce de conviction, qui ne lui appartenait pas; le propriétaire n'avait eu que le temps de se sauver. Du moins telle est l'accusation formulée. La partie adverse prétendit et jura que ladite pièce avait été oubliée par lui et non par nul autre. Il y eut là-dessus des échanges de notes les plus bouffonnes; quoi qu'il en soit le procès commença.

Selon les probabilités, l'incident eût été victorieux devant les juges, mais Roger donna lui-même des verges pour le fouetter.

Une belle nuit, on était en 1849, on frappe chez lui à coups redoublés, et l'on somme d'ouvrir *de par la loi!* Il le fallut bien, après quelque hésitation et parlementage. C'était le commissaire de police, accompagné de ses estafiers, de son écharpe et de ses témoins. Il venait verbaliser et prendre le sieur Roger de Beauvoir en flagrant délit sous le toit conjugal, puisque partout où est le mari, ledit toit conjugal est planté de droit, fût-ce un bâton dans le désert.

Il y avait bien en effet une femme sous ce toit. En vain Roger voulut-il faire passer la donzelle pour une garde-malade. Il avait eu, disait-il, une attaque de choléra, et cette charitable personne n'était qu'une sœur du pot. Le commissaire n'en fit pas moins son rapport; il en résulta que les époux furent renvoyés dos à dos, par le tribunal, c'est-à-dire qu'ils n'avaient rien à se reprocher.

De ce moment commença cette lutte, qui n'a fini que par la mort d'un des combattants.

Il n'y a pas de comtesse de Pimbèche qui ait eu autant de procès en toute sa vie que Roger en ces quelques années. On ne lui laissa pas un instant de tranquillité, et ce qu'il a dépensé d'argent en frais est incalculable. Pour la moindre chose, pour un retard de payement, pour un mot dit ou interprété de travers, pour ses enfants, pour sa belle-mère, pour tout enfin, vite les juges! les échos du Palais étaient fatigués de ce nom.

Sa femme ne regardait pas à le traîner sur le banc des accusés, à la moindre vétille, et, en vérité, on ne le conçoit pas. Ne fût-ce que pour elle, elle aurait dû s'en abstenir, elle était sans doute mal conseillée.

Roger eut dans ses colères maritales, deux ou trois histoires dignes de Paul de Kock : on en ferait des vaudevilles.

Il s'en revenait à pied assez tard, et passait exprès peut-être, car il l'aimait encore, devant la maison où demeurait sa femme. Il leva le nez, et aperçut de la lumière chez elle; il lui sembla voir deux ombres derrière les rideaux, comme Bardou dans *Passé minuit*. Il lui prend aussitôt une colère rouge, il court chez le commissaire, le fait lever, le requiert de le suivre, pour constater un flagrant délit.

Ces choses-là ne se refusent pas : de par la loi, le commissaire marcha en rechignant d'être dérangé de son sommeil, les formalités s'accomplirent, le portier se leva en rechignant aussi. A peine la porte fut-elle ouverte que Roger s'élança dans l'escalier et gravit les marches quatre à quatre, il arrive, il sonne, on ne lui répond pas !

Les acolytes avaient eu peine à le suivre ; il resonne encore et rien ne bouge.

— Vous le voyez, monsieur le commissaire, rébellion !

— Ouvrez de par la loi ! s'écrie le magistrat.

Tout se tait.

Roger frappait, cognait, criait, c'était un tapage à réveiller les sept dormants. Après quelques minutes on entendit tirer un verrou, puis deux tours de clef, puis la porte s'entrebailla. L'impatient mari l'eut bientôt poussée, il se trouva en face d'un homme en chemise qui demandait avec un accent marseillais très-prononcé :

— Que me veut-on ?

Roger le prit à la gorge, en l'appelant de tous les noms, l'autre se mit à gesticuler, à se défendre, mais l'offensé tenait ferme.

— Monsieur le commissaire, cherchez la complice, je me charge de celui-là ! allez donc ! elle s'échappera.

— Ne l'étranglez pas, monsieur, ne vous faites pas justice vous-même. La loi le défend.

— Je me moque bien de la loi, il ne mourra que de ma main.

L'infortuné râlait ; les témoins se jetèrent entre eux et parvinrent à les séparer, l'homme en chemise était violet. On avait cherché partout, sans découvrir l'apparence d'une femme, pas même un vêtement, Roger ne se connaissait plus.

— Demandez-lui son nom à cet abominable Marseillais vieux et laid ; je ne le connais pas, où l'a-t-elle trouvé ?

L'homme un peu remis put répondre. Il se nomma.

— Je ne sais pas ce que vous me voulez, troun de l'air, ni pourquoi on m'assomme. Que venez-vous faire ici, de quoi suis-je accusé ?

— D'adultère, monsieur, d'adultère, de complicité avec la femme de monsieur.

— D'adultère ! moi, d'adultère ! Eh donc ! ma femme est à Marseille pour huit jours, je n'ai pas seulement parlé à une autre depuis qu'elle est partie. D'adultère ! Vous êtes fou !

Tout cela avec l'accent que vous savez.

— N'en croyez pas un mot, monsieur le commissaire, elle est dans quelque armoire, sous le lit. Ah ! s'écria-t-il, en se frappant la tête, et le balcon, j'oubliais.

Il se précipite vers la fenêtre pour l'ouvrir.

— Eh ! faites donc attention, il n'y a pas de balcon ici, vous allez tomber dans la rue.

— Pas de balcon ! allons donc !

Il regarda, il n'y en avait pas, en effet.

— Mais, où sommes-nous ici ? demanda Roger stupéfait.

— Chez moi, chez moi, je le répète depuis une heure, on ne veut pas m'entendre.

— Chez vous ! et madame de Beauvoir ?

— Je ne sais seulement pas ce que vous voulez dire.

On s'expliqua, et l'on découvrit que, dans sa précipitation, Roger s'était trompé d'étage : sa femme demeurait au-dessus.

Il ne fut plus question de surprise ; en supposant qu'il y eût eu quelque intrus à constater, il devait être envolé depuis longtemps, et on n'en aurait eu que la courte honte. L'autorité jura, mais un peu tard qu'on ne l'y reprendrait plus.

Une autre fois notre héros passait rue Saint-Honoré en voiture ; un coupé avait versé : beaucoup de monde grouillait alentour, il entend dire :

— Il y a une dame, à ce qu'il paraît.

La curiosité le prend, il fait arrêter ; il se mêle à la foule, il joue des coudes, il arrive au premier rang, juste à temps pour aider à sortir les habitants du remise, à offrir la main à sa femme, qui s'y trouvait en compagnie d'un monsieur à moustaches.

Il se fâcha, on lui répondit, les cartes furent échangées, il en résulta un duel.

Le combat eut lieu, d'un commun accord, en Belgique, afin d'échapper à l'action de la justice française, alors fort sévère en manière de duel. Le temps était fort laid; la terre, détrempée par la pluie, glissait sous les pieds des combattants. Roger, qui commençait à être envahi par l'embonpoint, se démenait, s'échauffait, s'essoufflait, bien qu'il se battît sans haine et sans passion, uniquement pour le principe. Son adversaire, calme, froid, bien fendu, et de plus, en sa qualité de militaire, familier avec la pratique des armes, avait sur lui tous les avantages. Mais il s'abstenait d'en profiter, car c'était un homme distingué d'intelligence et de caractère : il n'avait accepté ce duel que par nécessité, et il comprenait, vis-à-vis de ce mari outragé, la délicatesse de sa position. Aussi, bien qu'il se sentît à peu près maître de la vie de Roger, se borna-t-il à lui donner un coup d'épée qui lui traversa le bras de part en part.

Cette blessure mit fin naturellement au combat. Roger fut reconduit à Paris le bras en écharpe, et soigné, le long de la route, par ses amis et par ceux de son adversaire. Sa plaie, envenimée par les fatigues du trajet, le faisait horriblement souffrir; mais il opposait à son martyre un silence stoïque, et laissait à peine sa douleur se trahir par la contraction involontaire et par la pâleur de ses traits.

Toutes ces tribulatious manquaient sur la tête de ce garçon si gai, il avait toujours de l'esprit, mais il était triste souvent, il s'alanguissait, sa santé se dérangeait, il ne soupait plus que d'une dent. On le mit en prison, pour des vers faits contre sa belle-mère, ce qui l'acheva.

Il avait cependant encore des éclairs; sa verve survivait à l'état latent, elle éclatait souvent encore.

Un de ses fermiers de Normandie lui devait un certain nombre de poulardes grasses d'après son bail; sa femme s'imagina de vouloir les lui prendre, ce qui était hors de toute raison; elle lui avait bien assez pris! Il fit une chanson, qui est bien la plus drôle de chose du monde. Il disait :

> Nous sommes séparés de volaille!
> Moi je vous laisse vos pigeons,
> Pour Dieu, laissez-moi mes chapons!

Tout ceci n'est pas de la stricte morale, ni même de la convenance, je le sais bien, mais Roger est un type qu'il ne faut pas juger comme les autres, ni mesurer à la hauteur de la raison qui court.

S'il ressemblait à tout le monde, je n'en aurais pas raconté si long sur son compte. Il personnifie cette jeunesse folle, railleuse, bonne au fond, conservant les principes qu'elle a reçus pour s'en servir plus tard. Cette jeunesse de la Restauration et de Louis-Philippe, qui avait de tout dans la tête et dans le cœur, et qui, somme toute, a produit de grandes œuvres.

Celui-ci fut un excentrique, il a toute son originalité;

ses défauts et ses qualités lui appartiennent en propre, il n'a laissé ni élèves ni successeurs.

Ne lui demandez pas le sens commun, il n'en a que faire : ce n'est pas à son usage, le sens commun l'aurait gâté, il n'aurait pas été ce qu'il fut, il n'aurait pas amusé, étonné pendant plus de trente ans, s'il eût été professeur de logique.

Ceux qui l'ont connu ne l'oublieront jamais, et nul ne le remplacera, ceci je le répète, et j'en réponds.

Tel fut cet homme autrefois.

Maintenant voici ma dernière visite.

Mais, avant de vous faire assister au spectacle de la décadence de cette riche et brillante organisation, disons quelle fut la fin de celle qui contribua, peut-être plus que toute autre cause, à déterminer, ou tout au moins à accélérer sa ruine.

Triste fin que celle-là! Cruelle expiation qui fait pardonner bien des torts. Minée par une maladie inexorable, par une phthisie pulmonaire, qui la conduisit lentement au tombeau; madame Roger de Beauvoir assista, en quelque sorte, elle-même à toutes les phases de sa longue et douloureuse agonie. Elle se vit mourir et elle mourut en héroïne.

Les amis avaient fui sa couche désolée. La misère, avant-courrière de la mort, frappait à la porte de la malade; à cette vie de luxe, d'enivrements et de prodigalités, la seule qu'elle eût connue jusqu'alors, succédaient le dénûment et l'abandon. Résignée à son sort, elle voyait sans faiblesse approcher le moment suprême, mais elle avait peur du lendemain. Le corbillard des pauvres lui faisait horreur.

C'est alors qu'elle se souvint de l'accueil qu'en des temps plus heureux lui avait fait le prince Napoléon-Jérôme. Elle prit la plume et adressa d'une main ferme encore, quoique défaillante, à une personne de l'entourage de Son Altesse le touchant appel que voici et dont j'ai l'autographe entre les mains :

« Monsieur,

« Je voudrais causer un instant avec vous. Il s'agit d'une chose qui m'est tout à fait personnelle. Mais malade depuis dix mois et alitée depuis trois mois, il me serait impossible d'aller chez vous. Seriez-vous assez bon pour prendre la peine de venir chez moi? *Aujourd'hui vaudrait mieux que demain*, et je vous saurai gré de me prévenir de l'heure de votre visite.

« Veuillez agréer, monsieur, avec mes remercîments anticipés pour ce dérangement, l'assurance de ma parfaite considération.

« A. R. DE BEAUVOIR. »

Quelques heures après la personne appelée était au chevet de son lit de douleur. Prévenue de son arrivée, la mourante s'était mise en frais de toilette pour la recevoir. Elle avait lissé soigneusement ses cheveux et posé sur sa tête un élégant bonnet de lingerie, dont la blancheur rivalisait avec la pâleur que la mort avait empreinte sur son visage. Ainsi encadré, son angélique visage, amaigri par le jeûne et par la maladie, mais poétisé par la souffrance et par l'approche du trépas, avait retrouvé la finesse et la céleste expression de ses beaux jours. Elle avait l'air d'un ange prêt à quitter la terre pour remonter au ciel. La femme était restée femme jusqu'au bord du tombeau.

Éclairée sur la gravité de sa position et ne se faisant aucune illusion, elle dit d'une voix faible au visiteur, qui me racontait l'autre jour cette scène vraiment déchirante :

— Merci, monsieur, de ne pas m'avoir fait attendre la consolation de vous voir. Grâce à Dieu, vous arrivez à temps... Je sens là que je n'ai plus que quelques heures à vivre...

Et, comme on essayait de protester contre ce pressentiment sinistre :

— Ne cherchez pas à me tromper, reprit la pauvre victime avec un geste douloureux, à quoi bon? Mon sacrifice est fait, pourquoi vouloir me rattacher à la vie?... Le seul service que je vous demande, c'est de dire au prince que madame Roger de Beauvoir va mourir et qu'elle ne laisse pas ici-bas de quoi pourvoir aux frais de ses funérailles... Je connais son bon cœur; qu'il prête à la pauvre morte quelques centaines de francs pour la faire enterrer. Elle les lui rendra en prières là-haut... mais qu'il se hâte, car celle qui vous parle ne passera pas la journée.

L'envoyé serra la main de la mourante et partit en retenant ses larmes. Au bout de quelques instants, il était de retour apportant un billet de mille francs. Madame Roger de Beauvoir ne s'était pas trompée, elle s'éteignit avant la fin du jour.

Je reviens à ma dernière visite à ce pauvre Roger de Beauvoir.

Je désirais avoir son portrait en photographie, et dans la crainte qu'il ne me le refusât, après la publication de cet article, dont certaines parties pouvaient, à mon insu, être de nature à lui déplaire, je pris les devants, et je m'en allai le lui demander rue Lemercier, à Batignolles, où demeurait pendant ses dernières années le héros de tant d'aventures de cape et d'épée.

Je frappai à une petite maison assez noire, on m'introduisit par un escalier nullement orné, je montai au premier étage, jusqu'à une sorte de salle d'attente en désordre, où quelques rares débris d'autrefois frappèrent mes yeux.

A côté, dans une chambre presque sans meubles, gisait le pauvre patient dont j'entendais les cris. Roger, assis dans un fauteuil, était à peine caché par un drap et une mauvaise couverture ; il portait une camisole ouatée percée au coude et une cravate lâche.

Une circonstance qui me frappa, c'est que les manches

de cette camisole étaient revêtues de cuir au-dessous des avant-bras, à la manière des pantalons de cavalerie, que la bazane protége contre le frottement de la selle. Détail malheureusement trop significatif, et dont le muet témoignage attestait que le pauvre impotent ne conservait aucune illusion sur son retour à la santé.

Sa tête était toujours belle, ses cheveux gris, mais encore épais et frisés ne connaissaient plus les soins du coiffeur.

Ils se dressaient sur le front comme un buisson touffu qu'accompagnait une longue barbe inculte, et formaient avec elle, à son noble visage, une auréole pleine de douceur et de dignité.

Auprès de lui était une sorte de grabat, sur lequel il ne pouvait pas même s'étendre, ses souffrances ne le lui permettaient pas; en face un bureau encombré; sur l'autre panneau, une bibliothèque en bois peint, deux ou trois vieux fauteuils éclopés, couverts de damas de soie éraillé et maculé de gouttes de cire, pas même de rideaux aux croisées, voilà tout!

Qu'il y avait loin de là au cabinet de la rue de la Paix!

Le poëte me reçut avec un sourire, où je retrouvai sa grâce juvénile; son accès continua quelques instants, il se balançait sur lui-même et se plaignait d'une façon douloureuse. Je voulus sortir, je craignais de le gêner.

— Non, me dit-il, attendez un peu, cela va mieux, tout à l'heure je serai tout à vous.

En effet, les grosses larmes que lui arrachaient ses

tortures se séchèrent, son visage se rasséréna, nous commençâmes à causer. Un quart d'heure après il avait toute sa verve, tout son entrain, tout l'esprit de ses plus beaux jours. Il fut charmant, j'oubliai le cadre, je ne me souvins plus que du personnage et je crus le revoir au temps de ses triomphes.

Il me fit don de son portrait, que je lui demandai, et il voulut y ajouter, en manière de dédicace, un sixain qu'il improvisa au courant de la plume :

> Voilà Roger ! Il ne redoute
> Que Dieu, les huissiers et la goutte.
> Devant ton rasoir menaçant,
> Tremblera-t-il, Villemessant?
> Non : Figaro, barbier habile,
> N'écorcha jamais que Basile.

Ce portrait est une superbe photographie. Le Roger qu'elle représente ne ressemble guère à celui que je viens de dépeindre. Il est droit, il est fier, il est radieux, il porte une toilette à la dernière mode du temps : habit noir, découvrant largement la poitrine, gilet ouvert livrant aux regards une fine chemise de batiste, mais, — détail caractéristique, et dans lequel Beauvoir se révèle tout entier, — une des boutonnières est déchirée. La photographie est inexorable.

Il me donna tous les détails que je voulus connaître, et bien d'autres, que je ne puis raconter, il me fit revivre par le souvenir dans ce temps où je débutais et où il était si brillant. Je revis les gens que nous avions connus tous les deux, il m'évoqua des fantômes, dont il n'était pas le moins curieux, ce fut une vraie fantasmagorie.

Elle dura l'espace d'un éclair, tout retomba dans l'ombre, les cris recommencèrent, la crise se renouvela, je me retirai le cœur navré et profondément occupé de réflexions philosophiques.

C'était là ce Roger si étincelant, le roi de l'élégance et des soupers, pour qui la toile de Hollande n'était pas assez fine et les tapis d'Aubusson assez moelleux !

Lui dont la maison était pleine d'amis et de flatteurs, il était là, seul au fond d'une banlieue, abandonné à des soins mercenaires, et vivant éloigné du monde, tête à tête avec ses souffrances et ses souvenirs.

Il ne faudrait pas croire, nonobstant l'affligeant spectacle de l'intérieur que je viens de dépeindre, que Roger de Beauvoir fût sans ressource : il lui restait des débris de sa fortune, sept à huit mille livres de rente qui suffisaient à son existence forcément très-simple et très-modeste. Sa principale dépense était celle de la cuisine. De sa santé passée la seule chose qu'il eût conservée, c'était un excellent appétit.

Le temps qu'il ne passait point à table et qu'il dérobait à son supplice, il l'employait à se plonger dans la lecture des grands et petits journaux. Il s'y plaisait, il s'y ranimait, et, pareil à ces braves que les ans et le fer de l'ennemi ont mis à la réforme, il tressaillait et se sentait rajeunir au bruit lointain de la mêlée.

Mais, hélas! ils étaient courts, ces moments de répit. Ses tortures physiques ne lui laissaient guère de relâche, et le sentiment de ses douleurs morales se réveillait, plus vif et plus aigu, au contact de la souffrance corporelle. Il passait des nuits sans sommeil, des jours d'isolement; c'était un vrai martyre qu'on ne pouvait s'empêcher de plaindre.

Voilà la fin de cette existence de plaisir. Et pourtant, je le répète, Roger était un homme d'un talent réel, un des rares poëtes de notre temps. Il ne lui a peut-être manqué, dans sa jeunesse, qu'un peu de malheur pour gravir jusqu'à une place plus élevée. Le malheur prépare si bien à la gloire! tandis que le succès facile est souvent l'envers de l'oubli.

CHAPITRE VIII.

Milord Arsouille. — La vérité sur lord Seymour. — La bâtarde millionnaire. — Un duc entre deux gendarmes. — L'héritier d'un schilling. — Le premier biceps de Paris. Le coureur d'aventures. — Le faux *lord Arsouille*. — Un excentrique de Paris. — Les mystifications de lord Seymour. — La chasse aux rats. — Le saut périlleux. — « Tape au portrait. » — Les farces à la Pourceaugnac. — Le café purgatif. — Les bonbons cholériques. — Le désespoir d'une grisette. — Tout pour de l'argent. — Misanthropie et bienfaisance. — « Un mauvais grain qui germera. » — Le dévouement à l'enchère. — Six douzaines de Vénus. — La journée d'un missionnaire. — Les maîtresses de lord Seymour. — Une poignée de bons mots. — Le cheval fantôme. — Les courses. — L'art d'avoir de bons cigares. — Recette contre les *carotteurs*. — Le martyre de M. Sébastien. — Le testament de lord Seymour. — Une consultation. — Le mot de la fin. — Lord Herford.

Il est dans la destinée de certains hommes de passer toute leur vie pour ce qu'ils ne sont pas. Souvent l'erreur persiste malgré la mort et, en quelques années, un personnage devient une figure légendaire dans laquelle on trouve — accumulés jusqu'à l'hyperbole

— toutes les vertus et tous les vices que n'avait pas le modèle.

Lorsque la transformation est un fait accompli et que les contemporains ont été presque tous plus ou moins complices de ce long subterfuge, il peut être intéressant de rechercher par quels moyens un homme est arrivé à dénaturer tous ses actes, toutes ses passions, toutes ses tendances, de manière à pouvoir présenter au public une personnalité vraisemblable, sympathique, acclamée même, et qui était cependant l'antipode, le contre-sens du personnage réel.

De Nice à Brest et de Bayonne à Dunkerque, le nom de lord Henry Seymour est accepté comme celui d'un type étrange dans lequel se trouvaient réunies toutes les exubérances nées de la richesse, du courage, de la force physique, de l'excentricité, de l'humeur la plus incroyable. La renommée de *Milord Arsouille* a fait le tour du monde; et que d'histoires n'ont pas été racontées sur ce millionnaire aux bras d'Hercule et au cœur d'or, qui brisait les mâchoires à coups de poing, pour les raccommoder avec des billets de banque en guise de diachylon ; qui se trouvait toujours là, lorsque au milieu d'une grande bacchanale populaire se révélait un de ces drames hâves et misérables qui appellent une aumône splendide en expiation du rire.

Le terrible duc de Marlborough — mironton, mironton, mirontaine — et lord Seymour — le beau et brave

Seymour — auront été à coup sûr les deux Anglais les plus populaires en France. Jamais popularité n'aura été renseignée à des sources plus inexactes.

Je vais essayer de rétablir la vérité : — en l'affaiblissant.

L'existence de lord Seymour, son séjour constant en France, son abstention du mouvement politique de son pays, sa haine à peine dissimulée contre l'Angleterre ont été longtemps autant de mystères que s'efforça de pénétrer une partie de la population parisienne.

Les vieilles plaisanteries françaises sur le climat de la perfide Albion ne suffisaient pas à expliquer ce fils de lord qui n'avait jamais mis le pied à Londres. On comprenait mal le pourquoi de cette existence si naturellement anglaise, qu'on avait faite parisienne dès le berceau et qui, à l'âge d'homme, avait si complétement accepté sa dénationalisation.

Il y avait là un parti pris, un système qui, à coup sûr, cachait une histoire ou des histoires.

Or, la génération du lord avait entendu raconter ces histoires tout bas par leurs pères, et ils s'en souvenaient à peine; — les pères étaient morts ou ne causaient plus guère; — de telle sorte que l'existence de lord Seymour devint en France un de ces faits acceptés parce qu'on les voit, mais qui réveillent chaque jour une interrogation.

Cette vie, — vie manquée assurément, — pleine de petits côtés, de travers vilains, fort discutable au point de vue de l'élégance des mœurs et du bon goût, improductive à tous, qui n'eut même pas la passion pour grandir ses défauts, — toute cette vie regrettable, incompréhensible avait eu pour cause et pour point de départ deux procès dont le premier se trouve inséré dans les journaux de Londres d'il y a bientôt un siècle.

Voici les deux procès.

Vers 1780, sous le règne de George III, le fou couronné, après de longues explications fournies par toutes les parties, les juges adjugèrent à l'une d'elles une jolie petite baby blanche et rose, qui ne se doutait guère du bruit causé par son entrée dans le monde.

Le lord débouté croyait avoir de bonnes raisons pour supposer une erreur judiciaire : il était entêté, il resta garçon et passa sa vie à envier le bonheur de son heureux rival. Puis en mourant, il fit un testament par lequel il léguait toute sa fortune au second enfant de mademoiselle Fagniani, la fille de celle qu'il avait aimée. Il voulait enrichir celui que les tribunaux ne l'empêchaient point de nommer son petit-fils au fond de son cœur, et qui lui devenait plus cher encore quand il songeait que sa qualité de cadet le condamnerait à une quasi pauvreté.

Ce premier procès égaya beaucoup l'Angleterre. Vingt-cinq ans plus tard les événements politiques d'alors firent qu'elle s'indigna du second, qui eut lieu dans les circonstances suivantes :

La petite fille dont les langes avaient contenu tant

d'assignations, de conclusions et de plaidoiries singulières, épousa, quelques dix-huit ans plus tard, le marquis d'Hertford et elle eut deux fils.

L'aîné succéda au nom, au titre et à la fortune du marquis ; c'est le marquis d'Hertford actuel que tout le monde connaît ; le second était sir Henry Seymour, lord par courtoisie, selon la mode anglaise, né à Paris en 1804.

Il y avait eu brouille entre les époux, et, depuis la naissance de son premier fils, la marquise d'Hertford habitait Paris. — Son nom, sa jeunesse, son charme lui avaient ouvert les meilleurs salons, et elle avait été surtout admirablement accueillie par le prince de Talleyrand, qui faisait grand cas de sa finesse et de son esprit. Là, elle s'était liée particulièrement avec le comte Casimir de Montrond, presque aussi célèbre par ses succès personnels dans le monde et par son intimité avec le prince que par l'œuvre de sa mère, une des femmes les plus remarquables de la fin du dix-huitième siècle, qui, dès 1790, dans son livre intitulé *Le long parlement d'Angleterre*, annonça comme une inévitable fatalité le meurtre de Louis XVI.

Pendant que la marquise dansait à Paris, le marquis d'Hertford combattait la France. Sous les dernières années du consulat, il eut la mauvaise chance d'être fait prisonnier par nos troupes, je ne sais où, et il fut interné dans je ne sais quelle ville du territoire.

Il s'y amusait peu, je suppose, quand un beau jour, on le fit monter en chaise de poste. Pendant toute la route, on le laissa en proie aux perplexités bien naturelles qui devaient agiter l'esprit d'un prisonnier de guerre, toutes ses questions restèrent sans réponse, et il est permis de penser que le noble lord s'attendait à être fusillé à la fin du voyage. — La chaise de poste s'arrêta enfin et M. d'Hertford, au lieu d'être conduit devant une commission militaire, ou jeté dans une casemate, fut déposé tout pantelant, pour ainsi dire, dans un splendide salon où l'attendaient une femme charmante, pleine de sourires et un souper commandé avec art. — Il était à Paris, chez sa femme la marquise d'Hertford.

C'était monsieur de Montrond, — un ami rare, — qui avait employé toute son influence sur M. de Talleyrand pour pouvoir donner à la marquise cette preuve exquise de la délicatesse de ses procédés.

Malheureusement, tout ce bonheur dura peu. M. d'Hertford goûtait à peine depuis deux ou trois jours toutes les joies qu'il n'avait pas songé à demander, lorsque arriva, des Tuileries sans doute, l'ordre formel de redoubler de sévérité et de surveillance à l'égard des prisonniers de guerre. Malgré le crédit de M. de Talleyrand, le marquis d'Hertford dut subir la loi commune et, sans être mieux prévenu de son départ qu'il ne l'avait été de son arrivée, il fut reconduit tout aussitôt à sa ville d'internement. — Seulement, il avait été amené en poste et il fut ramené — par la gendarmerie, de brigade en brigade.

M. d'Herford conçut de cette faveur si vite donné, si

vite retirée, une vive irritation. Il ne pardonna jamais ni à sa femme ni à M. de Montrond, ni au prince l'humiliation de son retour entre deux gendarmes : il voulut les rendre responsables du coup qui l'atteignait, et il fit supporter au fils né de son passage à Paris tout le poids de sa persistante rancune.

D'ailleurs il était, paraît-il, dans la destinée de tous les descendants de mademoiselle de Fagniani de donner grande joie à dame Procédure dès l'heure de la naissance.

Aussi dès qu'il apprit sa paternité, le marquis d'Hertford intenta à sa femme un procès. Ce procès, il le perdit devant la justice, et il devait le perdre d'après toutes les apparences. Mais la décision des juges n'enleva rien ni à ses convictions ni à sa mauvaise humeur, et, plus tard, il garda contre lord Seymour, l'enfant contre la filiation duquel il avait plaidé, — une animosité telle, qu'il lui laissa par testament la somme de : — 1 schilling de capital.

Le jeune Seymour en apprenant ce dernier coup de tête dut bénir le vieux lord B***, l'ancien ami de sa grand'mère, aux sentiments obstinés duquel il devait de s'être trouvé en naissant propriétaire de : — 1 *million de rente*.

Il me paraît inutile maintenant d'expliquer pourquoi lord Seymour n'alla jamais en Angleterre ; pourquoi il habita constamment la France, pourquoi, grand seigneur par son nom et par sa fortune, il eut toute sa vie une sourde aversion contre toutes les aristocraties. Il y avait au fond de ce cœur une plaie profonde, et, comme il était vaniteux, qu'au fond il était sans grandeur, qu'il n'avait pas le sens de la dignité, — il fit sa vie telle qu'on va la voir.

Arrivé à l'âge d'homme, lord Seymour était un véritable athlète qui aurait pu gagner son pain comme modèle à poser les Milons de Crotone. Les attaches du col, les épaules, les grands muscles de la face, les dorsaux et les pectoraux, étaient chez lui autant de merveilleux spécimens. Le monde de professeurs de boxe et de chausson dans lequel il passait sa vie, avait coutume de dire qu'il avait — « le plus beau bras de Paris », — ce qui voulait dire : « le plus fort. » On était effrayé en effet en contemplant ce monstrueux développement du biceps qui ne mesurait pas moins de 52 centimètres, la grosseur de la taille ordinaire d'une jeune fille.

Son incroyable vigueur était devenue proverbiale, et il n'était pas rare de trouver dans les journaux des narrations pareilles à celle-ci :

« Un de nos dandys les plus connus sur le turf a reçu de la nature, entre autres dons heureux, une force herculéenne. Très-fier de cet avantage, qu'une bonne éducation a singulièrement développé, on l'a vu souvent regretter que sa position sociale ne lui permît pas de faire briller publiquement son mérite. De même que Louis XIV maudissait la grandeur qui l'enchaînait au rivage, notre dandy déplore en maintes circonstances la condition aristocratique qui enchaîne son bras puissant et qui retient son poing formidable, élégamment emprisonné dans un gant jaune. — Mais il se dédommage en particulier des sacrifices qui lui sont imposés en public, et, sous ce rapport, il imite encore le grand roi, qui ne dédaignait pas de battre ses gens lorsque ses ministres ou ses favorites l'avaient mis en colère.

» Le dandy a plusieurs domestiques ; il en change souvent, et chaque fois qu'il en met un à la porte, il lui administre préalablement une vigoureuse correction.

» C'est à peu près le seul moyen qu'il ait d'exercer de temps en temps la pesanteur de son bras, et de pratiquer les leçons que lui a données un habile professeur dans l'art de boxer.

» Dernièrement, notre héros, s'étant levé de fort mauvaise humeur, trouva deux de ses gens en faute ; c'était une double bonne fortune qu'il se garda bien de négliger. Il s'empressa donc de retrousser ses manches pour donner congé à Tom et à Pierre. Ce fut Tom qui comparut le premier devant le maître irrité ; on lui adressa de violents reproches ; il osa répliquer, et aussitôt une grêle de coups de poing fondit sur le pauvre diable. Quand le valet eut reçu son compte, le gentleman lui dit :

» — Je te chasse.

» Puis ce fut le tour de Pierre. Mais Pierre était un

garçon qui avait une mauvaise tête et de bons bras, il connaissait ses droits mieux que ses devoirs, et il n'eut pas plutôt reçu un coup de poing qu'il en rendit deux. Le groom révolté continua vaillamment la lutte et finit par terrasser son noble adversaire. Après sa défaite, le gentleman se releva tranquillement et dit à Pierre :

» — Toi, je te garde... »

En lisant cette histoire et mille autres, tout le monde nommait lord Seymour. Tout le monde se trompait. Si Pierre se fût permis pareil exploit, au premier coup de poing, le *noble gentleman* n'eût pas dit : — « Je te garde, » — mais il eût bel et bien crié : — A la garde!

La vérité est que, pas une fois dans sa vie, lord Seymour n'essaya de combat autrement que la poitrine recouverte d'un plastron, la tête protégée par un masque rembourré. Peut-être oublia-t-il quelquefois de mettre des gants, mais jamais il n'oublia d'en faire mettre à ses adversaires.

Les plus grands périls qu'il ait affrontés furent lorsque aux jours de sa première jeunesse, à dix-huit ans, il avait pour récréation favorite d'aller sur les places de fiacres emprunter le carrick d'un cocher et de s'installer sur le siége, côte à côte avec le titulaire, dont il achetait la complaisance au prix d'un double louis. Après quoi, s'emparant du fouet et des guides, il lançait à tour de bras l'attelage à travers les rues, éclaboussant, accrochant, bousculant tout sur son passage, montant sur les trottoirs, rasant les étalages, poursuivi par les invectives des passants, les malédictions des boutiquiers, quelquefois par les projectiles des gamins; puis, une fois les colères portées au rouge, il se dépouillait du carrick, sautait d'un bond sur le pavé et s'éclipsait en un clin d'œil, laissant son complice improvisé se tirer d'affaire à sa guise.

Ce n'était pas bien dangereux.

Il en est des histoires de carnaval comme des récits de batailles! Lord Seymour se serait bien gardé d'aller faire la débauche à cette fameuse descente de la Courtille où tout le Paris interlope et débraillé a cru le voir. Il se contentait pendant les jours gras de faire promener en tous sens et ses voitures et sa livrée. Il donnait même l'ordre formel de commettre les excentricités les plus extravagantes, et il était obéi assurément. Un gros homme appartenant à sa maison était chargé, dans ces jours de folie, de jouer le rôle du maître et au besoin de défoncer à coups de poing quelques têtes avinées; la foule criait: « Voilà mylord Arsouille. » — Elle battait des mains, le gros homme jetait un peu d'argent à la canaille, et la réputation s'établissait ainsi sans danger pour celui qui la cherchait. Si, par hasard, quelques amis de la maison avaient la fantaisie d'assister à ces saturnales, il est inutile de dire qu'il mettait d'autant plus volontiers ses attelages à leur disposition, qu'il les voyait plus résolus à s'amuser bruyamment — Quant à lui, s'il y allait, il y allait en fiacre.

Déjà, vers 1842 ou 1843, ce passe-temps était usé parce qu'il était sans but. De loin en loin seulement, la livrée du lord apparaissait dans la grande rue de Belleville. Mais on racontait qu'un pauvre cerveau brûlé avait rêvé d'atteindre et de dépasser la gloire qui s'attachait au nom de Seymour. Chaque hiver, ce monomane des bravos de la rue parcourait les boulevards, sillonnait la Courtille dans des équipages splendides, jetant à pleines mains les jaunes d'œuf entourés de farine et les pièces de vingt sous et les louis, s'enrouant à crier toutes les injures du catéchisme poissard, écrasant par-ci par-là quelque pauvre diable, poussant ses chevaux dans les cohues, descendant de voiture pour se mêler à toutes les querelles, échangeant force horions, tantôt battant, souvent battu, toujours éclopé, et terminant chacune de ces bonnes folies par un invariable refrain :

— C'est moi! moi! le comte Charles de Labattut.

— Connu! connu! répondaient les masques. T'es lord Arsouille!

Il est mort à vingt-sept ans, ce pauvre Labattut. Les mécomptes de la Courtille, — et bien d'autres encore lui avaient mangé deux millions; en échange ils ne lui avaient rendu que la phthisie, la ruine et quelque peu de folie.

Lord Seymour passait donc une bonne moitié de sa vie à éblouir tous les publics,—celui de la bonne compagnie comme celui des voyous,— du spectacle de sa force et du récit de son courage. Il avait reçu de la nature le don bien rare d'exceller dans tous les exercices du corps, et il exploitait merveilleusement ces aptitudes naturelles au profit de son plaisir et dans l'intérêt de sa réputation. Chez lui le goût servait le calcul.

Aussi, avait-il consacré tout un étage de l'hôtel qu'il occupait sur le boulevard, à l'angle de la rue Taitbout, à organiser un des gymnases les plus commodes et les mieux installés qu'il fût donné de voir.

Une des salles dont il se composait était réservée au fleuret et au sabre, une autre à la canne, une troisième à la lutte et au pugilat. Il y avait des cabinets de toilette et des pièces réservées, où des valets de chambre spéciaux prodiguaient aux hôtes de leur maître les soins les plus hospitaliers.

Des panoplies disposées le long des murailles fournissaient aux amateurs des armes de tout genre, et un arsenal complet de gymnastique était à la disposition des habitués. Les séances officielles avaient lieu trois fois par semaine. Il suffisait d'avoir été une fois accueilli pour avoir droit à ses entrées. Chacun s'y exerçait à sa guise, tandis que des laquais, chargés de plateaux en argent, faisaient circuler de groupe en groupe des cigares sans rivaux.

Parmi les tireurs de profession on y remarquait Robert père et fils, Gâtechair père et fils, Grisier père et fils, Cordelois, les frères Lozès, les premiers maîtres de

Paris ; le chef de la salle était Roussel, auquel succéda plus tard le célèbre Bertrand, une des illustrations de l'escrime, ayant pour sous-chef Prévost, jeune alors, et qui professe maintenant avec éclat en Angleterre.

Les amateurs, la plupart de première force, s'appelaient le marquis de l'Aigle, le baron de Bazancourt, le comte de Varennes, le comte de Caen, le marquis du Hallay, MM. Guy de la Tour du Pin, Delebecque, — Lehmann, le fils du fameux pâtissier anglais, le mari de la belle madame Lehmann dont tout Paris admira la beauté, celle qui se présenta un jour chez la marquise de Guadalcazar avec son contrat de mariage dans sa poche parce que, disait-elle, — « une maîtresse « de maison à Paris où la société est si mêlée, est tou-« jours bien aise de savoir qui elle reçoit chez elle ; » et enfin le marquis de Saint-Cricq, un original connu de tout Paris pour ses excentricités.

Une parenthèse à propos de Saint-Cricq :

C'est lui qui se faisait voiturer au bois dans un fiacre, tenant son cheval en laisse par la portière.

C'est lui qui loua un jour trente voitures de place à la Bastille, les prit à l'heure, les paya d'avance et se mit en marche, chaussé de socques et précédant cette singulière procession, jusqu'au perron du café Tortoni, devant lequel il fit arrêter ses fiacres, demanda trois glaces : la première, au choix du garçon, il la mangea, les deux autres, qui furent l'objet d'une longue hésitation, il les versa tranquillement dans ses bottes.

C'est lui qui, un soir de pluie, au Théâtre-Français, mécontent d'une pièce que le public trouvait de son goût, sortit pendant le dernier acte et loua toutes les voitures qui stationnaient devant la porte. Cela fait, il vint reprendre sa place, et au plus fort des bravos qui partaient de tous les coins de la salle :

— Applaudissez, dit-il tout haut en se levant, applaudissez, tas de béotiens : vous serez tous mouillés pour retourner chez vous.

Voilà l'homme.

Dans ce gymnase qui réunissait une pléiade d'amateurs de première force, lord Seymour était à peu près le plus habile à tous les exercices. Il le savait — et surtout il le faisait savoir.

J'ai déjà dit que ce déploiement d'adresse et de vigueur extraordinaires était aussi bien chez lui le résultat d'un goût inné que d'un système.

Il était en effet trop intelligent pour ne pas s'être jugé de bonne heure. Il se savait d'une incroyable taquinerie, il savait aussi que rarement il rendait un service sans que sa bonhomie apparente ne cachât un piège. — N'avait-il pas perfectionné le mot terrible de l'empereur romain qui n'eût voulu trouver qu'une tête au monde? Lui, il avait souhaité que le monde n'eût qu'un cœur. — Encore une fois il se connaissait bien. Il se savait attiré par sa nature à frapper les faibles parce qu'ils étaient faibles, à frapper les forts pour les trouver faibles devant lui ; à n'épargner dans ses railleries féroces, dans ses caresses félines, dans ses *niches* qui frisaient le drame, ni l'âge, ni le sexe, ni les dévouements les plus éprouvés, ni les services les plus anciens, ni les rapports les plus cordiaux et les mieux établis. — La mise à exécution de pareilles fantaisies n'était pas sans dangers, il le savait encore : et, comme il possédait à un degré dépassant peut-être la prudence — la préoccupation de sa sécurité personnelle, il prôna sa force, il étala son habileté, il la prostitua devant tous, pourrait-ainsi dire, — pour faire peur. Il avait espéré s'assurer l'impunité de ses actes.

Avait-il raisonné juste? — Les faits vont répondre d'eux-mêmes : je groupe ici une partie de ceux qui manquèrent avoir un dénouement brutal.

Un jour il invita à venir chasser chez lui, où il pratiquait une hospitalité royale comme luxe, plusieurs personnes parmi lesquelles se trouvait M. le comte de C... M. de C... dont le nom reviendra souvent dans ces notes, est doué d'une grande bravoure et d'une excessive énergie; c'est le fils plein de vigueur d'un père qui a écrit son nom dans notre histoire par de glorieux hauts faits. Il partage cependant avec des rois et de fameux capitaines une faiblesse singulière : il a une invincible antipathie pour un animal charmant, — disait le cardinal, dit le duc de Richelieu actuel, — le chat. Cette répulsion instinctive est tellement violente qu'il lui faut un puissant effort de volonté pour ne pas se trouver mal au contact d'un matou.

Après toute une journée employée à la chasse à courre et pendant laquelle M. de C... et lord Seymour avaient chevauché côte à côte, M. de C... remonta dans sa chambre. Comme un chasseur harassé et pressé de dormir, il se déshabille à la hâte, et souffle la bougie en enjambant son lit et se couche. Du même bond, il retombe sur le plancher en poussant un cri ; dans son lit, il y avait un corps froid, rigide et doux cependant, sur lequel il s'était couché ; il avait senti cette chose inconnue s'affaisser et craquer sous son poids. Il rallume la bougie, et, déjà mal à l'aise, plus impressionné qu'il ne veut se l'avouer, il regarde : le cadavre d'un gigantesque chat s'étalait au milieu des draps.

M. de C... détourne les yeux avec dégoût, fait quelques tours dans la chambre, regarde s'il ne voit pas un fauteuil commode pour y passer la nuit, puis il se gourmande de sa faiblesse, il est très-fatigué, le froid commence à être vif ; va-t-il passer une nuit blanche pour un misérable chat ? Il s'approche deux ou trois fois du lit et chaque fois il recule ; il ne peut vaincre sa répulsion. Enfin, il fait appel à toute sa raison, ouvre la fenêtre, prend une serviette, saisit le cadavre et lance le tout dans le parc. Il va pour se recoucher, quand, de la muraille, du plafond, des portes, jaillissent d'innombrables jets d'eau qui, en un instant, rendent le lit inabordable et changent en triton M. de C... dont on se rappelle le costume léger. Puis, des éclats de rire se font entendre, et, au travers d'une porte qui vient d'être fermée à double tour, une voix railleuse jette au pauvre naufragé un bonsoir ironique.

Le lendemain, M. de C... se trouva désemprisonné, et on lui remit une lettre fort aimable dans laquelle son hôte « — désespéré de l'obligation de faire un voyage de « quelques jours, comptait cependant bien trouver à son « retour M. de C... qui continuerait à se considérer au « château comme chez lui. »

M. de C... courut comme un furieux à Paris et se fit conduire rue Taitbout, chez lord Seymour auquel il voulait couper les oreilles. Des valets rangés en espalier déclarèrent que lord Seymour n'était pas chez lui, M. de C... envoya des témoins qui ne parvinrent pas mieux à rencontrer le lord. Il écrivit, ses lettres restèrent sans réponse ; enfin jusqu'à ce que sa colère fût un peu apaisée et que des amis communs eussent eu le temps de s'interposer, il ne revit nulle part lord Seymour. Il lui fut introuvable à Paris comme à la campagne.

Précédemment déjà cet esprit de gaminerie égoïste et hautaine qui ne tenait compte ni de sa propre dignité ni de celle d'autrui, avait failli mettre sur les bras de lord Seymour une méchante affaire. M. le baron Guy de la Tour du Pin passait à juste titre pour un des plus jolis garçons de Paris. Il était blond et mince, il se soignait beaucoup et ses amis le comparaient en riant à une petite maîtresse. Lord Seymour voulut se donner le spectacle de le voir ahuri, décontenancé, les yeux pleins de larmes. Il le rêvait dans une situation un peu ridicule. Il inventa de glisser bon nombre de grains de poudre dans des cigares, et un jour, à la salle d'armes, il distribua à ses visiteurs ces engins d'un nouveau genre. Deux minutes après que M. de la Tour du Pin eut allumé son cigare, le pétard prit feu et fit explosion, mais d'une façon si malheureuse que le fumeur fut assez fortement brûlé à la figure. M. de la Tour du Pin ne trouva pas la plaisanterie drôle, et pendant que lord Seymour riait, — comme se rappellent l'avoir vu rire les gens qui l'ont connu, — il se fâcha tout de bon. Il eut une violente réplique.

Ce fut une très-grosse histoire. Non pas que lord Seymour mît obstacle à un arrangement amiable, au contraire; — mais M. de la Tour du Pin ne voulait entendre parler de rien hormis d'un bon coup d'épée. On ne se battit cependant pas et l'affaire fut assoupie après de longues difficultés.

Il avait pour organisateur et pour premier chef de sa salle d'armes un ancien prévôt de la garde, nommé Roussel, qui avait fait en mainte occasion ses preuves d'intrépidité. Comme M. le comte de C..., Roussel avait une faiblesse dont il n'était pas maître. Il défaillait au contact d'un rat. Lord Seymour pensa que Roussel, son

employé, serait de meilleure composition que M. de C...
et il résolut de se donner le spectacle — sans danger
cette fois, — de voir un homme brave affolé de
terreur.

A la salle d'armes, où bon nombre de rongeurs se
donnaient rendez-vous, on se livrait assez fréquemment
à des exécutions en masse à l'aide de chiens dressés à
ce genre de vénerie, mais Roussel n'y assistait jamais.
Malheureusement pour lui il se laissait quelquefois en-
traîner par lord Seymour et ses amis à la barrière du
Combat où existait encore, vers 1838, une sorte d'arène
très en faveur chez la populace, qui servait de théâtre
aux luttes de dogues contre des ours (muselés), parfois
contre de pauvres vieux ânes livrés sans défense aux
crocs impitoyables de ces féroces animaux.

Après le drame il y avait le vaudeville; c'était la
chasse aux rats exécutée par des terriers.

Un jour que lord Seymour, qui prenait un grand plaisir à ces scènes sauvages, avait conduit son prévôt
d'armes au charnier de la barrière du Combat :

— Roussel, lui dit-il, au moment où le peuple souri-
quois venait d'entrer en scène, ce billet de 1,000 francs
est pour vous, si vous voulez rester trois minutes, montre en main, dans le cirque, en compagnie des rats.

Roussel, alléché par la prime plus encore que piqué
d'honneur, saute dans le champ clos, où couraient,
effarés, vingt-cinq rats qu'on venait d'y lancer. A
l'instant même une porte s'ouvre et livre passage à un

petit terrier qui fond à belles dents sur le gibier. Grande panique parmi les victimes qui s'enfuient éperdues cherchant un refuge. Dans ce sauve-qui-peut général, quelques fuyards s'accrochent aux vêtements de Roussel, grimpent sur ses épaules et jusque sur sa tête.

La nature reprend le dessus. Le pauvre diable s'évanouit et tombe, aux éclats de joie de la galerie.

Lord Seymour commença par beaucoup rire de cette aventure. Il rit moins plus tard quand Roussel, qui fut longtemps avant de se remettre du bouleversement qu'il avait éprouvé, le fit prévenir qu'il voulait le tuer. Lord Seymour fut obligé de se faire garder, et ce ne fut pas sans des peines infinies qu'on empêcha le terrible prévôt d'exécuter sa menace.

Les années apaisent tout. Roussel finit par abandonner son projet, mais il ne pardonna jamais à son ancien patron, il le prit en horreur et ne reparut jamais à la salle d'armes. Ce fut Bertrand qui lui succéda.

Quelque occasion qu'il ait trouvé dans sa vie, lord Seymour ne se battait donc jamais en duel. Il avait décidément l'instinct de la conservation.

Mais il faut avouer que cet instinct ne s'étendait pas hors des limites de sa propre individualité. Très-soigneux de sa santé et de sa vie, il faisait si peu cas de celles des autres qu'il les jouait sans scrupule pour l'unique plaisir de se procurer une émotion. Tout prouve qu'il y trouvait même une certaine volupté.

Voici encore une série de faits qui n'ont pas besoin de commentaires. Qui ne connaît par exemple la gageure qu'il fit avec Stephen Drake, le célèbre marchand de chevaux ?

C'était en 1838 ; Drake montait, dans son manége, en présence de plusieurs amateurs, dont lord Seymour faisait partie, un superbe cheval rouan. Il vantait ses qualités exceptionnelles, affirmant que ce cheval était capable de sauter une barrière fixe.

— Et moi, dit lord Seymour, je parie 1,000 livres (25,000 francs) que votre cheval n'accomplit pas ce tour de force.

— Tenu, répondit Stephen Drake, de concert avec le comte Vladimir Potocki, qui prenait la moitié du pari.

Les conditions furent rédigées séance tenante par un des assistants, M. Ernest Leroy.

Rendez-vous fut pris à huitaine au bois de Boulogne. L'emplacement choisi d'un commun accord était l'avenue, bien connue des sportsmen de cette époque, qui longeait le mur du bois, non loin de la porte des Princes. Le pan de muraille subsiste encore derrière la partie plantée d'arbres verts qui confine au parc du même nom ; on y distingue même un trou dont on saura tout à l'heure l'origine. L'unique changement survenu dans la disposition du terrain, c'est que le sol a été légèrement abaissé.

Dix obstacles, soit banquettes, soit fossés, avaient été préalablement établis, suivant les clauses de l'engagement, et le onzième consistait en une solive en chêne de six pouces de diamètre, scellée dans la muraille dont je viens de parler, à une hauteur de 5 pieds 6 pouces 6 lignes équivalant à 6 pieds anglais. Des fascines remplissaient le vide existant au-dessous de la poutre.

Un nombreux public de curieux et de sportsmen était réuni longtemps d'avance sur le théâtre de ce périlleux casse-cou.

Lord Seymour, arrivé à son tour, parcourt le terrain, vérifie les obstacles et déclare que le onzième n'est pas conforme aux conventions arrêtées : *barrière fixe* signifie une poutre isolée du sol ; c'est ainsi qu'il l'a compris. S'il a jugé que le cheval ne la franchirait pas, c'est justement en raison de la possibilité d'esquiver l'obstacle, en passant par dessous. Donc, la présence des fascines est contraire aux conditions du contrat.

— Songez-vous, lui fait-on observer, qu'il y va de la vie du cavalier?

— D'accord. Mais cela n'est pas mon affaire : je ne connais que la loi du pari. Exécutez-la ou exécutez-vous, c'est mon droit et je n'entends pas en démordre.

On consulta l'écuyer. C'était un nommé Bill, piqueur de chevaux de selle chez Stephen Drake. Il connaissait à fond le cheval pour l'avoir monté plusieurs fois, et savait par expérience ce qu'il était en droit d'en attendre. A la question qui lui fut faite, il répondit sans hésiter qu'il était prêt à en passer par les conditions imposées. Des ouvriers du voisinage, qu'on mit en réquisition, débarrassèrent le dessous de la poutre des fascines qui obstruaient le passage, et le rendirent praticable pour un cheval sans cavalier.

Ces apprêts achevés, l'écuyer prit du champ, enfonça les éperons au ventre de sa monture, qui partit comme un trait et franchit haut la main les premiers obstacles accumulés sur son parcours.

L'émotion était générale, toutes les poitrines haletaient, tous les regards suivaient avec anxiété l'audacieux qui jouait héroïquement sa vie sur un coup de hasard et de témérité. A quelques enjambées de la redoutable barrière, l'émotion redoubla, l'angoisse du public se trahit par un morne silence. Voilà l'instant critique, le cheval touche le but, il s'arrête court, se cabre sous la main puissante de son cavalier qui l'enlève, se dresse presque debout sur ses pieds de derrière, et d'un effort désespéré escaladant la poutre, va retomber de l'autre côté, en rasant la barrière sans même en effleurer la surface.

Un tonnerre de bravos et d'applaudissements salua la prouesse du noble animal et de son vaillant écuyer. Lord Seymour, qui attendait sans aucune impression apparente le dénouement de cette périlleuse épreuve, ne parut pas le moins du monde contrarié de la perte de sa gageure : au contraire. Il tira d'un air souriant un billet de 1,000 francs de son portefeuille et le fit voler aux mains de l'intrépide piqueur ; il fit généreusement cadeau d'une dizaine de louis aux travailleurs appelés pour la circonstance, paya sans sourciller le montant du pari, et se retira avec la satisfaction d'un Espagnol qui vient d'assister à une belle course de taureaux.

Autre exemple de cette froide indifférence qu'il affichait pour la vie humaine.

Vers l'année 1836, informé que Stephen Drake ramenait d'Angleterre un convoi de superbes chevaux de pur sang, il alla, ainsi qu'une foule d'amateurs, les voir à Saint-Denis avant qu'ils fissent leur entrée à Paris.

Au nombre de ces animaux se trouvaient trois coureurs de steeple-chase, un alezan nommé *Liberté*, dont la renommée était grande chez nos voisins, un autre, gris montagnard, et, enfin, un troisième, bai-brun, lequel, en Angleterre, chez Anderson, avait, en vertu d'un pari engagé par le comte d'Orsay, qui perdit la gageure, franchi un cheval attelé à un cabriolet.

Drake, pour faire preuve de leur valeur, les monta lui-même à tour de rôle, et les fit sauter par-dessus une roue de charrette, au grand plaisir de lord Seymour, qui les acheta tous les trois, et ne crut pas les payer trop cher au prix de 45,000 francs.

Le vicomte d'Aure, le cavalier par excellence, celui qui pendant quinze ans a formé à Saumur l'élite de nos officiers, accompagnait lord Seymour ce jour-là; émerveillé de la vigueur et de la légèreté de ces sauteurs, il demanda à Drake la permission d'en essayer un. Son choix s'arrêta sur le cheval bai-brun, le héros du pari du comte d'Orsay. A peine était-il en selle, que Drake, avisant en face de la poste de Saint-Denis une bonne vieille femme qui débitait des pommes et du coco à l'abri d'un vaste parapluie rouge :

— Je vous signale, monsieur le vicomte, un exploit digne d'un écuyer tel que vous. Au lieu d'un saut vulgaire par-dessus une simple roue de charrette, qui vous empêche de franchir le parapluie que voilà, y compris la marchande et sa marchandise?

Tout brave et tout adroit qu'il était, M. d'Aure, surpris de l'étrangeté de la proposition, hésite.

— Doutez-vous du cheval? reprend Drake, je réponds de lui.

Lord Seymour, toujours friand des spectacles extravagants, insiste et met le vicomte presque au défi.

D'Aure, piqué au jeu, prend le galop, et en un clin d'œil bondit au-dessus de la bonne femme, tout ahurie de cette avalanche vivante qui vient de tomber à grand tapage à deux pas de son éventaire.

Seymour, enchanté de ce saut périlleux, ne se fit pas faute de dédommager la marchande de sa terreur, ainsi que du danger qu'elle avait couru sans le savoir.

Il avait un ami, le seul homme du moins qui, lorsque tout le monde s'éloigna de lui, ne le quitta pas. Il n'est sorte de déboires que cet ami, M. de V*** n'eut à essuyer. Ainsi, M. de V*** avait, disait-on, une fortune assez restreinte qui ne lui permettait pas le luxe des chevaux ; cependant il aimait l'équitation, et d'ailleurs lord Seymour avait plaisir à le prendre pour compagnon de promenade. Un guignon singulier faisait que tout cheval prêté à M. de V***, — qui n'était peut-être pas le meilleur écuyer de France, — se trouvait être une bête vicieuse : tantôt elle était difficile au montoir, le plus souvent elle faisait des têtes à la queue qui mettaient en péril la vie de son cavalier. Plusieurs fois M. de V*** courut le risque d'accidents graves, et il dut renoncer entièrement à monter les chevaux de son meilleur ami.

Grâce à Dieu, ses farces n'avaient pas toujours un caractère aussi sinistre : et cependant il était rare qu'elles n'imposassent pas une souffrance à ceux qui en étaient victimes. A la vérité, il indemnisait, en argent, et libéralement lorsqu'il s'était attaqué aux gens d'une classe inférieure. Mais n'éprouvait-il pas un second plaisir à contraindre aux remercîments, aux saluts et aux sourires ceux qu'il venait d'humilier et de faire souffrir ?

Un de ses passe-temps favoris était de faire amener à sa salle les maîtres d'armes des régiments qui venaient tenir garnison à Paris. C'étaient généralement, en ces temps reculés, de vieux *croûtons* bons tout au plus à dégourdir les conscrits frais émoulus de leur village. Aussi, comme on les « *pelotait!* » comme on s'en donnait aux dépens de ces pauvres diables !

On inventait, exprès pour eux, des bottes que l'on étudiait pendant quinze jours. S'il existait, dans quelque coin de la salle, un fleuret de rebut, un masque défectueux, on le mettait en réserve à leur intention, et lord Seymour, qui se divertissait beaucoup de leur martyre, criait à Henri Drake, par exemple, qui tirait admirablement : « Tape au portrait, » c'est-à-dire : « Vise à la figure. »

L'exécution terminée, la victime recevait, pour sa peine, un paquet de cigares flanqué d'une pièce d'or de quarante francs.

Quelquefois lord Seymour s'amusait, par surcroît, à saupoudrer de crin haché menu, *vulgo* poudre à gratter, les vêtements que le patient avait dépouillés avant l'assaut, ou à lui enduire intérieurement ses chaussures de poix ou de glu.

D'autres jours il faisait servir le matin une tasse de chocolat au maître d'armes ou au professeur de boxe qui venait tirer avec lui. Après une heure d'exercice, il prenait le pauvre diable sous le bras et le forçait à venir s'asseoir à la table de la vieille marquise d'Hertford, avec laquelle il déjeunait quelquefois. Le malheureux convive était déjà fort mal à l'aise de se trouver en si haute compagnie; bientôt le malaise devenait une souffrance physique, terrible et ridicule : — le chocolat du matin avait été préparé au jalap !

C'était encore deux louis qu'il donnait pour s'être procuré la joie de cette petite torture.

Il avait un goût prononcé pour ces farces à la Pourceaugnac. Il y revenait toujours, témoin celle qu'il fit au marquis de X..., un des compagnons les plus assidus de ses exercices cynégétiques.

Une troupe de chasseurs émérites, dont le marquis faisait partie, s'était installée pendant plusieurs jours dans un de ces vastes et giboyeux domaines que lord Seymour possédait en France.

Il y avait grande chasse tous les matins. Avant de partir pour le canton exploré par les gardes, l'amphitryon profitait de la minute pendant laquelle on attelait la calèche, pour humer une tasse d'excellent café, précaution hygiénique conseillée par l'état de sa santé. Plusieurs fois il lui était arrivé, au moment de vider sa tasse, de trouver l'opération déjà faite. Impossible de mettre cette indiscrétion sur le compte d'un domestique : lequel d'entre eux aurait risqué sa place pour une aussi mince soustraction? Après avoir plané sur divers de ses commensaux, les soupçons de lord Seymour s'étaient fixés sur le marquis, dont la gourmandise était proverbiale. Il résolut de lui donner une leçon.

Un matin, il fit mêler à son café une forte dose de jalap, et prit soin d'*oublier* le perfide breuvage sur la table de la salle à manger. Au moment du départ, un coup d'œil jeté rapidement sur la tasse lui apprit que sa ruse avait réussi : le braconnier s'était pris à son propre piége.

Lord Seymour sourit silencieusement et invita ses hôtes à monter en voiture. Le marquis, en tenue de chasse : culotte de peau, guêtres montantes, habit serré à la taille par une ceinture de cuir verni, grimpe lestement sur le siége, et fouette postillon, voilà l'équipage qui part gaillardement au grand trot de quatre vigoureux chevaux de poste.

La calèche était découverte, ce qui permettait entre les voyageurs du dedans et celui de l'extérieur un libre échange de communications.

On roulait grand train depuis quelques minutes, se renvoyant de joyeux propos, auxquels le marquis se mêlait fort gaiement quand, tout à coup, il cessa de prendre part à la conversation générale.

Lord Seymour, qui le guettait, le vit pâlir et donner des signes non équivoques d'un malaise insolite et indéterminé. Il se tortillait sur son siège, essuyait son front baigné de sueur et se livrait aux jeux de physionomie les plus tragiques.

— Mais qu'a donc le marquis? demandaient ses compagnons de voyage, qui n'étaient pas dans la confidence et qu'intriguait au plus haut point cette pantomime mystérieuse.

— Rien, disait tranquillement lord Seymour; ne

voyez-vous pas que ce farceur de marquis se moque de nous ? C'est quelque plaisanterie qu'il nous prépare.

A la fin, la victime n'y put plus tenir.

— Par la corbleu ! dit-elle, je ne sais ce que j'ai dans le ventre... Arrêtez, postillons ! arrêtez ! il faut que je descende.

— Allons donc ! marquis, tu veux rire, fit lord Seymour... Encore quelque tour de ta façon... En avant, postillons ! filez ! c'est M. le marquis qui s'amuse.

— Mais, mon cher, je vous jure...

— A d'autres... vous vous portiez comme un charme en partant.

— Seymour, je... t'en prie, bégayait le martyr d'une voix éteinte.

— Encore ! répondait flegmatiquement le bourreau ; quand auras-tu fini de rire à nos dépens ?... Messieurs, ne trouvez-vous pas que le marquis abuse ?

— Pour l'amour de Dieu, arrêtez ! je me meurs, implorait le malheureux en proie à des contorsions désespérées, arrêtez... ou je me précipite en bas de la voiture.

— Ah ! c'est donc sérieux ? reprit lord Seymour. Alors, je vois ce que c'est, marquis... C'est toi qui auras pris mon café ?... Tu ne t'es pas méfié du jalap, tant pis pour toi, tant pis, le café est bu, il faut le garder.

En vain l'infortuné marquis priait, jurait, criait, tempétait, suppliait ; lord Seymour demeurait impassible. Je laisse à penser l'état de son costume de chasse et celui du strapontin. Depuis Argan on ne décrit plus ces spectacles-là. Une fois à destination il fallut que l'élégant veneur se soumît à une lessive générale. Après quoi il dut s'estimer trop heureux d'emprunter à un paysan des bas bleus, des sabots, une blouse, un pantalon de toile grise, et de suivre la chasse dans ce galant déshabillé.

Voilà les polissonneries de lord Seymour dans son âge mûr. On pourrait multiplier ces récits pendant des volumes.

Encore deux qui sont utiles pour donner toute la mesure de l'homme :

Un matin qu'il était sur le point de se mettre à table, on annonce un de ses amis, fort galant homme et d'un âge à inspirer le respect. Lord Seymour lui fait bon accueil et l'invite, non sans insistance, à partager son déjeuner. L'autre refuse, s'excusant sur ce qu'il est attendu chez lui, mais il fait chaud et il meurt de soif, avoue-t-il.

— Versez à monsieur un verre de limonade gazeuse, dit lord Seymour à son valet de chambre en indiquant du doigt une armoire où sont couchées plusieurs bouteilles couronnées d'une capsule de plomb.

Le valet obéit, prend une bouteille; le bouchon saute avec une explosion mousseuse, et sans défiance, l'hôte avale tout d'une haleine un plein verre du pétillant liquide.

— Maintenant, mon cher, lui dit flegmatiquement lord Seymour, voilà le moment de rentrer chez vous : vous êtes purgé.

Si l'autre éclata, je vous le demande. La boisson qu'on lui avait servie était de la limonade au citrate de magnésie, purgatif récemment inventé par Rogé.

Voici l'autre :

Il avait une prédilection particulière pour le fils d'un de ses intimes, Henri D..., jeune lycéen qu'il avait connu tout enfant. Un premier de l'an le petit Henri vint lui souhaiter la bonne année :

— A ton âge, lui dit-il, tu dois aimer les friandises ; je veux vous régaler toi et tes camarades ; reviens demain et n'oublie pas d'amener un fiacre.

Inutile de dire si le petit bonhomme se montra fidèle au rendez-vous. A l'heure dite il arriva dans une voiture de place et il la remplit de boîtes élégantes, de charmants cartonnages, bourrés des bonbons les plus appétissants, qu'un domestique de lord Seymour était chargé de lui remettre. Selon les intentions du donateur, il fit une distribution générale à ses camarades de classe, au nombre de plus de deux cents, à ses professeurs, aux maîtres d'étude, etc. Quelques heures après, ce n'étaient que coliques et grincements de dents. On crut un moment à une invasion subite de choléra. Tous les bonbons étaient saturés d'un violent purgatif. On juge des ravages! Plus d'une victime trouva la plaisanterie mauvaise, et parla de se plaindre aux tribunaux. Ce ne fut qu'à force de sacrifices pécuniaires que lord Seymour parvint à assoupir l'affaire et à calmer les mécontents.

Toutes ces facéties n'étaient pas faites, on le comprend, pour concilier à leur auteur les sympathies du monde dans lequel le hasard et la fortune l'avaient placé. Une autre histoire acheva d'éloigner de lui les quelques relations qui lui fussent restées fidèles.

Pendant assez longtemps il avait entretenu des rapports avec une jeune fille, une ouvrière sage jusque-là, — disait-on, — intelligente en tous cas, et dont la conduite et les façons avaient été favorablement remarquées dans le milieu de gens où il l'avait produite. Un beau jour il en fut las et il cessa entièrement de s'en occuper.

Quelques matins après, il déjeunait avec M. P... et M. de V... lorsqu'il reçut une lettre de la pauvre abandonnée. La lettre était-elle sincère ou était-elle seulement bien faite? on ne sait jamais le fond de ces sortes de choses. Elle était simple cependant. L'ancienne ouvrière y disait en peu de mots que sa nouvelle existence lui avait fait perdre l'habitude du travail, et que son unique ressource était désormais de devenir une créature passant aujourd'hui des mains de celui-ci aux mains de celui-là; qu'elle ne se sentait pas de vocation pour un pareil état, qu'elle préférait mourir, et, qu'en conséquence, elle se tuait.

Sans doute il y a parmi ces femmes des actrices indomptables qui, jouant leur rôle jusqu'à mettre en action leurs promesses tragiques, n'en sont pour cela ni plus sincères ni plus intéressantes. Elles ne sont pas rares celles qui, après avoir spéculé sur l'amour, spéculent sur la mort en mettant un carreau cassé dans leur jeu; et peut-être lord Seymour eut raison de ne voir dans cette lettre qu'un vulgaire moyen de lui soutirer quelque argent.

Cependant, ce ne fut pas l'avis de M. P..... qui, malgré les persifflages du lord, quitta immédiatement la table et se fit conduire chez Marie. — Elle s'était parfaitement asphyxiée, — comme une vraie grisette, — avec dix sous de charbon, après avoir calfeutré hermétiquement les portes et les fenêtres. Pendant deux heures on la crut morte. Elle sortit de cette belle équipée avec une fièvre cérébrale, à laquelle vinrent se joindre d'autres accidents, si bien qu'au bout de trois mois elle était sauvée, mais elle avait perdu à jamais ses cheveux, sa jeunesse et sa beauté.

Lord Seymour ne pouvait lui pardonner d'avoir si niaisement joué cette terrible partie. Il trouvait qu'en matière de suicide, il n'y a que deux manières raisonnables d'en sortir: — se tuer tout à fait et sans rémission, ou ne pas se tuer du tout. — Avait-on jamais entendu parler d'une pareille sottise ! Faire semblant de —

« se périr! » — le faire si maladroitement qu'on manque y rester, en revenir, et en revenir laide! et par son retour à la vie, créer des obligations aux autres!!! — C'était inimaginable.

Il se décida cependant à lui faire une petite pension qui la mit à l'abri du besoin.

Peu de temps après on apprit que la pauvre fille avait renouvelé sa tentative de suicide. Cette fois elle était bien morte. — Et elle était morte dépouillée de cette auréole de vertu relative dont elle faisait si bien parade : elle s'était tuée quand lord Seymour, instruit qu'elle avait eu une faiblesse pour l'un de ses amis, avait nécessairement dû cesser de lui continuer ses bienfaits. — Était-ce la honte ou la peur de la misère qui avait allumé ce second réchaud? — C'était peut-être l'un et l'autre. — C'était peut-être aussi une nouvelle comédie moins heureusement combinée que la première. Ce fut du moins l'opinion de lord Seymour.

L'histoire était vulgaire, après tout, et on devait croire qu'elle serait vite oubliée. — Il n'en fut rien. — Le monde dans lequel vivait lord Seymour était depuis longtemps las, et profondément las, de se heurter chaque jour aux aspérités et aux ronces de cette nature qu'il ne comprenait pas. Le demi-sourire qui avait accueilli la première des histoires dans le genre de celles que je viens de raconter, avait bientôt fait place à l'étonnement, puis à la stupéfaction. — Une fois, c'était de mauvais goût : mais toujours! c'était à n'y pas croire.

— La répugnance vint vite; et aussi quelque chose de plus.

L'affaire de Marie servit de prétexte à une manifestation générale. Dans ce monde friand de petits scandales, accoutumé aux mille hypocrisies de la vie élégante, chaque individu acquiert bientôt les qualités d'un juge d'instruction. — On commença par s'étonner que le second séducteur de la pauvre fille se fût trouvé être justement l'homme le plus lié avec lord Seymour et que leurs relations d'amitié n'eussent subi aucun refroidissement. Une fois lancé sur cette voie, on s'ingénia à trouver les traces d'un plan inventé par lord Seymour pour se débarrasser à jamais des importunités de cette malheureuse. Le système d'accusation devint celui-ci :
— Lord Seymour, disait-on, n'avait pu pardonner à son ancienne maîtresse l'intérêt qu'elle avait su s'attirer. Il avait fini par la haïr lorsqu'il s'était vu contraint à une libéralité, insignifiante comme argent, mais qui le blessait profondément parce qu'elle lui était imposée par le respect humain, par l'opinion publique, ces deux sentiments sociaux, contre lesquels il avait accumulé tant de rancunes et de colères. — Alors, il s'entendit avec un de ses amis qui accepta le rôle singulier de séduire cette fille, afin que son complice eût le droit moral de la laisser tomber dans la misère et par conséquent dans la débauche, pour qu'enfin il se vengeât.

Vraie ou fausse, l'accusation fit son chemin. Les compagnons de lord Seymour s'indignèrent de ce réseau de combinaisons machiavéliques ourdi contre une pauvre fille, et ils cessèrent toute relation cordiale avec leur auteur.

Nous retrouverons avec le *Petit Cercle* la dernière conséquence de l'histoire de Marie; en attendant il faut constater qu'à partir de cette époque (1842) le vide se fit autour de lord Seymour. Sans doute il continua à hanter les mêmes lieux et à y rencontrer les mêmes personnes, mais il échangea désormais plus de saluts que de poignées de main; il eut encore sa part des bonjours, mais il ne trouva plus sa place dans les causeries, dans ce que l'on appelait les *disettes*; — à l'apparence, il était encore du même monde, en réalité ce monde s'était retiré de lui.

Ai-je besoin d'ajouter que d'ailleurs ces relations attiédies, pour ne pas dire brisées, étaient et avaient toujours été très-peu intimes. Le lord Seymour que je viens d'esquisser n'était pas fait pour inspirer le dévouement. Aussi il avait souvent des commensaux ou des compagnons de plaisir, il eut quelques complaisants, mais on ne lui comptait pas d'amis. — Il le savait bien : et il disait à un de ses familiers les plus persévérants, M. de V... : — « Toi, mon ami? allons donc! Tu viens chez moi parce que tu t'y plais et que tu t'y amuses. Tout simplement. » —

Il n'avait foi ni à l'amitié, ni à la famille, ni à la vertu, ni à l'innocence, ni à l'honneur. — Il ne croyait à rien, si ce n'est à l'omnipotence de l'or. — « Avec de l'argent, affirmait-il, on peut tout avoir et tout corrompre : il suffit d'y savoir mettre le prix. »

Il disait cela, et cependant il était trop intelligent pour ne pas comprendre que les jugements de cette nature sont la condamnation de ceux qui les portent.

Mais que lui faisait l'opinion d'un monde qu'il haïssait et qu'il méprisait tant? Excepté en matière de courage, — et là parce qu'il se défendait lui-même, — il ne prit jamais la peine d'être longtemps comédien.

C'est une figure à part que celle de lord Seymour, et elle présenterait un curieux sujet d'étude. — Comment cet homme d'une intelligence incontestable en était-il arrivé là? — S'était-il fait mauvais de parti pris, de gaîté de cœur; éprouvait-il à tourmenter le plaisir que d'autres trouvent à faire des heureux? — ou bien, devait-il à de douloureuses expériences personnelles, tous ses débordements de haine; avait-il lutté, avait-il souffert, était-ce de déceptions en blessures qu'il était tombé peu à peu et graduellement dans les cruautés farouches de la négation absolue? — ou bien encore avait-il été poussé par sa nature à expérimenter le mal; était-il au début un esprit seulement maladif, un curieux, un raffiné de monstruosités qui avait trouvé dans la bassesse et dans la vénalité humaines l'affirmation si formelle de ses doutes, la légitimation si logique de ses instincts, que la haine était née de son dégoût de lui-même et des autres?

A mon sens il était à la fois quelque chose de plus et quelque chose de moins que tout cela. — Il n'était pas l'incarnation du mal ; il n'avait pas le génie dissolvant, mais grandiose, des derniers fils des Titans, et il n'était pas mieux le disciple de Faust qu'il n'était celui de don Juan. (J'entends le vrai don Juan, celui qui valse avec le commandeur.) — Ce n'était non plus un crucifié sans courage qui au milieu des tortures avait trouvé plus de soulagement à maudire qu'à prier, à mordre qu'à bénir. — Ce n'était pas davantage un amant de l'extraordinaire, un de ces hautains dédaigneux des choses convenues, Prométhée sans but garrottés par le Code, qui sur la pente des perversités, constatent lucidement la faiblesse des barrières sociales, courent à des rêves inassouvibles, et poussent à la décomposition générale, tout en regrettant leur propre égoïsme et les malheurs de leur organisation.

Il manquait des facultés nécessaires pour arriver, de lui-même, à ces révoltes gigantesques ou à ces déraillements de l'esprit. Il n'avait pas la poésie maladive qui conduit aux grands crimes ; il n'avait pas cette originalité puissante, enfiévrée, qui défonce et laboure les consciences avant que d'y jeter les semailles fécondes de la corruption. Il n'avait pas été marqué en naissant du sceau des réprouvés.

Il avait au contraire son libre arbitre ; bien plus il n'était pas né méchant. J'ai par devers moi, — et je vais les donner tout à l'heure, — les preuves qu'il était accessible aux sentiments généreux. — Qu'était-il donc ?

En somme, je le vois désespéré, vilainement sceptique, mais je cherche en vain dans sa vie la justification plausible de ce désespoir et de ce scepticisme. Je ne la trouve pas assez complète dans l'histoire de ces deux procès dont l'un regarde mademoiselle Fagniani, son aïeule, dont l'autre donne gain de cause en droit à l'honneur de sa mère et, au pire, le mettrait sur la même ligne que beaucoup de fort galantes gens. J'aurais peut-être compris, et j'eusse plaint, à coup sûr, un Seymour misanthrope, mais le Seymour que je connais me blesse, me choque et ne satisfait pas ma raison. Je ne sais à qui l'assimiler. Il échapperait peut-être à une analyse, si au milieu de tant d'anecdotes n'apparaissait une caractéristique constante qui, dominant l'éducation première et les habitudes acquises avec une persévérance bizarre, semble avoir été placée là comme un guide. — Je veux parler de la trivialité.

Et, en effet, à quelque moment qu'on le considère, cet homme est grossier ; il est commun d'instincts, d'allures et de goûts. Il n'a pas les côtés nerveux et fins de ces races élégantes, gangrenées par l'hérédité de leur élégance, et dont la corruption se traîne jusque dans l'immonde parfois, sans cesser d'appartenir au joli ou tout au moins à l'excentrique. Jamais il n'a grand air. Il est peuple quand même, ou pour mieux dire : — il est populacier.

Cette observation donne-t-elle, comme on le prétend,

la clef de cette nature si disparate ? — Je ne le saurais dire.

Mais s'il faut tout enregistrer, je dois parler d'une allégation étrange contenue, m'affirme-t-on, — dans le procès intenté par le marquis d'Hertford à sa femme, à l'occasion de la naissance du jeune Henry. L'avocat de M. d'Hertford aurait prétendu que, pour ne pas perdre le bénéfice du testament qui attribuait un million de rente au second petit-fils de mademoiselle Fagniani, la marquise se serait décidée à simuler une grossesse rendue vraisemblable aux yeux de tous par la cohabitation forcée du marquis avec elle dans les circonstances que j'ai rapportées. Cet enfant, né dans les limites les plus rigoureuses du voyage, eût été — toujours d'après la plaidoirie, — un enfant acheté fort cher à une femme du peuple.

Je suis bien loin de donner pour une vérité cette romanesque histoire; j'attendrai pour y croire les pièces du procès, pièces à peu près introuvables; — mais si peu acceptable qu'elle soit, je tiens cependant qu'elle a été dite, qu'elle a été racontée, qu'elle a souvent, bien souvent déchiré le cœur de lord Seymour enfant. Il m'est égal qu'elle soit authentique ou apocryphe, puisqu'elle m'explique tous les bouleversements de cette nature, négative dès l'origine et qui m'apparaît comme une intelligence dévorée de vanité, peu scrupuleuse, mais ouverte, lucide et sur laquelle la logique, — la bonne comme la mauvaise — devait avoir une action décisive. Dans ces hypothèses, ce caractère inexpliqué devient explicable; il reste peu attrayant, mais on le comprend du moins et peut-être le plaint-on.

Et cependant, je me plais à le répéter, il n'était pas né méchant. Il avait toujours la main ouverte pour les mendiants, pour les chanteurs des rues, pour les gens nomades, dont la vie lui paraissait sans doute pleine de péripéties, de luttes, et parfois de mystères. Il se montrait envers eux d'une libéralité presque royale. L'homme à la vielle, un chanteur des rues surnommé le beau François, et bien d'autres, pourraient encore dire combien ils ont reçu de louis et souvent de pièces de 40 francs devant l'hôtel de la rue Taitbout. Il y avait jadis sur le boulevard une petite fille de quatorze à quinze ans, tombée bien bas plus tard, sous le nom de Bastringuette, mais qui, lorsqu'elle s'appelait « la Bouquetière », était le plus joli type d'hétaïre adolescente que l'on ait vu. Lord Seymour l'a, pour ainsi dire, couverte d'or, et bien qu'il tînt en médiocre estime la vertu chez les femmes, ses aumônes restèrent désintéressées. — A l'époque des fêtes publiques, il courait avec passion les baraques des saltimbanques, des faiseurs de tours, des montreurs d'animaux et de phénomènes. Souvent il y rencontrait un gars qui l'intéressait quelques minutes, et il s'amusait à le faire riche... pour huit jours. A la vérité il avait une manière d'expliquer ses générosités qui diminuait singulièrement l'impression quelles faisaient naître. « — Voilà un mauvais grain qui germera, » —

disait-il souvent. Un jour qu'il venait de mettre 500 francs dans la main d'un affreux bandit de dix-huit ans d'une splendide beauté brutale et sanguine, un de ses amis lui disait : — « C'est une mauvaise aumône. Qu'est-ce qu'il fera ce garçon-là quand il aura mangé 500 francs ?

— Il assassinera peut-être bien pour en avoir d'autres, répondit lord Seymour ; ça l'aura mis en goût. »

Ces sortes de boutades ne signifiaient pas tout ce qu'elles paraissaient vouloir dire. Lord Seymour, bien qu'on en ait prétendu, n'exprimait pas le vœu que son aumône créât un assassin ; il raillait l'humanité, qu'il jugeait profondément perverse et ne se donnait pas comme un moralisateur ; il se croyait le droit de jeter quelques plaisirs aux déshérités de la vie et ne voulait pas descendre plus profondément dans la bienfaisance. Sa réponse n'avait pas d'autre signification. — D'un autre côté il n'aimait pas à être surpris en flagrant délit d'attendrissement ou de bonté, et il avait toujours un arsenal de plaisanteries lugubres à laisser tomber comme un rideau entre son public et lui-même.

Pour que cette bonté fût un peu délicate, il lui fallait la solitude et l'incognito. Il rencontra, rue de Charonne, une femme jeune, sanglotante, qui, un enfant dans les bras, suivait une civière. Dans la civière était l'amant, son homme, comme disait la femme, — qui venait de tomber d'un échafaudage. Il avait les deux cuisses brisées. Lord Seymour regarda quelques instants le triste convoi, interrogea les commères, prit ses informations, puis au détour d'un des passages sombres qui conduisent au faubourg Saint-Antoine, il arriva à la mère, embrassa le bel enfant blond, lui mit 1,000 francs dans sa gorgerette et s'éloigna sans dire un mot. Deux mois plus tard, il se souvint et envoya encore 500 francs. C'est cette seconde fois que les pauvres gens apprirent le nom de leur bienfaiteur. Il n'espérait donc pas toujours que « — le mauvais grain germerait. »

Cette générosité ne s'exerçait en général que vis-à-vis du peuple de la plus basse classe ; elle soulageait les besoins physiques, ou venait en aide à la satisfaction des instincts matériels, mais jamais elle ne se grandit à la hauteur d'une œuvre philanthropique. Il eût été facile à un homme aussi riche de créer des institutions utiles et moralisatrices : il s'y refusa toujours. Il ne pouvait s'empêcher de se laisser surprendre par les soubresauts de son cœur, mais il entrait dans sa théorie de ne pas se laisser convaincre.

Voici cependant deux exemples où il agit différemment.

En juin 1848 il se réfugia avec la marquise dans sa propriété de Boulogne-sur-Mer et il y resta jusqu'en 1854, époque à laquelle, croyant à la stabilité de l'Empire, il se décida à rentrer à Paris. Peu de temps après son arrivée, c'était en plein été, il aperçut de pauvres pêcheurs, qui se désaltéraient en puisant au ruisseau de l'eau sale dans le creux de leur main. Il fit construire à ses frais une jolie fontaine, munie de gobelets retenus par des chaînettes.

A Boulogne encore, par un orage épouvantable, un bâtiment qui cherchait à entrer au port avait manqué la passe, et, entraîné à la dérive, il faisait côte sans que l'état de la mer permît de lui porter secours. De la jetée, sur laquelle une foule accourue à la nouvelle du sinistre assistait pleine d'angoisse à l'agonie du malheureux navire, on apercevait sept infortunés cramponnés aux cordages et faisant en vain des signes de détresse et de désespoir.

Tout à coup du sein de cette multitude muette de terreur sort une voix retentissante :

« Dix mille fr. pour la vie de chacun de ces hommes. »

Tous les yeux se tournent du côté d'où partent ces paroles : on a reconnu lord Seymour. Mais personne ne bouge. Les plus intrépides savent qu'ils sacrifieraient inutilement leurs jours, car nulle embarcation ne saurait résister à la fureur des vagues.

Cependant tous les regards suivent avidement les péripéties de ce drame, dont le dénouement est malheusement trop prévu. Les victimes disparaissent l'une après l'autre emportées par les flots.

« 25,000 francs crie lord Seymour, pour chaque homme qu'on sauvera ! »

Silence universel. La mer poursuit son œuvre de

destruction. Il ne reste plus que deux survivants accrochés convulsivement aux vergues, et dont les instants sont comptés.

La voix de lord Seymour s'élève une troisième fois :
« 100,000 francs pour le salut de ces deux hommes ! »

Vaine promesse, inutile enchère. Une minute après, l'abîme avait tout dévoré.

Vivement impressionné par cette scène tragique, lord Seymour fit don à la ville de Boulogne d'un appareil complet de sauvetage, bateau, cordages, etc., qui lui coûta 50,000 francs. Ingratitude humaine ! rien ne consacre le souvenir de cet acte de philanthropie : le nom du bienfaiteur ne restera pas même attaché au bienfait !

Mais les époques de révolutions sont fertiles en ingratitude, et lord Seymour ne dut pas beaucoup s'étonner, puisque quelque temps auparavant un ouvrier boulonnais auquel on devait couper un bras, et qu'il avait fait soigner et guérir par son médecin, criait à tue-tête sous les fenêtres de l'hôtel : « Voilà ce que boit le pauvre peuple : de l'eau, pendant que chez milord l'Arsouille on se soûle avec du bon vin. »

A son retour à Paris, en 1854, il ne paraissait pas se souvenir des déceptions de Boulogne. Voici encore un trait de générosité que je choisis, parce qu'il vint à l'aide d'un membre de cette nombreuse famille des misérables en habit noir, gens qu'il n'aimait pas et auxquels il préférait de beaucoup le peuple.

Un artiste maltraité par le sort, homme de talent pourtant, auquel on doit les deux coupes de Benvenuto Cellini et le fameux surtout exposés à Londres par la maison Christofle, de Paris, colportait de maison en maison une charmante réduction qu'il avait faite de la Vénus de Milo.

Les commandes ne venaient guère, et cette statuette était alors son unique gagne-pain.

Une dame, qui prenait intérêt à lui, en montra une épreuve à lord Seymour, qui fit en connaisseur l'éloge de ce travail et s'enquit du nom de l'auteur.

— Il s'appelle Ber, répondit la dame. C'est un pauvre diable d'artiste qui mérite qu'on lui vienne en aide. Il n'a pour le moment d'autre ressource pour ne pas mourir de faim.

— Alors *il n'est pas gras*, dit lord Seymour (cette locution lui était familière) ; et combien la vend-il, sa statuette ?

— Vingt-cinq francs.

— Eh bien ! reprit-il en tirant de son portefeuille deux billets de mille francs, remettez-lui ceci. Qu'il m'envoie en échange six douzaines de sa Vénus.

Ce portrait de lord Seymour ne serait pas complet si je ne l'achevais en dressant, à la manière de Dangeau, le programme de sa journée telle qu'elle se répétait, à de rares variantes près, trois cent soixante-cinq fois par année. C'est un spectacle qui n'est point sans intérêt pour le vulgaire des humains que celui de la journée d'un de ces demi-dieux qu'on appelle des millionnaires.

A sept heures et demie, il sortait du lit, passait à son cabinet de toilette, où il prodiguait à sa personne les soins les plus minutieux, puis il faisait un peu de gymnastique ou d'escrime, et humait, à petites gorgées, une simple tasse de thé, tout en décachetant son courrier.

C'était l'heure à laquelle il expédiait ses fournisseurs et donnait ses ordres pour son déjeuner et son dîner, tout en procédant à sa toilette du matin.

A onze heures, complétement habillé, à l'exception de sa redingote, remplacée par une élégante robe de chambre, il se mettait à table seul à seul avec sa maîtresse numéro 1 (elles étaient deux en pied), qui, de son côté, s'était fait habiller et coiffer dans un cabinet attenant à son boudoir.

Il était rare qu'un tiers prît part à ce tête-à-tête gastronomique.

La chère était parfaite, mais simple et sans raffinement culinaire. Il buvait du vin ordinaire, mais des meilleurs crus et des années les plus estimées; car lord Seymour se piquait, non sans juste raison, d'être connaisseur et de posséder une des premières caves de Paris. D'ailleurs, d'une sobriété exemplaire et plus délicat que gourmand.

Le repas terminé, il passait à la bibliothèque, qui

était son *buen retiro*, parcourait les brochures nouvelles, les journaux du matin, particulièrement les feuilles légères ou satiriques, par exemple, le *Punch* et le *Charivari*, qu'il honorait de sa préférence, donnait quelques moments à la littérature et dictait à son secrétaire plusieurs lettres.

Arrivait le moment consacré à la réception de ses amis les plus intimes. Quand ce n'était pas jour de salle d'armes, on remplaçait l'escrime par la causerie.

Diderot avait pu répondre à quelqu'un qui lui demandait quel homme avait été M. d'Epinay :

« C'est un homme qui a mangé plus de deux millions sans dire un bon mot et sans faire une bonne action. » Il n'aurait pu en dire autant de lord Seymour, qui était au contraire un homme instruit, et causant avec une grande élégance que venaient parfois déparer de grosses trivialités, mais ayant la juste réputation de donner la réplique comme un emporte-pièce. Il était bien de l'école de son premier précepteur, le comte Casimir de Montrond, dont la malignité n'épargnait personne, surtout ses meilleurs amis. Ainsi, au moment de l'affaire Fualdès, M. de Talleyrand, qui boitait assez fort, comme chacun sait, se sépara de sa femme avec laquelle il faisait fort mauvais ménage ; quelques jours après on trouva cette inscription sur la porte de l'hôtel : « C'est ici la maison Bancal. »

— Sont-ils assez bêtes, cher prince, s'écria M. de

Montrond, ils ne savent pas que votre femme a déménagé !

Lord Seymour était plus cruel encore.

On ne sait quel hasard ou quelle fantaisie le fait se trouver sans aucun domestique dans une chambre d'auberge, où il se décide à passer la nuit. Lord Seymour savait apparemment que dans les hôtels on met ses chaussures sur le palier pour les faire nettoyer par le garçon, puisqu'il dit à une maîtresse qu'il avait emmenée dans cette excursion :

— Chère belle, mettez donc mes bottes à la porte... c'est un service qu'elles vous rendront un de ces jours.

Il avait pris un instant pour maîtresse une femme ayant jadis appartenu au monde, et qui faisait sonner très-haut son titre, très-authentique malheureusement pour sa famille. Elle était fort entichée de noblesse, et, peut-être bien, pour essayer de faire oublier jusqu'où elle était tombée, elle avait coutume de dire avec plus ou moins d'à-propos : « Par mes aïeux qui étaient aux croisades ! » Un jour je ne sais quel accident nazal, un coryza, ou toute autre chose, la force à priser ou du tabac, ou du camphre ; — le fait est que lord Seymour trouve dans sa chambre une petite boîte destinée à contenir une poudre sternutatoire.

Le lendemain il rompt avec elle par le billet suivant :

« Madame,

« Quand je loue une croisée, je ne la prends jamais à « tabatière »

Pendant qu'il était à Boulogne il va au spectacle. L'affiche annonçait un pas de deux, dansé par l'étoile de l'endroit. Il avait invité une notabilité municipale à venir dans sa loge. Ce magistrat, jaloux de faire apprécier à un lion de Paris les plaisirs qu'offrait le séjour de sa ville, lui avait répété deux ou trois fois avec un sourire égrillard : — Et nous allons avoir un ballet, milord, nous allons avoir un ballet! — Peuh! répondit lord Seymour, qui avait sans doute déjà exploré le personnel de la troupe et qui l'avait trouvé maigre : — Nous n'en aurons que le manche.

A trois heures sa voiture l'attendait, tout attelée, dans la cour de l'hôtel. Il y montait, se faisait conduire au bois de Boulogne, où, en cas de beau temps, il se livrait pédestrement à une courte promenade, puis se réintallait dans son véhicule, pour ne rentrer chez lui qu'à l'heure du dîner, après une station chez sa maîtresse n° 2, une jeune et jolie Anglaise.

Avant 1848, ces pérégrinations avaient lieu à cheval, mais après comme avant, il était rare qu'il sortît seul. Il avait presque toujours avec lui deux ou trois amis : tantôt les frères Julien, tantôt MM. Micard, Horace de Vieil-Castel, Othon, le marquis de Coislin, Léopold d'Ivry, de Varelles et maint autre.

Il dînait presque invariablement chez sa mère, qui habitait, dans le même hôtel, un appartement différent du sien.— Un type, aussi, que sa mère.

Au physique, elle était d'un abord médiocrement avenant, le dos voûté — de moins galants diraient tout simplement bossue. — Ses qualités morales étaient loin de racheter ses travers corporels: elle passait pour ne point briller par l'aménité du caractère et moins encore par la libéralité.

Sa fortune lui permettait pourtant de ne point s'imposer d'économies. La preuve, c'est qu'elle perdit quelque chose comme quatorze millions dans des spéculations de Bourse sans que l'état de ses affaires en fût sensiblement affecté.

Si l'on s'en rapporte à la chronique, elle portait toujours sur elle, en cas de besoin ou de malheur, la bagatelle d'un million.

Son humeur passablement maussade la retenait constamment aux arrêts volontaires. Elle ne voyait personne, n'allait point au théâtre et ne connaissait guère d'autre distraction que de rester des jours entiers en faction derrière ses persiennes, à regarder d'un œil morne le va-et-vient du boulevard.

Le principal objet de ses contemplations était le Café de Paris, qui occupait le rez-de-chaussée de son hôtel. Elle redoutait à un tel point de se voir privée de sa récréation favorite qu'elle ne songea de sa vie à augmenter le prix du loyer, qui était fort modique, et qu'elle omettait même quelquefois de réclamer le montant du terme.

Son unique société était le jeune Richard Wallace, né

du marquis d'Hertford, et par conséquent son petit-fils. il lui tenait compagnie dans sa solitude et lui donnait le bras quand, par rare aventure, il lui arrivait de prendre l'air. Elle l'appelait « son neveu » et lui témoignait une affection toute maternelle. Ce jeune homme, qui était et qui est resté un modèle d'élégance et de distinction, lui était tendrement attaché.

Que lui a-t-elle laissé de son immense fortune ? douze mille francs de rente, — en viager.

Je reviens à lord Seymour.

Vers neuf heures il rentrait dans son appartement, d'où il était rare qu'il sortît, passait une couple d'heures au milieu d'une petite cour d'intimes, et allait quelquefois achever la soirée chez sa sultane numéro 2, la même qu'il honorait de sa visite avant dîner.

Son sérail se composait, comme on l'a vu, de deux favorites en titre, sans préjudice du casuel ; sa maison, à Paris, d'un valet de chambre affecté à son service personnel, de deux domestiques pour annoncer, de deux valets de pied, d'une femme de chambre, d'une lingère, d'un maître d'hôtel, d'un piqueur, d'un premier cocher, de deux cochers en second et de dix hommes d'écurie ; en tout, et en y comprenant la cuisine, un peu plus de trente personnes.

Au nombre de ses domestiques, il en eut un, nommé Calvo, maître d'hôtel italien, qui lui servit une fois un plat qui n'était point de son métier.

Ce Calvo avait, en vertu des fonctions de confiance

qu'il remplissait chez lord Seymour, la garde de l'argenterie, composée de plusieurs services d'un grand prix.

Or, un certain jour que son maître avait à donner un dîner de cérémonie, il appela Calvo et lui enjoignit de décorer la table d'un service qu'il désigna. Mons Calvo s'incline en signe d'obéissance, s'éloigne et ne reparaît pas.

Lord Seymour, impatienté d'attendre, envoie à sa recherche, mais en vain. On ne tarde pas à apprendre, par le concierge, que Calvo a quitté précipitamment la maison.

Cette éclipse subite étonne lord Seymour. Un soupçon traverse son esprit, soupçon justifié par l'examen du dépôt confié aux soins du fugitif : la partie la plus précieuse de l'argenterie avait disparu.

La police mit la main sur l'homme et retrouva les objets volés, mais sous la forme de reconnaissances du Mont-de-Piété. Il n'en coûta pas à lord Seymour moins d'une centaine de mille francs pour rentrer en possession de son bien. Cependant il s'exécuta de bonne grâce et se montra même fort indulgent dans sa déposition contre le coupable, auquel sa mansuétude valut une condamnation relativement légère.

Il a eu dans sa vie trois passions. — Celle des exercices du corps sur laquelle j'ai donné de longs détails, celle des chevaux avec laquelle il rompit, comme on va le voir, et enfin celle des cigares qu'il garda jusqu'à sa dernière heure.

Il n'était pas seulement grand amateur de chevaux, il était encore très-fin connaisseur. Bon cavalier, élégant même, quoique timide, il excellait, en outre, à conduire un char dans la carrière ; il a eu, rien que pour son service personnel, jusqu'à soixante chevaux, divisés en chevaux d'attelage, qu'il gardait à Paris dans ses écuries, et en chevaux de selle logés à Sablonville, route de la Révolte, dans un bâtiment construit *ad hoc* et admirablement installé.

Avant 1830, alors qu'il était jeune et hardi, il avait d'excellents trotteurs, qu'il conduisait lui-même et dont il tirait vanité. Il se faisait un point d'honneur de dépasser toutes les voitures qu'il rencontrait sur sa route, à ce point qu'il eut un jour l'audace de couper l'équipage de Charles X. Le soir même, un aide de camp du roi vint lui signifier l'ordre de quitter la France, ordre qu'on parvint, non sans peine, à faire révoquer, grâce à de puissantes influences.

Une grande mortification pour lui fut celle que lui infligea la rivalité d'un cheval dont ses meilleurs trotteurs ne purent jamais parvenir à avoir raison.

Une fois qu'il entrait dans Paris par la barrière de l'Étoile, conduisant un cabriolet que traînait un de ses chevaux favoris, il avisa à quelque distance devant lui un tilbury dont la course rapide soulevait des tourbillons de poussière qui l'aveuglaient. Le tilbury portait un monsieur et une dame, que rien ne distinguait, d'ailleurs, du commun des mortels.

Habitué à ne se laisser dépasser par personne, lord Seymour stimule d'un coup de fouet l'émulation de son cheval, qui double le pas et gagne quelques enjambées. Mais un autre coup de fouet lancé du tilbury rétablit promptement la distance.

Lord Seymour, piqué au vif, redouble ; même manége à bord du tilbury. C'est en vain qu'il aiguillonne par tous les moyens en usage l'amour-propre de son bucéphale : l'écart reste toujours le même jusqu'à l'avenue Marigny, où le véhicule ensorcelé tourne à gauche et laisse notre lord poursuivre sa route, tout grommelant et plein de dépit.

Le même steeple-chase se renouvela à plusieurs reprises, toujours avec le même résultat. Lord Seymour dépensa plus de cent mille francs en trotteurs, dans l'espoir de battre ce cheval fantôme. Il en fut pour son argent et sa mauvaise humeur, car rien ne l'irritait comme les rires du couple inconnu, qui s'amusait de son impuissance et de ses inutiles efforts.

Ce fut une des amertumes de sa vie.

C'est à lord Seymour que revient l'honneur d'avoir nationalisé les courses en France. Avant lui cette importation d'outre-Manche n'avait point de racines chez nous. Ce fut lui qui l'acclimata. Il en organisa, on peut le dire, les premiers essais sérieux. Le turf français lui doit sa gloire, et le Jockey-Club son existence.

Le nom de lord Seymour figure pour la première fois en 1827 dans le calendrier des courses en France, et on l'y retrouve pour la dernière fois en 1842. Pendant cette longue période, son écurie, qui fut toujours une des plus importantes, obtint de nombreux succès.

Voici, par ordre chronologique, le nom des chevaux dont le souvenir est resté et que je consigne ici pour la plus grande joie des sportsmen.

Dubia, Eglé, Sylvio, Clérino, Fra-Diavolo.

Miss-Annette, la plus célèbre et la meilleure jument de son temps;

Franck, qui gagna le prix du Jockey-Club en 1836, la première année qu'il fut couru;

Lydia, qui remporta le même prix en 1837;

Vendredi, également vainqueur à la course du Jockey-Club en 1838;

Lantara, second dans le prix du Jockey-Club en 1839;

Poetess, qui gagna le prix du Jockey-Club en 1841.

Lord Seymour a acheté en Angleterre et importé en France, en 1829, la poulinière Ada, de pur sang anglais.

Il a également acheté en Angleterre et importé en France en 1833 :

Royal-Oak, étalon de pur sang anglais, dont les produits nombreux ont eu beaucoup de succès;

Miss-Annette II, qui, après la vente de l'écurie de

lord Seymour, est allée dans le midi : elle est la mère de *Medina* ;

Medina, mère de *Mignon*, qui, en 1865, a gagné six prix importants, parmi lesquels l'Omnium et le prix de Saint-Cloud, à Paris, au mois d'octobre ;

Enfin, *Poetess*, fille de *Royal-Oak* et *Ada*, et mère de *Monarque*.

On sait que *Monarque* est le père du célèbre *Gladiateur*.

On a prétendu que ses succès hippiques avaient valu à lord Seymour des sommes fabuleuses. Erreur ; l'honneur plus que l'argent était, en ces temps héroïques, la récompense du vainqueur : les prix ne consistaient guère qu'en de stériles objets d'art d'une valeur conventionnelle, et les paris étaient à peu près inconnus. Bien loin d'avoir bénéficié de ses triomphes, lord Seymour se trouvait, en définitive, en retour de plus d'un million, que lui coûtaient l'achat de ses chevaux et le budget princier de ses écuries et de ses jockeys, au moment où il renonça pour jamais à ces tournois hippiques. La cause de cette soudaine abdication fut la perte d'un procès intenté par lui à la suite d'une tromperie dont il se crut victime (la substitution d'un cheval à un autre sur le champ de course). Le lendemain de sa condamnation, il protesta contre le bien jugé de la sentence en mettant tous ses coureurs en vente, depuis le premier jusqu'au dernier.

A dater de ce jour, l'Achille de l'hippodrome se retira sous sa tente et ne reparut plus sur le turf.

J'ai dit que c'était un fumeur déterminé, mais un fumeur gourmet, comme on n'en voit plus guère. Il avait, en matière de cigares, des recherches et des délicatesses d'artiste.

Les siens étaient en possession d'une renommée que je ne crains pas de qualifier d'européenne. Ils la devaient, non-seulement à un flair spécial, qui était chez lui un don de nature, mais encore aux pratiques savantes dont ils étaient l'objet.

Dans des boîtes de chêne munies de compartiments en plomb, où chaque captif subissait dans toute sa rigueur l'application du régime cellulaire, il disposait, par casiers de mille, un nombre égal de cigares préalablement contrôlés et choisis un à un dans les envois qu'il recevait de tous les pays producteurs. Il ne s'en rapportait qu'à lui-même pour l'accomplissement de cette délicate opération.

Ce premier triage effectué, il laissait les *sujets* mûrir pendant quelques mois; puis il les soumettait à une nouvelle et scrupuleuse révision. Ceux qui sortaient victorieux de ce dernier examen étaient rangés avec distinction dans des armoires pourvues de ventilateurs, où ils attendaient, au sein de tiroirs parfumés de laurier et de vanille, l'honneur insigne d'être fumés par le maître ou par ses invités.

Les cigares réformés pour cause d'indignité ou de décrépitude étaient revendus au rabais à des gens de connaissance ou bien à des bureaux de tabac recommandés à la protection des valets de chambre.

Nous touchons à la fin. Encore quelques traits caractéristiques.

Il n'était point joueur. Néanmoins, il allait de temps en temps au Cercle, où il risquait quelques louis en manière de passe-temps. Un soir, contre une veine acharnée, il perdit plusieurs milliers de francs. Soupçonnant une tricherie, il se fit remettre les cartes employées pendant la partie, et manda chez lui Philippe, célèbre prestidigitateur qui importa chez nous le tour des poissons; c'était le Robin de ce temps-là.

Lord Seymour avait deviné juste : les cartes, qui étaient tarotées, portaient dans un de leurs angles un petit signe cabalistique, invisible pour l'œil d'un profane, mais suffisant pour révéler à l'initié leur couleur ainsi que leur valeur.

Au bout de quelques minutes d'expérience, il en savait aussi long que Philippe ou que son habile adversaire lui-même.

Cette science nouvelle lui avait coûté 1,000 francs et une épingle en brillants, dont il fit don à son professeur. Il voulut sans doute que chacun de ses amis payât aussi cher son éducation, car il ne dit rien à personne et se contenta, à partir de ce jour, de renoncer aux cartes comme il avait renoncé aux courses. Ce fut plus tard seulement, après un éclat dont Paris a gardé le souvenir, qu'il avoua savoir depuis longtemps à quoi s'en tenir sur le compte de M. de M***.

Il avait fait peindre, à son usage personnel, un tableau, suspendu derrière un rideau dans un coin de son appartement.

Quand il arrivait (et le cas se présentait assez fréquemment) qu'un solliciteur, un mendiant, un *placier* en quête de clientèle, pénétrait jusqu'à sa personne, après l'avoir patiemment laissé pérorer, il se retirait dans le réduit dont j'ai parlé, s'y enfermait, tirait le rideau qui cachait la mystérieuse peinture et se tenait une minute en contemplation.

Or ce tableau le représentait dans l'attitude de saint Sébastien, criblé de carottes que lui décochait une légion de quémandeurs de toutes sortes groupés à l'entour du martyr. On reconnaissait dans cette foule bon nombre des amis de sa jeunesse, quelques-uns des familiers de son âge mûr, presque tout le personnel de sa maison ; et de nombreuses additions faites dans les fonds disaient assez que cette peinture était l'histoire des déceptions de sa vie.

Au centre, une charmante petite danseuse, connue de tout Paris, riait d'un rire diabolique en montrant une carotte monstre dont elle venait de le transpercer de part en part.

Ce spectacle qu'il devait regarder avec une mélancolie pleine de dédain et d'ironie affermissait son cœur contre toute faiblesse à l'endroit des *carotteurs* des deux sexes. Il en sortait invulnérable.

Cette excentricité seule semblerait prouver une fois de plus que lord Seymour avait à subir des luttes contre lui-même, et que son indifférence à l'égard des misères les plus dignes de commisération était beaucoup plus le résultat d'un système que d'une insensibilité native. Il prétendait du reste qu'au commencement de sa carrière de millionnaire, il se laissait aisément tromper par les supercheries de la fausse misère. Mais il lui était arrivé si souvent d'être pris pour dupe; si souvent les agents chargés de la distribution de ses aumônes trouvèrent chez les solliciteurs, au lieu du tableau déchirant d'une détresse imméritée, le spectacle d'une aisance relative ou d'une pauvreté causée par la fainéantise et l'inconduite; tant d'expédients, de stratagèmes, de rouerie avaient été mis en œuvre pour exploiter sa bourse et sa crédulité que, pour ne point servir de plastron au vice ni à la paresse, il se cuirassa d'indifférence.

Peut-être disait-il vrai; en tous cas je l'eusse préféré plus facile à tromper et moins clairvoyant. D'autres peignaient lord Seymour comme un esprit défiant et soupçonneux n'ayant jamais essayé à surprendre que la passion mauvaise et n'ayant jamais rencontré que celles-là par conséquent. On sait mon sentiment à cet égard : sa charité avait besoin d'être surprise.

Quels que puissent en être les motifs, au surplus, je constate le fait : chaque matin, il ouvrait lui-même ses lettres, et au premier mot dans lequel transpirait un appel fait à sa bienfaisance, il brûlait la missive, sans aller plus loin.

Son testament fut le reflet de sa vie. Il dut emporter la triste consolation d'avoir été conséquent avec lui-même.

D'une maîtresse — cette histoire remonte à 1840 — il avait eu un fils et une fille, qu'il éleva l'un et l'autre avec une libéralité princière.

Outre les maîtres en tout genre, ils avaient équipage, domestiques, maison montée, que sais-je? Un jour, sur le soupçon, plus ou moins fondé, que leur mère avait eu l'intention de l'exploiter, il déclara tout net qu'ils n'auraient plus de lui un écu ni pendant ni après sa vie. Et il tint parole. Le fils gagne aujourd'hui 1,200 francs dans une administration de chemin de fer, la fille court le cachet comme professeur de piano.

En revanche, il a légué un million et demi de revenu aux hospices de Paris et de Londres. Peut-être, en songeant à l'origine de sa fortune et aux mystères qui avaient enveloppé sa naissance, crut-il n'opérer qu'une restitution.

La liaison qui parut prendre le plus de place dans son cœur s'adressa pendant quinze ans, de 1843 à 1859, à une charmante femme, dont le commerce lui plaisait beaucoup. Il aimait à causer avec elle et la recevait souvent chez lui. Jamais sultane ne fut l'objet d'une surveillance aussi sévère. Quand elle allait toute seule se promener au bois dans son coupé, le cocher qui la conduisait avait ordre de ne jamais s'arrêter et de ne point la laisser descendre de voiture.

Trois ans avant sa mort, il en avait eu une fille. A l'enfant, il a laissé par testament une rente de 30,000 francs; à la mère, une rente de 10,000 francs, mais sous la condition expresse qu'elle ne se marierait jamais.

Il avait demeuré cinquante ans presqu'en face de son frère le marquis d'Hertford et ne le saluait pas quand il le rencontrait. Il le déshérita entièrement. C'était logique.

Ses domestiques, ceux-là mêmes qui avaient blanchi à son service, n'ont pas été plus favorisés que ses proches.

Il avait, pour courir devant sa voiture, un Italien de souche nobiliaire, le marquis de Cocopani, tombé du haut de son blason dans la misère et de la misère dans la domesticité.

Industrieux, adroit, intelligent, Cocopani était pour lord Seymour une façon de maître Jacques. Il prenait soin de ses armes, surveillait ses cigares, fabriquait son eau de cologne, etc., etc. Aussi son maître lui témoignait-il une affection particulière, qui ne l'empêchait cependant pas de le railler à toute occasion, et cruellement encore, sur son titre et sur ses aïeux. Eh bien ! le nom du pauvre marquis ne figura même pas sur son testament.

Son valet de chambre, ancien prévôt de régiment, avec lequel il s'amusait souvent à faire des armes, et qui lui était dévoué corps et âme, ne fut pas mieux traité que Cocopani. De même pour un piqueur nommé Briggs, qui avait vieilli sous sa livrée.

Son héritière, l'administration des hospices, plus juste et plus généreuse que lui, paya à ces vieux et dignes serviteurs la dette de la reconnaissance : elle fait une pension de 1,200 francs aux deux premiers et de 700 francs au troisième.

Mais si sa gratitude posthume resta muette à l'égard de ses domestiques, elle fut très-tendre envers ses chevaux. Il institua, par une clause de son testament, une pension alimentaire de 5 francs par jour pour huit de ceux qui se trouvaient dans son écurie au moment de son décès, et il préposa à l'entretien et au bien-être de ses protégés un palefrenier du nom de Palmer, auquel il assigna à cet effet une rente annuelle de 1,100 francs. Le dernier survivant de cette catégorie de légataires (il vit encore) est un cheval acheté par lord Seymour en 1832.

Lord Seymour est mort en 1859.

Rien dans l'état ordinaire de sa santé ne semblait annoncer une fin prochaine. Le médecin attaché à sa personne ainsi qu'à celle de sa mère, le docteur Chemside, ancien chirurgien de la garde anglaise, qui avait, en récompense de ses soins quotidiens, 15,000 francs d'honoraires et un appartement à l'hôtel, le docteur Chemside, dis-je, n'avait remarqué chez lui aucun symptôme de nature suspecte.

Cependant lord Seymour, préoccupé d'un certain malaise indéfini, crut devoir consulter une célébrité médicale, le docteur Trousseau.

Celui-ci après quelques questions sur ses habitudes et son train de vie, lui dit :

« Vous dormez après votre dîner. Vous menez une existence inactive, personnelle. Ce qu'il vous faut, c'est l'exercice, la marche, le grand air ; voilà pour le physique ; pour le moral, les épanchements de la famille et les soins d'un entourage affectionné. A la façon dont vous vivez, je ne vous en donne pas pour un an. »

Lord Seymour leva les épaules, mit dix louis sur le bureau du docteur, et sortit.

Dix mois après il était mort.

Au moment d'expirer, il se retourna du côté de la ruelle de son lit, comme pour tourner le dos au monde, et prononça d'une voix distincte cette phrase caractéristique :

« Ceux qui ne vivent que de moi crèveront tous de faim. »

Ce furent ses dernières paroles ; ce sera le dernier trait de cette figure originale. Il me semble que l'homme s'y peint tout entier.

Il paraît que la loi des contrastes prend à tâche de se montrer aussi fréquente dans la famille que dans la nature inanimée.

M. le marquis d'Hertford est aussi mince, aussi frêle que son frère était vigoureux. Sa vie est aussi utile, aussi bien remplie que l'existence de lord Seymour fut vide et stérile.

C'est à coup sûr une des natures les plus artistiques qui soient au monde. Les visiteurs de Bagatelle se rappellent ces trésors d'art en meubles, en porcelaines, en tableaux, qui s'amoncelaient dans l'ancien petit palais du comte d'Artois, à une époque où la mode ne nous avait pas encore imposé cette effroyable manie des collections.

M. le marquis d'Hertford et le regretté M. Sauvageot ont été assurément, dans la mesure de leurs fortunes réciproques, les deux précurseurs de ces temps de recherches patientes qui, tout en conduisant bon nombre de bourgeois au ridicule et au faux goût, n'en seront pas moins très-probablement le point de départ d'une renaissance artistique féconde dans ses résultats.

On prétend que la fortune de M. d'Hertford ne s'élève pas à moins de six millions de rente ; il est donc tout naturel qu'en matière d'art on le craigne beaucoup plus qu'un gouvernement, surtout quand ce gouvernement est le gouvernement français, qui peut à peine consacrer cinq ou six cent mille francs par an à ses acquisitions.

Lors de la vente du maréchal Soult le pouvoir était résolu d'acquérir la fameuse vierge de Murillo et il se la fit adjuger au prix que l'on sait ; mais avant de se décider à déclarer qu'on voulait le tableau — « à tout prix, » — comme on disait jadis, une haute intervention crut devoir obtenir du marquis qu'il laisserait à la France cette trop coûteuse victoire.

Sa Majesté le roi actuel de Hollande s'ingénia un jour de se faire de l'argent avec l'admirable collection du feu roi, son père ; à cette occasion M. d'Hertford révéla tous ses instincts. Pendant toute la vente il battit écus sur table la Russie et même l'Angleterre, qui n'emportèrent que les dédains de l'opulent collectionneur.

Du reste, quand on rencontre, quelque temps qu'il fasse, le marquis d'Hertford courant les rues à pied, son parapluie sous le bras, on comprend combien ce mépris du luxe extérieur chez le marquis ajoute de puissance à l'énorme fortune de l'amateur.

Cette passion pour les arts ne s'arrête pas aux choses uniquement artistiques : toutes les découvertes, toutes les inventions nouvelles attirent cet esprit curieux de l'extraordinaire.

Pendant les dernières années du dernier règne, les voyages en ballon eurent une grande vogue, et M. d'Hertford, très-brave en dépit de ses millions, avait été un des premiers à vouloir visiter le ciel.

Son voyage en aérostat lui donna l'occasion d'une réponse qui peint assez bien un des côtés railleurs et spontanés de cette nature multiple et toujours spirituelle.

Un domino d'un monde douteux l'arrête au bal de l'Opéra :

— « On dit que tu viens de la lune : qu'y as-tu vu, marquis ? »

— « Mercure, qui m'a demandé de tes nouvelles. »

CHAPITRE IX.

Le Petit-Cercle. — Devant le perron de Tortoni. — Un intrus. — Un coup de queue. — La révolution de Février. — La fugue de lord Seymour. — On en revient toujours..... — La loge infernale. — Les disettes. — BOBO. — Le mari, la femme et l'amant. — Une vengeance conjugale. — LE VRAI LARA. — L'amant de la Reine. — Un drame Byronien. — LE DUC DE NEMOURS ET LA PRESSE DE 1848 : — Une loge à l'opéra. — Curieux procès. — CES DEMOISELLES : — Melle Malaga : *In naturalibus.* — Une rencontre. — La dame aux Camelias. — La toilette aux sept tiroirs. — La fin du roman.

Vers 1840, le mot anglais *High life* était encore inconnu. Pour savoir à quelle classe sociale appartenait un homme, on ne demandait pas s'il menait la haute vie, on disait seulement :

— Est-il du monde?

Tout ce qui n'était pas « du monde » — « n'existait pas ».

Or, tout ce qui existait à Paris avait coutume de passer chaque jour, vers cinq heures, devant Tortoni; deux heures plus tard, ceux qui ne dînaient pas à leur cercle ou chez eux se trouvaient mélangés à des tables différentes dans le salon du Café de Paris; enfin, de minuit à une heure et demie du matin, la portion du boulevard comprise entre la rue du Helder et la rue Lepelletier était sillonnée par une quantité de gens, de relations différentes parfois, mais de goûts identiques, se connaissant tous, parlant la même langue et unis ensemble par l'habitude de se rencontrer chaque soir.

Là, se racontait l'anecdote de l'avant-dernière nuit, quelquefois celle du soir ; là, se faisait la réputation des filles et se défaisait la réputation des femmes ; là, se dépensait le plus d'arguments étincelants en faveur des choses folles et des choses sages ; là, se disaient les mots qui ne se disent qu'à Paris ; là, on parlait à la même minute de M. Thiers, de M. Guizot, du papa beau-père à mamzelle Héloïse Florentin, de l'indemnité Pritchard et de Malaga ; là, on faisait peur à madame la princesse de Liéven, qui, dans son salon, courbait souvent la tête sous le bruit des échos du boulevard; là, on était toujours poli, toujours gai, souvent sérieux, toujours spirituel ; là, se jugeaient toutes les causes, sans appel, en dernier ressort ; là, le scepticisme était roi, et l'on discutait toujours — peut-être bien par cela même que, chacun se moquant de tout, il était égal à tous de ne pas être du même avis.

Mais si le boulevard était gai en été, il était impossible l'hiver, et les membres de ce salon en plein air étaient obligés de se fractionner à l'époque des mauvais temps pour se réfugier, ceux-ci à Tortoni ou au Café de Paris ou au Café anglais, ceux-là pour retourner à l'Union ou au Jockey, ou au Grand-Cercle, ou même au Cercle agricole. La pluie ou la neige amenaient la dispersion, et la dispersion c'était l'ennui. On résolut de se réunir à un cercle.

Mais le Grand-Cercle — d'autres disaient les *Ganaches* — avait peu de sympathies parmi ces hommes éminemment rieurs ; le Jockey avait une telle réputation de luxe, qu'il effrayait ceux qui n'avaient pas cent mille livres de rente, et c'était le plus grand nombre ; les *Pommes de terre* ou le Cercle agricole était rue de Beaune, et d'ailleurs mieux eussent valu les *Ganaches ;* restait l'Union dont un nombre important de ces gais noctambules faisait partie, et dans lequel on parla un instant de se présenter en masse.

Cependant on réfléchit bientôt que si tous les membres de l'Union s'étaient follement amusés dans leur cercle, ils ne seraient pas venus prendre le boulevard pour lieu de réunion. On interrogea les déserteurs, qui avouèrent en riant que la politique à dose continue les effrayait un peu. L'Union, en effet, avait admis dans ses statuts une clause d'après laquelle tout secrétaire d'ambassade était membre de droit.

Dès lors, la direction était forcée ; le cercle devait nécessairement devenir un cercle politique ou tout au moins un centre de discussions politiques. On faisait un rubber entre deux appréciations sur le traité d'Utrecht, et l'on s'estimait heureux si, les traités de 1815 n'intervenant pas, il ne se mêlait à la question diplomatique aucune irritabilité née des opinions personnelles.

On renonça à l'Union, et peut-être eût-on renoncé à l'idée du cercle, si les habitués du Café de Paris ne s'étaient trouvés plusieurs fois gênés par la présence de personnes étrangères. Ces habitués étaient : MM. le comte de Vergennes, le baron de Poilly, le chevalier Peycam, le comte Decaen, le comte de la Bienvenue, Gronow, lord Henry Seymour, de Varelles, le chevalier Senties.

Ils proposèrent à Alexandre, le propriétaire du Café de Paris, de leur louer à l'année quelques pièces du café afin d'y être seuls.

Peu à peu le reste des émigrants du boulevard quittèrent Tortoni et le Café anglais, et un jour le *Petit-Cercle du Café de Paris* se trouva constitué. Dans la déclaration faite à la Préfecture, on substitua le mot réunion à celui de Petit-Cercle. On devait, dit le règlement, aller se coucher tous les jours à deux heures du matin, ne jamais toucher une carte, ne jamais parler politique, et enfin le prix de la cotisation annuelle était seulement de cent francs. Rien de plus anodin, on le voit.

Comme tous les serments et toutes les constitutions, ce règlement-là était fait pour être religieusement violé tous les jours.

Voici les noms des cinquante premiers fondateurs :

Aubigny.   Baron Léon d'
Aure.   Vicomte d'

Balby.	Marquis de
Ball.	Hughes
Beauvoir.	Comte de
Beauvoir.	Roger de
Belgiojoso.	Prince de
Bury.	Lord
Caccia.	Comte Maxime de
Caen.	Comte Camille de
Carrié.	Lodoïs
Chautin.	Charles
Chautin.	Hippolyte
Corberon.	Comte Émile de
Court	de
Frazer.	Major
Garrigues.	Edmond
Grand-Maison.	Baron Millin de
Grand-Maison.	Alfred de
Genevray.	Comte de
Germain.	Comte
Goold.	
Gronow.	Capitaine
Hallay.	Marquis du
Hœy.	Henry
Ivry.	Baron Léopold d
Ivry.	Jules d'
Lalonel.	Gabriel
Mesgrigny	Comte Adrien de
Montaigu	Comte de
Montfort	Baron de
Musset.	Alfred de
Nord.	Georges
Odoart.	Vicomte
Patureau.	
Peycam.	**Chevalier**
Poilly.	Baron de
Rolland-Roger	Paul
Saint-Cyran.	de

16.

Sainte-Croix.	de
Sarlovèse.	Comte de
Septeuil.	Comte de
Seymour	Lord Henry
Touchet.	Hastinges
Vaines.	Marquis Ernest de
Vassy.	Comte
Varelles.	de
Vergennes.	Gustave de
Viel-Castel.	Comte Horace de
Viterne.	Colonel de

Le nombre des membres de la réunion fut fixé à cent, et M. le marquis du Hallay conserva la présidence tout le temps que dura le *Petit-Cercle*.

La précipitation avec laquelle le cercle avait été fondé avait entraîné l'acceptation irréfléchie de quelques personnes ; plus tard on exerça un contrôle très-sévère sur les admissions et le *blackbollage* était chose fort ordinaire. Une boule noire sur six votants amenait l'exclusion.

Lorsque les habitués du Café de Paris avaient pensé à exclure le public de leurs salles, il s'était trouvé mêlé à la conversation un homme qui n'était plus jeune, mais dont la tête expressive était très-sympathique, qui s'exprimait avec élégance et dont les façons étaient irréprochables. Depuis deux ou trois mois, il dînait assidûment à la même table ; un hasard l'avait mis en rapport avec un de ces messieurs, il avait fini par échanger un coup de chapeau avec tous, peu à peu il avait été accepté sur sa bonne mine, et, le cercle installé, M. X*** se trouva être au nombre des fondateurs.

Peu de jours après, on apprit qu'il était le représentant d'une importante maison de Bordeaux qui vendait les grands vins. — La rumeur fut vive. — Ne devait-on pas engager M. X... à donner sa démission? N'avait-il pas trompé le cercle en ne lui révélant pas à l'avance sa position sociale? Il y eut des discussions fort animées à la suite desquelles il fut décidé que si M. X... n'avait pas déclaré sa profession, il ne l'avait pas cachée; que personne n'avait songé à s'en enquérir; que s'il y avait une faute, elle était imputable au cercle et nullement au membre; que, d'un autre côté, les renseignements obtenus sur M. X... établissaient son honorabilité d'une manière irrécusable et que, par conséquent, on n'avait pas le droit de se montrer si susceptible vis-à-vis d'un homme dont le seul tort était de ne pas avoir trente mille francs de rentes tout en appartenant au meilleur monde par ses façons, par ses goûts et par son éducation.

M. X... resta donc membre du Petit-Cercle, mais comme ses collègues ne voulurent pas que désormais il courût la pratique, il fut convenu que chacun d'eux deviendrait son client. Au bout de dix ans, M. X... avait fait fortune et ne vendait plus de vins.

Le Petit-Cercle, on le voit, avait une pointe de libéralisme; aussi y fumait-on partout, et était-ce l'endroit de Paris où l'on était le plus fort au billard. Mais c'était aussi le seul cercle qui n'eût pas de dîner à prix fixe, ce qui permettait à Alexandre de libeller de monstrueuses additions, et on y jouait ordinairement le whist à vingt francs la fiche. — Ce n'était ni jeu, ni dîner de démocrates... bien que M. Emmanuel Arago ait été reçu membre vers 1847.

Le Petit-Cercle n'était pas le cercle de l'Union. — Il avait à peine trois mois d'existence qu'il était déjà divisé par une guerre intestine.

On a vu comment lord Seymour avait été peu à peu abandonné par ses anciens amis ; ici se place le dernier chapitre de l'histoire de cette pauvre fille qui s'était tuée.

La catastrophe était récente quand lord Seymour entra un matin au cercle. Il y fût accueilli avec une froideur presque aussi gênante pour tout le monde que pour lui-même. Ne sachant à qui parler, il appuya la main sur une bande du billard, regardant M. P... qui jouait seul et qui était un des plus forts du cercle. M. P.. assura son coup de queue comme pour faire un huit bandes, et envoya la bille sur l'extrémité des doigts du lord.

— Diable ! vous m'avez fait mal, P..., fit lord Seymour avec colère, en serrant dans son autre main celle qui venait d'être touchée.

— Je le sais bien, — dit M. P... en s'appuyant avec nonchalance sur sa queue, — je l'ai fait exprès ?

Le silence s'était fait dans les conversations particulières; toute la salle regardait. Lord Seymour comprit que les dispositions lui étaient hostiles, il se retira sans mot dire. Dès ce moment le cercle fut séparé en deux camps : dans l'un étaient tous les membres, dans l'autre M. Seymour et M. de V..., qui lui resta toujours fidèle.

Les suites de cet antagonisme devinrent fatales au Petit-Cercle qui, on se le rappelle, sous-louait son logement à l'année à Alexandre, ou plutôt à Martin Guépet, successeurs d'Alexandre, qui, en achetant le café, avait pris le nom de son prédécesseur.

Alexandre était lui-même le locataire de la marquise d'Hertford, dont il n'avait jamais pu obtenir un bail. Peu de temps après l'aventure du billard, lord Seymour prévint son locataire qu'il eût à donner congé au Petit-Cercle, s'il ne voulait recevoir congé lui-même.

Le déménagement du Petit-Cercle — et l'avenir l'a bien prouvé — c'était sa mort, ce dont Alexandre s'inquiétait fort peu, mais c'était aussi ôter au Café de Paris sa meilleure clientèle.

Dans sa colère de se voir enlever le plus sûr élément de sa fortune, Alexandre n'épargna pas le fils de sa propriétaire, et il raconta à qui voulut l'entendre l'alternative dans laquelle le plaçait le mauvais vouloir de lord Seymour. Son indiscrétion le sauva. Cette fois, attaqué directement et en masse, le Petit-Cercle perdit patience, et il fit savoir à lord Seymour que, s'il donnait congé à Alexandre, chacun des membres prendrait cette mesure pour une insulte personnelle. Le lord se le tint pour dit. Il cessa entièrement de venir au cercle, dont il ne fit plus partie que nominalement, et Alexandre continua à s'enrichir au Café de Paris.

Mais lord Seymour avait la rancune persistante; il s'était promis de tuer le Petit-Cercle, et il y arriva avec l'aide de la révolution.

Les événements de février avaient jeté une profonde perturbation dans ce monde riche, élégant, frondeur par instinct, par nécessité du bien dire, mais au fond très-conservateur — non pas par affection pour la dynastie tombée, — M. le duc d'Orléans avait emporté avec lui toutes les attaches qui pussent lier cette génération — mais conservateur par crainte du changement, par tendresse pour ses habitudes, que la politique menaçait de renverser brusquement.

Sans doute, en dépit de la République, on plaisantait encore ; mais c'était du bout des lèvres, pour faire croire qu'on avait envie de rire.

Un satisfait, dont M. Guizot avait voulu édifier une ou deux fois la fortune, disait à un homme du boulevard :

— Pendant dix ans on a accusé le roi de corruption; vous voyez bien qu'on a eu tort : Louis-Philippe ne corrompait pas assez.

— Cependant, commençait l'autre, le commerce des voix électorales, les volte-face à la Chambre...

— Tarare, répondait le satisfait, il ne corrompait

pas assez ; car s'il avait corrompu tout le monde, il n'y aurait jamais eu de révolution.

Le paradoxe ne trompait personne; on en souriait comme d'une drôlerie, mais en réalité, si le mot faisait fortune, c'est qu'il exprimait la pensée et les regrets de tous.

— « Ah ! si on avait assez fumé en France pour que
« tout le monde pût avoir un bureau de tabac ! »

Fut dit quelques jours, après en apprenant que la mère d'une des colonnes de l'ancienne opposition venait d'être nommée titulaire de la Régie. — Le Petit-Cercle rééditait les mots de l'ancien conservateur et ne s'apercevait pas du plagiat, tant il était atterré.

En vain une grande dame disait, le 1er ou le 2 avril :

— « Votre révolution m'est bien égale ! Dût-elle me
« tout prendre, si elle me laisse le cou, je saurai bien
« trouver de l'argent tous les jours.»

C'était la bravade d'une femme au déclin de son automne, orgueilleuse de son éternelle beauté à la façon des duchesses de la Régence, mais qui jetait trop hautement son défi aux fureurs des ruelles pour, au fond, ne pas être pleine d'effroi à la pensée des fureurs de la rue.

On comprendra donc que si Février amena tant de craintes dans le cœur de tant de gens, lord Seymour fut bien plus effrayé que tout le monde. Son ancienne réputation de la Courtille ne suffisait plus à le protéger, bien loin de là, contre un mouvement révolutionnaire;

aussi se tenait-il toujours prêt à fuir de Paris à la première alerte.

On raconte que, pendant des mois, il eut un yacht en partance dans une des criques de sa propriété de Boulogne-sur-Mer, afin de pouvoir toujours quitter la France en six heures.

Les journées de juin le décidèrent. Au premier coup de fusil il partit.

Il avait, avons-nous dit, l'humeur rancunière. Toujours prêt à monter sur son navire, il écrivit à Alexandre pour lui intimer l'ordre de donner congé au Petit-Cercle.

La Manche et surtout la Révolution menaçante lui semblaient être une inviolable sauvegarde contre le ressentiment des anciens habitués du Café de Paris.

Il avait raisonné juste.

A son retour, la gravité des événements publics avait éteint la violence de beaucoup d'inimitiés individuelles; d'ailleurs le Petit-Cercle s'était transporté au coin du boulevard de la Chaussée-d'Antin — le fait était accompli, la querelle n'était plus possible, elle n'eut pas lieu.

Mais déjà le Petit-Cercle n'était plus que l'ombre de lui-même. Son royaume était le boulevard des Italiens, il ne pouvait régner ailleurs. Un déménagement était une abdication. Les membres restants comprirent vite cette vérité, et au bout de quelque temps ils se dispersèrent.

Une seule fois le *Petit-Cercle* voulut s'occuper activement de politique. Ce fut, en 1851, au coup d'État.

On lit dans les journaux de cette époque :

« Hier au soir des groupes nombreux se sont formés sur différents points de la ligne du boulevard. Une grande animation se faisait remarquer dans ces groupes composés en grande partie de gens bien vêtus. Les abords du Café de Paris étaient notamment encombrés par une foule compacte qui proférait des cris hostiles. Du haut du perron de Tortoni on a fait plusieurs fois la lecture d'une proclamation factieuse signée de M. Benoist d'Azy. »

En dépit de ces manifestations, les membres du Petit-Cercle, ou, pour mieux dire, les habitués du boulevard des Italiens, abandonnèrent promptement cette idée saugrenue de se mêler à la politique de leur temps. Ils redevinrent sages et reprirent leur voie droite, c'est-à-dire qu'ils s'occupèrent du budget dans ses rapports avec l'Opéra, qu'ils exigèrent de liberté et d'ordre public tout juste ce qu'il en faut pour rentrer sûrement chez soi, et pour ne plus trouver une bande d'ouvriers assis sur les banquettes de Tortoni.

Cependant, si l'on consultait la liste des membres on verrait que bon nombre d'entre eux sont devenus gens sérieux ; plusieurs, beaucoup même, ont accepté des fonctions dans le gouvernement impérial. Ils étaient trop littéraires, trop amis d'eux-mêmes, trop adorateurs du fait accompli, pour ne pas mettre en pratique ce vers célèbre :

L'homme absurde est celui qui ne change jamais.

Mais il n'est pas besoin de savoir de quel côté le vent des révolutions a tourné toutes ces têtes. Personne ne cherchait leurs convictions, on ne leur demandait que de l'esprit, et ils avaient le meilleur, celui de la causerie, celui de la narration facile, épicée, haute en goût, et cependant épurée et pleine de réticences charmantes.

Ils faisaient deviner sans qu'on pût leur reprocher d'avoir dit; ils avaient cette adorable modération des gens bien élevés qui laissent aux Pasquins le travail de provoquer le rire et qui cherchent seulement à attirer le sourire.

Amants de la forme avant tout, ils ne faisaient pas de gros traits à la façon des vaudevillistes ou même des journalistes ; ils étaient tous disciples de Beaumarchais, et leur mise en scène savante cherchait le complément de la description dans le geste, dans le port de la tête, dans ces mille riens qui sont les derniers refuges de l'expression portée à sa plus haute puissance.

Ils avaient horreur des choses grosses, vulgaires et communes ; ils n'admettaient que la finesse. Pour eux, par exemple, M. le marquis de Boissy avait le droit d'être petit, maigre, fluet, de ne pas ressembler à un

Adonis, d'être l'homme de France le plus mal habillé, de se rendre le plastron de tous les petits journaux et des grands : il n'en était pas moins le type charmant de l'homme d'esprit, et sa théorie du salut, l'art avec lequel il savait, d'un coup de chapeau, assigner à chacun sa place, lui avait conquis l'admiration de tous ces raffinés.

Il en était ainsi du reste : ils pardonnaient tout dès qu'ils apercevaient un côté réellement spirituel.

Dans ce Paris qui vit de l'esprit, et où l'esprit commande en maître, les hommes du boulevard régnaient en despotes.

Aussi, il les fallait voir, les jours d'opéra, dans la loge dont M. du Hallay était le titulaire. Cette loge, qui était la véritable loge infernale, a presque toujours été confondue avec la loge du Jockey, qui occupait toute l'avant-scène des secondes. Celle de M. du Hallay était aux premières, avait douze places seulement et était mitoyenne avec celle de M. le duc de Nemours. Une grande histoire que celle de la loge de M. le marquis du Hallay, et qui prit, à un moment donné, les proportions d'un événement politique.

Mais où il fallait surtout les voir, c'était chez eux au Petit-Cercle, ou causant assis sur les chaises du boulevard. Là seulement on comprenait bien leur supériorité. Là se tenaient les *disettes*. Les disettes étaient quelque chose comme les veillées du village, présidées par le maire ou le garde champêtre de l'endroit. Seulement le village s'appelait Paris et le garde champêtre était M. P***, lord Seymour, M. de Corberon et tant d'autres. En un mot on y cancannait. Mais quels cancans, bon Dieu ! Mais quelles histoires ; mais quelle verve ! quelle invention !

Ce sont les disettes dont je veux donner ici un pâle reflet. Je mêlerai tout ensemble : ce qui était vrai, ce qui pouvait l'être et ce qui ne l'était pas ; j'y introduirai de temps en temps le portrait du narrateur ; si je découvre dans quelque coin une physionomie oubliée, je tâcherai de la reproduire. J'écris tout cela au jour le jour, sans ordre, sans méthode, à la lueur du souvenir, et j'espère cependant intéresser mon lecteur.

BOBO.

Pourquoi Bobo?

— Peut-être, parce que chaque poil de sa barbe était né dans un bouton, peut-être encore parce qu'il n'était rien moins qu'innocent. En somme, il était célèbre par le genre d'esprit qu'il déploya jusqu'à sa mort pour rester vainqueur, vis-à-vis de la malignité publique, d'une situation qui, d'ordinaire, rend un mari fort ridicule.

Les commencements de Bobo avaient été difficiles, et il était sorti à son honneur de tous les mauvais pas.

Son père — M. A... — s'occupait beaucoup d'économie politique. Il était de l'école qui veut de grandes fortunes comme bases de la prospérité d'un État. Il fit tout, le digne homme, pour bien mériter de son pays.

Il mourut avec le regret de n'avoir pu mieux faire.

Il n'avait amassé, dans je ne sais quel commerce, qu'un peu plus de 80,000 livres de rente. Mais il y avait été si fort occupé qu'il n'avait jamais trouvé le temps d'épouser la mère de son fils, une honnête et douce créature, qui depuis vingt ans avait découvert le moyen de vivre respectable et respectée en dehors du mariage et en dehors du célibat.

Le premier acte de Bobo dans la vie d'homme fut de dénicher au 113 du Palais-Royal un brave soudard qui portait fièrement ses blessures — et il en avait beaucoup — ses croix, et il en avait deux — mais qui portait très-mal son nom sonore et son titre de marquis.

Trois mois après sa rencontre avec Bobo, le vieux guerrier était installé pour le reste de sa vie dans une ville à roulette, en Allemagne ; il avait 6,000 francs de pension viagère pour essayer tous les systèmes possibles — en dehors de France, — et Bobo se réveillait la nuit pour se dire à lui-même :

— « Ma mère, madame la marquise de... ! »

C'était habilement mené.

Quand il eut ainsi accompli ses devoirs de fils, Bobo crut qu'il pouvait penser à lui. Il avait fait sa mère marquise, il se fit baron : c'était bien le moins. Puis il se commanda des armes chez le d'Hozier de l'époque.

A quelque temps de là il annonçait son futur mariage dans un salon de la place Vendôme, et il racontait complaisamment à la maîtresse de la maison — femme charmante, mais dont la bonté avait parfois des griffes, qu'il faisait faire pour la cérémonie des voitures splendides avec des armoiries grandes comme la main, peintes sur les panneaux et brodées sur la housse des siéges.

— Vos armes! — Bobo! fit madame de V... avec étonnement. — Ah! oui, je sais : un carquois et des flèches.

La future avait une beauté ou plutôt un charme qui devait pendant vingt ans la rendre célèbre dans tout Paris; de plus, elle avait près d'un million de dot. Mais elle avait aussi trois amies intimes, et là devait être le revers de la médaille.

Ces trois amies étaient : une financière très à la mode et deux belles duchesses. Les deux premières avaient chacune une affection que Paris nommait tout bas, la troisième ne comptait plus ses intrigues depuis longues années, et le monde avait fini par faire comme elle.

Bobo, qui ne se piquait pas de littérature, avait négligé de lire dans Balzac la théorie de l'amie. Peut-être, s'il l'eût fait, eût-il modifié les habitudes de son ménage, bien qu'il lui eût été assurément très-pénible de rompre avec ce monde très-haut placé dans lequel, grâce à sa femme, il était entré tout d'une pièce.

Mais madame A... était une nature honnête, ayant l'hypocrisie en horreur; si elle était tolérante pour ses relations, jamais elle n'avait donné lieu à la plus petite calomnie, et Bobo se trouvait le plus heureux des hommes d'avoir épousé une femme si jolie, si riche, si vertueuse, qui l'avait rendu père d'une si charmante petite fille, qui... lorsqu'un jour il apprit tout.

Tout — était, bien entendu, son meilleur ami.

Bobo qui n'était pas entré dans l'existence par la grande porte et qui avait réussi à se mettre sur un des hauts bâtons de l'échelle — il avait été préfet et il était déjà commandeur de la Légion d'honneur; — Bobo, qui avait su doubler sa fortune et forcer la considération à venir à lui, était fort peu d'humeur à accepter un rôle ridicule. D'ailleurs s'il avait eu des calculs dans sa vie, il avait du moins des idées très-arrêtées sur la dignité que l'on se doit à soi-même.

Il rendit donc tranquillement à madame A... la liberté qu'elle avait déjà reprise, il régla sans bruit et largement la question financière et laissa désormais sa moitié vivre comme elle l'entendrait, ou chez elle ou dans sa famille. La séparation une fois accomplie, il répandit lui-même, et en riant très-haut, le récit de ses mésaventures conjugales; il ne voulut que personne apprît d'une autre bouche que la sienne combien et comment il avait été trompé.

Une dernière audace mit les rieurs de son côté. Et, qui plus est, beaucoup de gens, beaucoup de femmes surtout trouvèrent qu'il avait la raillerie plus cruelle qu'un coup d'épée.

M. et madame A... avaient conservé, bien entendu, certains rapports officiels. Si madame A... était indisposée, M. A... envoyait chaque jour prendre de ses nouvelles; il ne lui offrait jamais son bras quand le hasard les réunissait dans le même salon, mais il l'abordait toujours avec un vif empressement. Deux ou trois fois dans sa vie il crut utile d'abuser de ces relations — posthumes, pourrait-on dire — pour flageller durement la faute du passé.

Ainsi, aux Champs-Elysées, il lui arrivait d'arrêter d'un signe la voiture de madame A... qui, accompagnée de son sigisbé, était partie, joyeuse peut-être, pour aller au bois. Lui s'avançait calme, souriant, tenant sous le bras un monsieur quelconque. Arrivé à la portière il présentait son compagnon, et la seconde formule de la présentation devenait celle-ci :

— Madame A..., ma femme, et M. X..., son amant!

Le lendemain Paris riait aux larmes, et madame

A... restait trois mois sans mettre le pied dehors.

Un dernier mot de Bobo : ce n'est pas le moins connu.

On lui demandait pourquoi il avait cessé de visiter un de ses amis qu'il avait beaucoup affectionné jadis, et qui, de fort riche, était devenu fort pauvre :

— Je ne peux plus seulement le regarder, disait-il, j'ai trop bon cœur et je l'aime trop : cela me fait mal de le voir si malheureux.

LE VRAI LARA

Un soir il y avait peu de monde sur le boulevard, la conversation était languissante, quand elle vint à tomber sur un jeune duc qui affichait déjà l'amour désordonné des plaisirs excessifs.

Le jeune homme était beau, il était ardent, il était spirituel. Il n'était sorte de dévergondage dont il ne fît parade.

— C'est un garçon perdu, disait un des causeurs, il est éternellement condamné aux drôlesses. Jamais une femme d'un monde un peu propre ne consentira à s'occuper de lui, elle se perdrait entièrement de réputation.

— Vous vous trompez, mon cher, — répondit gravement un autre causeur, — c'est avec cela qu'on a des reines.

Cette réponse produisit un mouvement de stupéfaction.

C'était en effet le favori d'une reine qui parlait. M. Gronow était à cette époque un petit homme, maigre, d'environ 50 ans, avec des cheveux rares, une moustache étroite dont il faisait raser les bords tous les matins, ce qui ne parvenait pas à dissimuler les traces de la teinture sous laquelle il redevenait brun.

Toute la journée on le voyait habillé d'une éternelle redingote bleue, serrée, boutonnée à la taille et laissant passer un imperceptible liséré de son gilet blanc. Les gens qui ont parié qu'il dormait avec son sitck à pomme d'or entre les lèvres ont gagné des sommes considérables.

Il coulait sa vie assis à la fenêtre du Petit-Cercle, sa fameuse canne à la bouche, et il regardait passer son Paris.

Un Paris qui était vraiment à lui, car Paris c'était les cercles, le boulevard, le Café anglais, l'Opéra, le quartier Bréda, et rien de plus.

Tout ce qui vivait en dehors de ce milieu, il ne le connaissait pas, — « cela n'existait pas. »

Il avait vaguement entendu parler des faubourgs où s'agite l'industrie, d'une Sorbonne où grandissent les intelligences ; mais tout cela vit de peu, mange des saucissons qui sont parfois à l'ail ; quand cela se marie, c'est pour faire souche d'honnêtes gens, ça aime bourgeoisement sa moitié et ça a des enfants à soi : — que diable un Anglais *respectable* aurait-il pu aller faire par là ?

Pour bien comprendre M. Gronow, il faut connaître ces deux types d'Anglais répandus sur la surface du globe civilisé, l'Anglais gras et l'Anglais maigre. M. Gronow appartenait à la race maigre.

C'était un homme d'excellente compagnie, qui joignait au plus profond respect du *proper* et du *convenient*, une propension immense pour l'*exentric*. Il commettait les plus grandes folies sans que son menton cessât d'occuper le centre des deux pointes de son faux-col. Il avait épousé une danseuse, et il se serait brûlé la cervelle plutôt que d'aller à l'Opéra en redingote.

Ce petit homme pommadé, musqué, froid, flegmatique, qui connaissait à Paris le plus haut monde, qui était fort répandu dans tous les salons diplomatiques, qui avait évidemment vécu avec les notabilités européennes, ne parlait jamais de sa famille. Était-il le descendant légitime d'une race de marchands de bière enrichis, ou le fils égaré d'un grand seigneur ? Les opinions étaient fort partagées à cet égard.

On disait cependant que sa mère avait été intimement liée avec madame Jordan, artiste d'un grand talent, qui avait connu des heures peu heureuses avant de devenir la maîtresse du duc de Clarence, le plus jeune des cinq fils de George III, celui qui fut roi sous le nom de Guillaume IV.

Quand madame Jordan eut un fils de son royal amant, fils qui fut reconnu par Guillaume sous le nom de lord Fitz Clarence, comte de Munster, sa faveur ne connut plus de bornes, et elle en profita pour faire accorder au jeune Gronow, âgé de vingt-deux ou vingt-trois ans, une compagnie dans les Life Guards. Il fut un des plus jolis officiers de parade de l'orgueilleuse Albion, et, pendant dix ans, sa miniature fut cachée dans les poches d'une grande princesse qui l'aimait follement.

Quand M. Gronow quitta l'Angleterre, ce portrait lui fut rendu, et on le voyait quelquefois, lorsque passait une beauté à la mode, ouvrir négligemment l'étui de maroquin rouge où il retrouvait ses vingt-cinq ans et ses succès. Il soupirait en le refermant.

C'est la seule marque de sensibilité qu'on lui ait vu donner.

M. Gronow appartenait à l'école des diplomates silencieux, ce qui veut dire qu'il racontait beaucoup et très-longuement, quand par hasard il se décidait à parler. Il aimait la littérature anglaise, et bien qu'il eût en médiocre estime le caractère et la portée politique de lord Byron, il faisait grand cas du poëte. Par un contraste peu rare, ce petit homme dont la figure ressemblait à du marbre, éprouvait vivement.

Peut-être avait-il dû prendre un masque pour défier

les regards quand il n'était pas aux genoux de la princesse — et le masque était resté. Mais, à l'entendre exalter les créations sombres et terribles de Byron, on devinait que la passion avait dû jadis habiter ce vieux cœur.

C'était avec un véritable enthousiasme qu'il analysait les tempêtes dont avait dû être bouleversée l'âme des héros de son poëte, le *Giaour,* le *Corsaire, Lara* surtout, Lara le démon, qu'il prétendait avoir connu, et sur lequel il racontait des détails publiés en Angleterre il y a près de quarante ans, mais qui cependant sont restés assez ignorés en France pour que je croie pouvoir leur consacrer un chapitre.

Cette histoire m'intéressait jadis, et je me suis toujours imaginé être la personnification du public.

A en croire M. Gronow, Lara et Manfred auraient réellement existé, et leur modèle vivant était un certain Trelawney qui s'était fort lié avec lord Byron pendant son séjour en Grèce.

Ce Trelawney était un géant de six pieds portant une magnifique tête pleine de calme, d'intelligence, de passion contenue et d'audace, sur le corps le plus merveilleusement proportionné qu'il soit possible de rêver.

Il avait la main belle, longue, effilée, et cependant il plaçait, dit-on, une première noisette entre l'index et le médium, une seconde entre le médium et l'annulaire, une troisième entre l'annulaire et le petit doigt ; puis, rapprochant lentement ses doigts tendus, il écrasait les noisettes.

Il prenait au hasard trois tringles de fer, dont chacune avait environ trois ou quatre centimètres de diamètre, et, après les avoir assujetties sous son pied, il les transformait sans effort apparent en une natte à trois brins aussi régulière, aussi parfaite que si elle eût été fabriquée par la plus puissante machine. Quand cette natte avait atteint une certaine longueur, il la saisissait entre ses deux mains, et il la tordait en forme de tire-bouchon.

Ce terrible athlète parlait tous les idiomes et tous les dialectes connus depuis la côte de Coromandel et la pointe de Ceylan jusqu'aux îles de la Sonde ; bronzé par le soleil indien autant que Siva lui-même, toujours habillé d'étoffes de soie et de cachemire qui le drapaient comme une statue antique, il ressemblait aussi peu que possible à un Anglais ; et, avec sa figure altière et ses yeux voilés de cils immenses, il rendait immobiles et frissonnantes les filles d'Abydos qui croyaient, en le rencontrant, retrouver le dernier des dieux de l'Olympe attardé sur la terre classique de l'imprévu, de la beauté et de la poésie physique.

Sir Trelawney avait cependant répandu plus de sang, ordonné plus de massacres, poignardé plus d'hommes que les héros de la Fable auxquels il faisait rêver. Sa vie racontée par lord Byron, dont il était devenu le compagnon assidu, avait été considérablement mitigée et adoucie pour servir de canevas aux chants de Lara.

Aussi, il n'avait pas suffi à Trelawney de la popularité donnée à ses aventures par le génie du poëte anglais : son esprit de rébellion contre toutes les autorités acceptées, son mépris pour les lois et pour les institutions sociales ne se contentaient pas d'une œuvre lyrique sur la portée de laquelle le public aurait pu se méprendre.

Il voulut jeter plus audacieusement son défi à la civilisation européenne, et vers 1830 il publia ses Mémoires.

En lisant ce livre, on ne sait s'il a été écrit par un homme ou par un démon. C'est la déification de la violence et de la vengeance ; c'est une splendide et dangereuse épopée, pendant laquelle on arrive à croire que l'assassinat est le seul moyen logique de sortir d'une situation embarrassée ; que la lutte contre les éléments les plus furieux, le feu et la tempête, que l'ivresse et la colère sont les passions sublimes qui doivent guider la vie.

Le Conrad de Byron est un pâle efféminé qui devait trembler en face de Trelawney.

Trelawney fut chassé du collége et embarqué par son père sur un navire anglais. C'était déjà une nature indomptable, violente, amoureuse du danger, haineuse de toute discipline et contre laquelle on avait essayé tous les moyens, excepté peut-être la douceur et la bonté. A peine embarqué, il se fait à bord une détestable réputation de force, de courage, de férocité et de générosité qui lui crée de vives sympathies parmi les matelots, ses camarades, mais de profondes inimitiés dans le cadre des officiers. J'ai écrit — générosité, et, en effet, Trelawney a des apparences généreuses qu'il importe de définir pour faire comprendre ce type ineffaçable du véritable aventurier.

Il part maudissant le collége, l'éducation et la famille moderne ; en revenant de ses voyages, il rapporte l'horreur du despotisme et surtout l'horreur des lois. Il blêmit de colère à la vue de l'appareil répressif dont s'entoure la civilisation. Pour lui un juge recouvert de sa robe, un agent de police, un prêtre, un gendarme, un ministre ou un roi seront autant de créatures malfaisantes que l'on doit tuer au passage comme des chiens enragés.

Ce sanglant adorateur de la liberté, qui vingt fois aura risqué sa vie pour redresser une injustice, pour défendre le faible contre le fort, n'aura jamais reconnu un droit plus puissant que sa volonté, une raison meilleure que celle de sa force, un argument plus décisif qu'un canon de pistolet ou qu'une lame de poignard.

Pour cet indomptable despote qui, partout où il aura passé, aura jeté la désolation et le carnage, tout semblant d'ordre et de régularité sera le comble du despotisme, tout refrènement opposé à ses passions sera une atteinte à sa dignité d'homme libre et méritera la mort.

C'est ainsi qu'à bord du vaisseau où il est embarqué, il assomme sans pitié ceux qui abusent de leur force pour opprimer les autres, mais qu'il assassine les officiers qui l'avaient puni pour d'innombrables fautes de discipline. Sa vengeance accomplie, il déserte et le voilà pirate. Désormais sa vie va devenir une orgie perpétuelle, l'orgie du massacre.

C'était à Borneo : Trelawney et Zela, son page arabe, la jeune fille qui l'accompagnait dans ses voyages et dont il s'était fait aimer, étaient assis sur une ligne de rochers entre lesquels avaient poussé d'immenses broussailles. Ils attendaient leurs chaloupes, que l'on apercevait déjà à un mille du rivage.

A certains indices, ils croient à la présence d'un tigre.

Voici le récit de Trelawney :

« J'avais glissé une nouvelle balle dans ma carabine, et je résolus d'attendre. Si du premier coup je n'avais pas tué l'animal, Zela et moi nous nous serions jetés à l'eau pour rejoindre la chaloupe. Le frémissement du feuillage devint plus bruyant, et à ma grande surprise, il en sortit, non pas le tigre que je m'attendais à voir, mais un vieil homme tout couvert de poils gris.

« J'allais me lever et marcher sur lui, quand Zela me fit impérieusement signe de ne pas bouger. Le vieil homme fit avec beaucoup de soin l'inspection des lieux, il se courba comme pour sonder l'horizon, et quand il fut relevé, j'aperçus la plus extraordinaire des figures.

« Il était d'une excessive maigreur, de longs poils couvraient son corps, sa taille était énorme, ses jambes, ses bras, ses mains étaient d'une longueur qui me causait un vif étonnement. Son visage était noir, couturé de rides profondes et couvert çà et là de touffes de poils blancs. Presque plié en deux et appuyé sur une grosse massue pareille à celle que portent les sauvages de la mer du Sud, il faisait des pas immenses. — Plus je l'examinais, plus j'étais étonné de son aspect.

« Bien qu'il eût l'air très-âgé et même infirme, ses yeux rayonnaient de malice et de feu sauvage. On eût dit le regard d'un démon, et il semblait être une créature perverse et dangereuse.

« Il alla vers l'Océan, s'assit sur un rocher, et, à l'aide d'une pierre aiguë, il ouvrit divers coquillages qu'il avala sans les mâcher; il réunit quelques huîtres dans une large feuille, regarda un instant la chaloupe qui s'avançait toujours, se lava les mains et reprit sa course d'un pas un peu plus rapide.

« — Je vais le suivre, m'écriai-je!

« — Non, non, me dit Zela. Ne fais pas cela. Ce vieil homme est un habitant des fourrés, et il n'y a pas une bête féroce plus dangereuse.

« Je le suivis cependant par un autre chemin que le sien. J'entendais le bruit des pas du vieux et par intervalles je le voyais briser à coups de massue les branches qui le gênaient. Comme lui, nous traversâmes une grande plaine, puis un torrent desséché qui nous conduisit à un rocher droit comme un mur et haut d'environ six mètres. Un arbre couvert de mousse avait poussé au pied du roc et dépassait sa crête.

« Le vieil homme monta sur l'arbre, s'étendit sur une branche horizontale, et s'aidant des pieds et des mains à la façon des matelots, il arriva à l'extrémité de la branche d'où il se laissa tomber sur le roc. Nous fîmes comme lui, en ayant grand soin de ne pas nous laisser voir.

« Il franchit une chaîne de rochers sur laquelle étaient quelques pins, puis, s'arrêtant à un arbre mort, dont le tronc pourri et tombé sur la terre avait donné naissance à quelques jeunes pousses, il mesura ces rejetons, en arracha quatre, en fit un paquet qu'il noua avec du jonc, et partit.

« Il allait d'un endroit à l'autre, cherchant les fruits des bananiers. Il rejetait ceux qui n'étaient pas mûrs. Enfin il arriva à un petit champ dont la forme rappelait celle d'un amphithéâtre. La terre avait été aplanie, sablée ; un arbre magnifique couvert de fleurs blanches ombrageait une maisonnette soigneusement construite avec du jonc. J'admirais le lieu pittoresque où ce reclus était venu s'installer.

« D'un côté s'élevait une ligne de rochers couverte de tamarins et de noisetiers sauvages, qui répandaient leur délicieuse odeur ; ces rochers, polis comme du marbre, formaient en descendant vers le sol une grotte charmante, devant laquelle trois arbres de bétel, souples et élancés, balançaient leurs branches flexibles, tandis que le soleil faisait ressortir la blancheur de leur écorce.

« Derrière la maison l'œil se perdait sur une forêt de joncs et de buissons épineux, et par-dessus ce lit obscur et agité s'élevaient le tamarin, le cactus, l'acacia, le bananier et le bambou à la feuille noire.

« Ce vieil homme avait une légèreté singulière et qui me rappelait presque autant l'instinct des animaux que l'adresse des hommes. Pour entrer dans sa cabane, dont le toit de palmier descendait jusqu'à deux pieds du sol, il déposa son paquet et se courba très-bas.

« Je m'avançais pour essayer de le regarder dans son habitation, quand un bruit dans le feuillage me fit retourner. Un serpent à sonnettes, aux yeux comme des escarboucles, était à quelques pas, regardant Zela.

« Je m'élançai vers elle sans précaution, je la saisis dans mes bras et le serpent fuyait dans les buissons, quand elle s'écria :

« Oh ! l'homme des jungles !

« Le vieil homme marchait résolûment sur moi et faisait tournoyer sa massue comme un tambour-major fait voltiger sa canne au-dessus de sa tête.

« Sa taille était droite, il me parut plus grand encore, tous ses muscles étaient tendus, ses yeux jetaient un feu ardent ; entre ses lèvres noires se voyaient ses dents blanches, serrées les unes contre les autres.

« Ma carabine était tout armée, mais avant que je pusse l'épauler, il m'atteignit par un pas immense et m'asséna un coup de massue.

« Je fis feu en rompant. Le coup lui traversa le flanc du côté gauche ; mais lui, bondissant de plus d'un mètre en l'air, retomba sur moi et je roulai par terre écrasé sous son poids. Je me crus mort.

« — Sauve-toi, criai-je à Zela, et nage jusqu'à la chaloupe.

« — Il est mort, me répondit-elle.

« — Elle était là, à mes côtés, son épieu rouge de sang à la main.

« — Elle venait de l'achever. »

— Et après ? disait-on au capitaine Gronow, qui avait raconté ces histoires tout d'une haleine et avec un accent parfois fébrile, mais sans cesser cependant de se caresser le menton avec la pomme de sa badine.

— Après ? je ne sais plus. Trelawney mange du pudding maintenant en Angleterre ; il ne s'occupe guère de nous, et moi je vais suivre un peu cette jolie créature que voilà là-bas. Elle est vraiment classique ! Elle est pur sang !

Classique et pur sang, c'étaient les deux mots qui chez M. Gronow exprimaient sa plus haute admiration pour une femme. — La princesse dut avoir des moments bien heureux !

M. LE DUC DE NEMOURS

ET LA PRESSE DE 1848.

J'ai dit que douze hommes du boulevard s'étaient réunis pour prendre, à frais communs, une loge dont le titulaire était M. du Hallay. La possession de cette loge donna lieu à un procès entre M. le duc de Nemours et M. du Hallay.

Je reproduis ici les appréciations de la presse sur cette affaire, à titre de curiosité littéraire. Il est peut-être intéressant, en 1867, de voir comment, en 1845, se traitaient les discussions avec le prince du sang qu'une loi désignait comme futur régent de France.

J'emprunte ce récit à l'un des chroniqueurs les plus courtois dont la presse se soit honorée, à M. Eugène Guinot.

« Le dilettantisme du château vient de se signaler par un coup d'État dans le domaine de l'Académie royale de musique.

« M. le duc de Nemours avait une loge à l'Opéra; il a voulu en avoir deux; — rien de mieux assurément. Nous sommes enchantés de voir le prince déployer ce luxe: cela nous prouve que l'état de sa fortune n'est pas aussi médiocre que de maladroits courtisans voudraient le faire croire; et désormais sans doute, le refu-

de la dotation causera moins d'attendrissement aux âmes sensibles.

« Que M. le duc de Nemours se loge donc d'une façon vaste et somptueuse aux avant-scènes de l'Opéra, puisque ses moyens le lui permettent, qu'il s'agrandisse pour donner place aux familiers de la future régence, personne ne saurait y trouver à redire; mais si les agents du prince poussent le zèle jusqu'à méconnaître des droits acquis et déposséder une ancienne installation, ce sera bien différent. Alors il y aura usurpation, abus de pouvoir, et c'est précisément, et par malheur, ce qui arrive dans cette affaire, qui fait beaucoup de bruit et que nous ne pouvons passer sous silence.

« La location d'une loge à l'Opéra constitue un certain droit de propriété.

« Il est d'usage officiel que le locataire ait privilége de continuer son bail aussi longtemps que cela lui convient. Le postulant qui désire louer une loge doit attendre qu'elle soit devenue vacante par l'abandon de celui qui l'occupe. Cette pratique constante est une règle que le bon goût et l'équité avaient établie et qui semblait devoir se maintenir à l'abri de toute atteinte. — Cependant la règle vient d'être violée au profit de M. le duc de Nemours, et par un coup d'État qui a vivement impressionné les habitués de l'Opéra.

« Au foyer du théâtre, dans les coulisses, au Café de Paris, sur le boulevard des Italiens, au Jockey-Club, l'émotion est aussi vive que générale. Grâce à quelques circonstances particulières, l'affaire a pris les proportions d'un événement plein d'intérêt et de gravité.

« On a souvent parlé de la loge infernale qui s'épanouissait à l'avant-scène de l'Opéra. Cette loge, il y a quelques années, jouissait d'une assez grande célébrité. Combien d'histoires fantastiques, piquantes et merveilleuses n'a-t-on pas faites à son sujet, du temps où l'on y voyait figurer chaque soir la fameuse canne de M. de Balzac !

« Mais voici déjà longtemps que la loge infernale a perdu son titre en changeant de physionomie. La plupart des jeunes lions qui l'occupaient jadis sont devenus des hommes graves et mûrs ; quelques-uns se sont élancés dans le sport politique et dans le *steeple chase* de la diplomatie. Ceux-là prennent maintenant pour but la loge des ministres.

« Abandonnée par ses anciens possesseurs, l'ex-loge infernale appartient aujourd'hui à M. le marquis du Hallay, qui était, à la fin de la Restauration, le plus jeune et le plus fringant des gentilshommes de la chambre du roi. M. du Hallay ne prévoyait pas que la révolution de juillet, après lui avoir enlevé ses emplois à la cour et son grade dans l'armée, le destituerait aussi de sa loge à l'Opéra. C'est pourtant là ce qui est arrivé. La loge de M. le marquis du Hallay convenait à M. le duc de Nemours, et les courtisans du prince se sont imaginé que nous étions revenus au régime du bon plaisir, et que tout devait plier devant une fantaisie princière. Ils ont fait donner congé à M. du Hallay, sans autre forme de politesse.

« Du temps de l'ancien régent, les familiers du Palais-Royal ne se seraient pas permis d'agir aussi cavalièrement. Nous sommes en progrès. Il y a quelques années, le duc d'Orléans — si justement regretté — désirait aussi avoir à l'avant-scène de l'Opéra une loge occupée par M. le marquis de Las Marismas. Il ne la prit pas, il attendit patiemment qu'une autre loge d'avant-scène fût vacante, et il offrit un échange qui fut accepté. Si nous n'étions pas en progrès, on aurait pu cette fois agir de même. M. du Hallay aurait accepté volontiers l'échange avec une autre loge située à l'avant-scène de droite et occupée par quelques habitués des Tuileries, très-dévoués à M. le duc de Nemours, et qui, dans cette circonstance, pouvaient épargner au pavillon Marsan le tort d'une mesure acerbe et le désagrément d'un procès devant le tribunal de commerce, appelé à juger la question.

« Mais il y a des hommes qui, en toute occasion, veulent se montrer fidèles à leur qualité de conservateurs.

« On prétend que le prince est dans son droit, et que les règlements de l'Opéra lui accordent le privilége de prendre les loges qui lui conviennent. — Ce règlement a été fait du temps où la subvention de l'Opéra était payée sur les fonds de la liste civile. Aujourd'hui ce sont les contribuables qui entretiennent l'Opéra : par conséquent, l'égalité devrait être rétablie dans ce domaine. Le droit résultait de la dépense ; — il n'est pas juste de conserver les bénéfices là où l'on se dépouille des charges ; — et l'opinion publique, toujours fertile en bonnes leçons, dit à haute voix qu'il eût été juste et convenable d'abdiquer un privilége que de complaisants législateurs ont oublié d'abolir. »

Voici en quels termes Eugène Guinot annonce le résultat du procès :

« La cause de M. le duc de Nemours l'a emporté sur celle de M. le marquis du Hallay, dans la balance du tribunal de commerce ; l'affaire a été immédiatement portée devant la Cour royale, où le débat s'engagera d'une façon plus large et plus lumineuse. L'administration de l'Opéra plaide évidemment contre ses intérêts. Si les priviléges de l'ancien régime étaient maintenus, si la Cour royale sanctionnait le règlement qui concède aux princes des droits féodaux sur l'Opéra, il n'y aurait plus de sécurité pour le public ; personne ne serait plus sûr de sa loge ni même de sa stalle ; il faudrait inscrire sur les coupons : — « Place louée à M.***, à moins qu'elle ne soit à la convenance d'un prince. »

« Et nous avons un grand nombre de princes ; ce nombre augmente tous les jours ; ils pourraient finir par envahir l'Académie royale de musique, et occuper toutes les loges du premier rang, en prenant le balcon, la galerie et l'amphithéâtre pour leurs courtisans.

« Qu'ils soient grands seigneurs ou non, nés ou parvenus, les courtisans sont les mêmes. Que leur importe que leurs maîtres se compromettent, pourvu qu'ils puisent à la source des faveurs et qu'ils se campent aux bonnes places ! — Sans doute, aucune voix ne s'est élevée dans les salons du pavillon Marsan pour se faire le respectueux écho de l'opinion publique. Mais la Cour royale apportera dans cette intéressante question ses lumières et sa haute prudence.

« Cette fois, comme toujours, elle se montrera fidèle à sa noble devise : — La Cour rend des arrêts et non pas des services.

« Cependant, ce serait rendre un service au pavillon Marsan, que de condamner ses prétentions par un bon arrêt. »

En dépit de ces prévisions, la Cour royale confirma le jugement du tribunal de commerce. Et aujourd'hui que les passions sont éteintes, on doit reconnaître que son arrêt fut parfaitement conforme aux notions les plus élémentaires du droit commun. Qu'importent, en effet, les usages spéciaux à l'Opéra, et qu'eût-on dit d'une jurisprudence qui eût consacré ce singulier principe : « L'expiration d'un bail ne libère que le locataire ; quant au propriétaire, dès qu'il a abandonné une fois tout ou partie de sa propriété, il ne peut en réclamer l'usage que comme une faveur et jamais comme un droit ? »

A cette histoire de la loge de M. du Hallay je n'ajouterai qu'un renseignement pour fixer un point qui, il y a quelques années, fut très-discuté par la gent littéraire :

C'est en 1837 que Balzac fit partie de la loge des douze.

CES DEMOISELLES

MADEMOISELLE MALAGA.

Elle était belle à miracle, jolie à faire damner un collège de Jésuites, joyeuse dans toute l'acception du mot, aimant les fêtes et le luxe pour le plaisir qu'ils procurent, mais n'ayant jamais eu la pensée d'économiser cent francs. Du français, elle savait les mots prohibés, et si elle avait entendu parler du mot *pudeur* c'était bien vaguement.

Exemple :

Un directeur de l'Opéra, M. D....., l'honorait de ses soins et voulait, paraît-il, la prendre au sérieux. Elle demeurait passage Laferrière. Un jour d'été, par une chaleur tropicale, il la sermonnait et cherchait à lui faire comprendre ce charme mystérieux qui s'attache à la décence et à la retenue féminines. Malaga qui, ce jour-là, comme tous les jours, du reste, avait adopté le costume de la Vénus pudique, ne comprenait pas bien en quoi elle manquait de pudeur. Tout à coup elle interrompt le professeur :

— « Attends, dit-elle, j'étouffe ici, le soleil nous brûle, je vais fermer les volets. »

Et, gravement, elle ouvre la fenêtre, monte sur son balcon, et détache les crochets des persiennes. En face étaient des maçons qui, peu habitués à de semblables tableaux vivants, se mirent à rire en criant : Bravo !

— Qu'est-ce qu'ils ont donc, ces imbéciles-là ? — dit elle en continuant tranquillement sa besogne, — on dirait qu'ils n'ont jamais vu une femme !

Une autre fois, c'était un matin, Malaga n'était pas encore levée et M. le comte de L. B... lui tenait compagnie. On sonne. La fillette court ouvrir dans le costume que nous lui connaissons. C'était l'impresario royal amené par un soupçon. Malaga ne se déconcerte pas et le fait entrer dans sa chambre. Les deux hommes se connaissaient et se sentaient l'un et l'autre assez embarrassés, quand Malaga toujours calme et souriante se tourne vers le comte, et lui désignant du geste le jaloux :

Mon cher comte, — M. D.....

Mon cher directeur, — M. le comte de L. B***.

Ces deux histoires mirent Malaga fort à la mode, et on lui attribua pendant longtemps tous les mots un peu cyniques qui couraient le boulevard. Pour entretenir sa célébrité elle fit à ce pauvre D..... les scènes pu-

bliques les plus folles et les plus burlesques que l'on
pût imaginer. Elle coupait le pan de ses habits pour
l'empêcher d'aller dans le monde, et son trophée d'une
main et ses ciseaux de l'autre, elle narrait ses exploits
avec d'interminables éclats de rire qui appelaient à elle
tout le Café de Paris.

MARIE DUPLESSIS.

Marguerite Gauthier, à laquelle M. Alexandre Dumas
fils a voulu donner un cœur et que nous voyons, à travers le prisme de la *Dame aux Camélias*, réhabilitée
comme une seconde Marion Delorme, s'appelait de son
véritable nom Marion Duplessis. De Marion, elle avait
fait Marie. Elle était la fille de pauvres cultivateurs
normands, et elle arriva à Paris en sabots pour « — se
mettre en place ; » — en français, avec l'ambition de
devenir domestique. A qui dut-elle sa première robe et
sa première paire de bottines ? — Elle l'avait probablement oublié elle-même.

En tout cas, celui-là, ou ceux-là, peut ou peuvent se
vanter d'avoir eu sur la destinée de la littérature française et peut-être sur nos mœurs l'action la plus funeste
et la plus dissolvante que je sache. S'il est vrai que les
petites causes amènent les grands effets, n'est-ce pas à
l'homme qui a produit cette fille pour la première fois
que l'on doit l'invasion du demi-monde dans le livre,

dans le journal, sur le théâtre et dans la famille, s'il faut en croire M. Sardou. Sans elle, sans sa navrante histoire, M. Alexandre Dumas fils eût peut-être trouvé un autre début littéraire et, pour ne pas être la même, sa voie n'en eût peut-être pas été moins illustre.

Que de livres meilleurs, que de mauvais livres de moins nous avions chance d'avoir s'il y a vingt ans Marion, la Normande, eût trouvé une place, — et qu'elle y fût restée !

En mettant de côté les considérations rétrospectives et morales pour ne voir que le fait, il faut rendre hommage à la folle prodigalité de cette fille maigre qui, au creuset de ses fantaisies, eût fondu en six mois la fortune la plus solide.

Instruits par l'exemple de leurs prédécesseurs, sept membres de la fashion parisienne conçurent l'idée d'une association en participation pour subvenir au luxe de Marie. Ils étaient déjà liés par mille liens d'amitié ; en se donnant à tous la même maîtresse, ils en formaient un nouveau. On m'a assuré que, pour célébrer la signature des conventions, ils firent un cadeau en commun. C'était un meuble de première nécessité : une toilette munie de sept tiroirs et qui coûta un prix fou.

Avec un peu d'ordre, la confusion devenait impossible. Ainsi, le fils d'un général de l'Empire, qui tenait de son père une barbe noire et un air de belle santé, ouvrait-il le tiroir d'un jeune blond, au teint de rose, délicat, qui avait peu l'air d'un chêne et qui s'était étiolé au faubourg Saint-Germain, il le repoussait aussitôt en apercevant une boîte de poudre blonde à poudrer. — Il en était de même des autres. Chacun avait son signe distinctif. L'un des collyres, l'autre de l'eau de madame Ma, etc.

Un jour l'association se rompit. Marie était tombée malade, on en désespérait. La toilette lui resta, mais chacun vida son tiroir et porta son paquet ailleurs.

La déesse de la cité Vindé était mourante quand, aux termes de la loi, on vint — « procéder au récolement des meubles, objets et effets mobiliers de la partie saisie pour les transporter à l'hôtel des ventes et les y adjuger au dernier et plus offrant enchérisseur pour le prix en être affecté au payement des condamnations prononcées contre elle. »

De toutes ces splendeurs il n'allait rester qu'un lit de sangle sur lequel on déposerait la moribonde ; car la loi, que n'arrête ni la folie ni la sagesse, ni la vie ni la mort, permet au débiteur de faire l'échange et de mettre un grabat à la place d'un lit de luxe.

Un tout jeune homme, qui jadis avait aimé Marie une ou deux semaines et qui revenait la voir depuis que la phthisie avait éloigné tout le monde, se trouvait là. Il était d'une famille où l'on a l'âme chaude. — Il ne voulut pas que les huissiers et que leurs acolytes, que cette bande des exécuteurs de la misère et du vice vinssent troubler l'agonie de cette belle charmeresse de la veille. Il obtint une heure de délai et courut chez sa mère. Elle avait un grand cœur, cette grande dame de fraîche date. Toutes les infortunes de Paris et d'Espagne connaissaient sa porte pour ne l'avoir jamais trouvée close, et en vingt ans sa fortune nouvelle avait semé plus de bienfaits que toute une lignée de preux n'en pouvait compter.

Quand la marquise eut entendu son jeune fils, elle rougit peut-être en pensant à l'aristocratie française, mais oubliant les fautes, ne songeant qu'à la mort et sans un reproche pour personne, elle paya.

Je ne sais si je me trompe, mais il me semble qu'après l'histoire des sept associés pour une alcôve, qui peint une époque, il était besoin de cette autre histoire d'une noble femme payant les dettes d'une fille mourante pour que l'honneur des hommes fût sauf. — C'est aussi une peinture de l'époque.

FIN.

TABLE

Pages.
PRÉFACE... I.

CHAPITRE PREMIER

Ma naissance. — Chambon. — Les centenaires. — Les nids de moineaux francs. — Le premier lièvre. — Une ligne modele. — Les veillées. — Les légendes de la chaumière. — Le barbier, le maréchal-ferrant et le bâtonniste. — L'apologue des oiseaux en cage. — L'amour du fermier. — Ma grand'mère. — Le mousquet et la soutane. — Portrait de ma grand'maman. — La cataracte. — Une *mauvaise paye*. — 2,700 francs de charcuterie. — Il n'y a plus de bois. — Les toilettes du temps jadis. — Le pain rond et la flûte à potage. — Viens donc voir des masques. — Un chapeau neuf âgé de quinze ans. — Comment j'écoutais le sermon. — Les larmes de sang. — Opinion de ma grand'mère sur l'éducation................................ 1

CHAPITRE II

Blois. — Aspirant surnuméraire. — La carotte du cautionnement. — Un cœur de braise. — Chérubin et Jean-Jacques Rousseau. — La femme selon Balzac. — La fille du capitaine. — *Reviens à moi*. — La comédie bourgeoise. — Un mirliflore en 1825. — Le retour du croisé. — Une tuile. — Amour et désespoir. — Lanterne magique. — La corde escalier. — Vingt francs à gagner. — La mascarade. — Une giberne de titan — A l'ombre de la nuit. — *Nos amours ont duré toute une semaine*. — L'orgue de Fualdès. — Une bande de vauriens. — Les motets et les petits écus. — Mon premier coup d'épée. — Suis-je un poltron? — La casquette coquelicot. — Une moucharde. — Position critique. — Un mari mal venu. — Le roquet dénonciateur. — La danse du singe. — La tabatière à musique. — La Marseillaise de 1830. — En avant! marchons! — Un repris de tabagie. — Trois arpents de cadavres. — Le premier livre d'Armand Baschet. — L'arracheur d'affiches. — Don Juan platonique. — Mon mariage... 33

CHAPITRE III

Nantes. — Je deviens inspecteur général. — Un tireur de la force de Nicole. — Le théâtre de Nantes. — Une page du *Roman comique*. — La Bohème sur les planches. — La garde-robe d'un acteur. — L'intérieur des coulisses. — *Une Passion*. — Il jouera, il ne jouera pas. — Les répétitions. — Le feu aux billets. — Une Représentation extraordinaire — Je serai comédien. — On me fait une tête. — Le trac. — Comment j'entre en scène. — Le costume d'un *Jeune France*. — Un ours en cage. — L'émotion d'un premier début. — Un couplet de vaudeville. — Le dernier Abencerage de la guitare. — Les souliers de M. Dupin. — Mes succès de théâtre. — Comment on écrit l'histoire 57

CHAPITRE IV

Paris. — Deux toilettes et pas d'habits. — L'encre de la petite vertu. — Le cuisinier du *Siècle*. — Les têtes de clous des journaux de modes. — Le baptême de la *Sylphide*. — Mademoiselle Taglioni, marraine. — Le journal parfumé. — Un nid de lorette. — Une ascension difficile. — Le premier abonné. — On sonne les cloches. — L'horloge du désespoir. — La campagne des annonces. — M. Oudot. — Souvenir émouvant. — Douze piles d'écus. — Location d'un rez-de-chaussée. — M. de Girardin. — La mémoire du cœur. — Une chroniqueuse de qualité. — L'échantillon de réclames. — Une douzaine d'huîtres moins une. — Les dangers d'une hostie. — Le père Champeaux. — Les clichés de la chronique de modes. — Le demi-dieu et le Dieu. — Nouvelles à la main. — Le lit de Procuste. — Madame d'Abrantès. — Une énigme matrimoniale...................... 76

CHAPITRE V

Une trouvaille. — La dame aux belles manières. — Madame la comtesse Dash. — Un nom de chien. — Jacques Reynaud. — Belle et bonne. — Trop de chance. — Une culbute. — Voilà une jolie gravure de modes. — Une maîtresse qui coûte cher. — L'état-major de la *Sylphide*. — L'école préparatoire de Toulon. — Vous êtes un voleur. — Le concert prince. — Les minutes. — Un mot de Dumas. — Quarante-sept cadavres. — Une financière de l'amour. — La veuve aux deux maris. — Un portrait sans nom. — La famille Ducantal. — Un coup de baguette. — Le pronom personnel. — Le palais des mille et une nuits. 103

CHAPITRE VI

ALICE OZY.

Ma voisine de la Maison d'Or. — Du pouvoir du nez en trompette. — Un peu de généalogie. — L'amour et la scène. — Souvent femme varie. — Alice et Raimbaut. — Un duc blanchisseur. — La nouvelle Maintenon. — *Kradoudja ma maîtresse*. — La marquise de Carabas.

— Un fils de poëte. — L'heure où l'on plume les pigeons. — Rendez-lui sa côtelette. — Les billets doux. — L'amour au paradis. — Une femme honnête homme. — Le ténor aux grands pieds. — Une comédie devant la justice. — Le wagon des dames. — La bande de Romieu. — Portier, donne-moi de tes cheveux. — Une crête pour un moineau. — Les hannetons de M. le préfet. — L'homme le plus gai de France.. 131

CHAPITRE VII

ROGER DE BEAUVOIR.

Sa jeunesse. — Roger de Beauvoir chez lui. — Deux yeux crevés. — La tête de Paul Foucher. — *L'Ecolier de Cluny*. — Le train de vie d'un dandy. — La mémoire de l'estomac. — *Le Chevalier de Saint-Georges*. — Le monde des soupeurs. — Les viveurs au théâtre. — L'hôtel Pimodan. — Un huissier à cheval. — Un Turc à dix francs par jour. — Monsieur *Psit*. — Le chapeau à panache. — Les *ingurgiteurs*. — Une chanson à boire. — Le duel au champagne. — Le travail de Sisyphe. — *Ici on ne se bat plus pour la duchesse de Berry*. — Un bel esprit à Bicêtre. — Bouffé au *Moulin-Rouge*. — Biquon Blondel. — La gangrène sénile. — Un enterrement aux Variétés. — Le bourreau de Louis XVII. — Mademoiselle Doze. — *Le Verre d'eau*. — L'enfer dans le ménage. — Un quiproquo. — Othello blessé. — Le lit de mort d'une femme à la mode. — Le lion malade. — Une boutonnière déchirée. — Comment finit un dandy...... 161

CHAPITRE VIII

Milord Arsouille. — La vérité sur lord Seymour. — La bâtarde millionnaire. — Un duc entre deux gendarmes. — L'héritier d'un schilling. — Le premier biceps de Paris. — Le coureur d'aventures. — Le faux *lord Arsouille*. — Un excentrique de Paris. — Les mystifications de lord Seymour. — La chasse aux rats. — Le saut périlleux. — « Tape au portrait. » — Les farces à la Pourceaugnac. — Le café purgatif. — Les bonbons cholériques. — Le désespoir d'une grisette. — Tout pour de l'argent. — Misanthropie et bienfaisance. — « Un mauvais grain qui germera. » — Le dévouement à l'enchère. — Six douzaines de Vénus. — La journée d'un missionnaire. — Les maîtresses de lord Seymour. — Une poignée de bons mots. — Le cheval-fantôme. — Les courses. — L'art d'avoir de bons cigares. — Recette contre les *carotteurs*. — Le martyre de M. Sébastien. — Le testament de lord Seymour. — Une consultation. — Le mot de la fin. — Lord Hertford............ 207

CHAPITRE IX

Le Petit-Cercle. — Devant le perron de Tortoni. — Un intrus. — Un coup de queue. — La révolution de Février. — La fugue de lord Seymour. — On en revient toujours..... — La loge infernale. — Les disettes. — Bobo. — Le mari, la femme et l'amant. — Une vengeance conjugale. — LE VRAI LARA. — L'amant de la reine. — Un drame byronien. — LE DUC DE NEMOURS ET LA PRESSE DE 1848. — Une loge à l'Opéra. — Curieux procès. — CES DEMOISELLES. — Mlle Malaga. — *In naturalibus.* — Une rencontre. — La dame aux Camélias. — La toilette aux sept tiroirs. — La fin du roman.................. 277

FIN DE LA TABLE

Paris. — Soc. d'imp. PAUL DUPONT, 41, rue J.-J.-Rousseau (Cl.)

www.ingramcontent.com/pod-product-compliance
Lightning Source LLC
Chambersburg PA
CBHW060412170426
43199CB00013B/2103